MANFRED HEINRICH

Verwaltungsgerichtliche Streitigkeiten im Hochschulinnenbereich

Schriften zum Öffentlichen Recht

Band 280

Verwaltungsgerichtliche Streitigkeiten im Hochschulinnenbereich

unter besonderer Berücksichtigung der Rechtslage in Nordrhein-Westfalen

Von

Dr. Manfred Heinrich

DUNCKER & HUMBLOT / BERLIN

Gedruckt 1975 bei Berliner Buchdruckerei Union GmbH., Berlin 61
Printed in Germany
ISBN 3 428 03531 3

Vorwort

Diese Schrift hat der rechtswissenschaftlichen Abteilung der Ruhr-Universität Bochum im Februar 1974 als Dissertation vorgelegen und wurde von ihr unverändert angenommen. Das Manuskript wurde im Dezember 1973 abgeschlossen. Rechtsprechung und Literatur sind nur bis zu diesem Zeitpunkt berücksichtigt.

Herrn Professor Dr. W. Martens, Universität Hamburg, von dem die Anregung zu dieser Arbeit ausging, danke ich für die freundliche Unterstützung, die er mir jederzeit hat zuteil werden lassen. Der Druck war nur aufgrund einer finanziellen Hilfe des Wissenschaftsministeriums des Landes Nordrhein-Westfalen möglich. Auch hierfür sage ich an dieser Stelle Dank. Mein Dank gilt schließlich Herrn Ministerialrat a. D. Dr. J. Broermann, der sich freundlicherweise bereit erklärte, die Arbeit zu veröffentlichen.

Dortmund, im November 1975

Manfred Heinrich

Inhaltsverzeichnis

Erster Teil

Zweiter Teil

Dritter Teil

Subjektive Rechte der Amtswalter im Hochschulinnenbereich 133

Vierter Teil

Prozessuale Fragen 156

Abkürzungsverzeichnis

a. A.	=	anderer Ansicht
a. E.	=	am Ende
AG	=	Ausführungsgesetz
AöR	=	Archiv des öffentlichen Rechts
AS	=	Amtliche Sammlung
Bad.-Württ.	=	Baden-Württemberg
BayVBl.	=	Bayerische Verwaltungsblätter
BayVGH	=	Bayerischer Verwaltungsgerichtshof
BBG	=	Bundesbeamtengesetz
Bem.	=	Bemerkung
BGH	=	Bundesgerichtshof
BGHZ	=	Entscheidungen des Bundesgerichtshofs in Zivilsachen
brem.	=	bremisch(es)
BSGE	=	Entscheidungen des Bundessozialgerichts
BT	=	Bundestag
BVerfG	=	Bundesverfassungsgericht
BVerfGE	=	Entscheidungen des Bundesverfassungsgerichts
BVerwG	=	Bundesverwaltungsgericht
BVerwGE	=	Entscheidungen des Bundesverwaltungsgerichts
Diss. jur.	=	Juristische Dissertation
DÖV	=	Die öffentliche Verwaltung
DV	=	Die Verwaltung
DVBl.	=	Deutsches Verwaltungsblatt
Erl.	=	Erläuterung
EVwVerfG	=	Musterentwurf eines Verwaltungsverfahrensgesetzes, 1963, Köln und Berlin 1964 (= BT-Drucksache 7/910)
GemO-RP	=	Gemeindeordnung Rheinland-Pfalz
GeschO	=	Geschäftsordnung
GewArch	=	Gewerbearchiv
GG	=	Grundgesetz
H.	=	Heft
Hess.	=	Hessen
HessStGH	=	Staatsgerichtshof des Landes Hessen
HessVGH	=	Hessischer Verwaltungsgerichtshof
h. M.	=	herrschende Meinung
Hs.	=	Halbsatz
HschG	=	Hochschulgesetz
i. d. R.	=	in der Regel
i. e. S.	=	im engen Sinne
i. S.	=	im Sinne
i. V. m.	=	in Verbindung mit
i. w. S.	=	im weiten Sinne
JA	=	Juristische Arbeitsblätter
JuS	=	Juristische Schulung
JZ	=	Juristenzeitung

Komm.	=	Kommentar
LBesG	=	Landesbesoldungsgesetz
LHO	=	Landeshaushaltsordnung
LOG	=	Landesorganisationsgesetz
l. Sp.	=	linke Spalte
LVerf.	=	Landesverfassung
MHV	=	Mitteilungen des Hochschulverbandes
m. w. N.	=	mit weiteren Nachweisen
n. F.	=	neue Folge
NJW	=	Neue juristische Wochenschrift
NW	=	Nordrhein-Westfalen
o.	=	oben
ÖR	=	Öffentliches Recht
OVG	=	Oberverwaltungsgericht
OVGE	=	Entscheidungssammlung des Oberverwaltungsgerichts
r. Sp.	=	rechte Spalte
RUB	=	Ruhr-Universität Bochum
schl.-h.	=	schleswig-holsteinisch(es)
UniG-Hmbg	=	Universitätsgesetz Hamburg
UP	=	Universitätsparlament
VerfRUB	=	Verfassung der Ruhr-Universität Bochum, beschlossen vom Konvent am 25. 6. 1969
VerwArch	=	Verwaltungsarchiv
VerwRspr	=	Verwaltungsrechtsprechung in Deutschland
VG	=	Verwaltungsgericht
VGH	=	Verwaltungsgerichtshof
VVDStRL	=	Veröffentlichungen der Vereinigung der Deutschen Staatsrechtslehrer
VwGO	=	Verwaltungsgerichtsordnung
WissR	=	Wissenschaftsrecht, Wissenschaftsverwaltung, Wissenschaftsförderung
ZBR	=	Zeitschrift für Beamtenrecht
ZPO	=	Zivilprozeßordnung
ZRP	=	Zeitschrift für Rechtspolitik

ERSTER TEIL

Grundlagen

I. Abschnitt

Einleitung

Da die Vorstellung von der Einheit der juristischen Person, deren Organisationsinternum einer rechtlichen Beurteilung nicht zugänglich sein könne, zunehmend in der Auflösung begriffen ist[1], gilt es, die Problematik der verwaltungsgerichtlichen Streitigkeiten im Innenbereich der Hochschulen[2] zu überdenken, zumal die Gerichte immer häufiger bei Auseinandersetzungen im innerorganisatorischen Bereich der Hochschulen um Entscheidungen angegangen werden[3].

Es läge insofern nahe, die Grundsätze, die Literatur und Rechtsprechung zum Organstreitverfahren, insbesondere zum sog. Kommunalverfassungsstreitverfahren, entwickelt haben, auf die Auseinandersetzungen im Hochschulbereich zu übertragen[4]. Bei näherem Zusehen ergeben sich jedoch Zweifel an der Möglichkeit eines solchen Vorgehens.

Soweit die Lösungsvorschläge in der Literatur speziell auf das Kommunalverfassungsstreitverfahren zugeschnitten sind[5], müßte nämlich angesichts der besonderen Vorschriften des Grundgesetzes über die innere Organisation der Gemeinden — vgl. Art. 28 I 2 und 3 GG — zunächst einmal nachgewiesen werden, daß sich die für den kommunalen

---

[1] Vgl. hierzu im einzelnen die Ausführungen im I. Teil, III. Abschnitt. Neuerdings will *E. W. Böckenförde*, Organ, S. 297/298, den Begriff der juristischen Person sogar weitgehend aufgeben und durch den der Organisation ersetzen.

[2] Dabei ist es ohne Bedeutung, ob man den Begriff der Hochschule formell oder materiell bestimmt. Vgl. dazu *Thieme*, Hochschulrecht, S. 1 ff. (2); *Deumeland*, Komm. zu § 1; *Staff*, Hess. HschG, S. 34.

[3] Vgl. z. B. VG Kassel, Urt. v. 8. 12. 70, wiedergegeben bei *Ewald*, WissR 1971, 269 ff.; VG Berlin, Urt. v. 10. 12. 70, in Auszügen wiedergegeben bei *Waibel*, WissR 1972, 258 ff.; VG Köln JZ 1968, 260; OVG Münster NJW 1968, 1901.

[4] In dieser Weise verfahren die Verwaltungsgerichte.

[5] So z. B. die Untersuchungen von *Bleutge, Deng, Bonk* und *Kiock*.

Bereich entwickelten Überlegungen überhaupt auf die Hochschulen übertragen lassen. Auch soweit die Literatur die Problematik des Organstreitverfahrens im allgemeinen erörtert[6], können diese Untersuchungen nicht voll befriedigen. Sie beschränken sich nämlich auf die Behandlung der Frage, unter welchen Voraussetzungen den Organen im Verhältnis zueinander, d. h. im interorganschaftlichen Bereich, klagefähige Rechtspositionen zustehen. Für den intraorganschaftlichen Bereich fehlt dagegen jede systematische Durchdringung der organisatorischen Beziehungen[7]. Dies muß um so mehr überraschen, als die Rechtsprechung zum Kommunalverfassungsstreitverfahren, die für die Untersuchungen in der Literatur im Grunde den Anstoß gegeben hatte, vornehmlich Streitigkeiten zwischen Kollegialorganen und ihren Mitgliedern betrifft[8].

Wie ungeklärt gerade die theoretischen Grundlagen der Streitigkeiten im intraorganschaftlichen Bereich sind, erhellt auch daraus, daß die Gerichtsentscheidungen zu den sog. Mitgliedschaftsrechten der Mitglieder kollegialer Organe nicht deutlich machen, ob es sich um Rechte der kollegialen Ämter oder um Rechte der Amtswalter als natürliche Personen handelt, obwohl die Trennung zwischen Amt und Person als elementares Organisationsprinzip längst allgemeine Anerkennung gefunden hat[9]. Eine Auseinandersetzung gerade mit dieser Frage hätte nahegelegen, zumal die Rechtsprechung im Zusammenhang mit der Rechtsfigur des sog. besonderen Gewaltverhältnisses zwischen Grundverhältnis und (internem) Betriebsverhältnis der in die Verwaltung eingegliederten Personen unterscheidet und im Hinblick auf die Rechtsschutzmöglichkeiten im Betriebsverhältnis bestimmte Grundsätze entwickelt hat[10].

Alle diese Bedenken lassen es angezeigt erscheinen, bei der Problematik der Zulässigkeit verwaltungsgerichtlicher Streitigkeiten im Hochschulinnenbereich nach neuen Kriterien zu suchen; die Differenzierung zwischen Amt und Person stellt dabei eine conditio sine qua non dar[11]. Angesichts der Bedeutung der juristischen Personen für die

---

[6] So z. B. die Untersuchungen von *Hoppe*, Organstreitigkeiten, *Kisker* und *Tsatsos*.

[7] Vgl. z. B. die beiläufige Bemerkung bei *Bleutge*, S. 107; *Stern / Bethge*, die im wesentlichen den von *Kisker*, *Tsatsos* und *Bleutge* vertretenen Auffassungen folgen, lassen die Frage, ob organinterne Streitigkeiten (bei Rundfunkorganen) möglich sind, ausdrücklich offen (S. 84).

[8] Vgl. hierzu z. B. OVG Münster NJW 1972, 1682/1683 (nur Leitsätze) = AS 27, 258 ff. Ferner *Hoppe*, Organstreitigkeiten, S. 78 ff. m. w. N.

[9] Vgl. z. B. *Wolff*, VR II, § 74 IV (S. 54 ff.); *ders.*, Org. II, S. 224 ff., insbesondere S. 230 ff.; *E. W. Böckenförde*, Organ, S. 270.

[10] Vgl. hierzu im einzelnen III. Teil, II. Abschnitt.

[11] Vgl. II. Teil, III. Abschnitt, C.

staatliche Organisation[12] und der Einsicht in die Relativität aller Rechtsfähigkeit[13] könnten sich insoweit speziell für die Streitigkeiten zwischen künstlichen Funktionsträgern im Hochschulinnenbereich aus einem Vergleich mit den juristischen Personen des öffentlichen Rechts wertvolle Hinweise ergeben[14].

Im folgenden soll deshalb versucht werden, allgemeine Grundsätze zur Frage der Zulässigkeit verwaltungsgerichtlicher Streitigkeiten im Hochschulinnenbereich zu entwickeln und diese exemplifikatorisch unter Berücksichtigung der Rechtslage in Nordrhein-Westfalen an konkreten Fällen zu erproben[15].

II. Abschnitt

Innenbereich und Außenbereich der Hochschule

Aus der Beschränkung der Untersuchung auf verwaltungsgerichtliche Streitigkeiten im Innenbereich der Hochschule folgt die Notwendigkeit, Außen- und Innenbereich voneinander abzugrenzen[1].

Da die Institution der Hochschule als Körperschaft sich nicht räumlich-gegenständlich erfassen läßt, sondern ein rein geistiges Gebilde darstellt, kann die Trennung zwischen beiden Bereichen nicht räumlich-gegenständlich durchgeführt werden[2]. Es kann daher auch nicht entscheidend sein, ob sich eine Auseinandersetzung sozusagen im eigenen Hause der Hochschule abspielt[3].

Ansatzpunkte für die Differenzierung zwischen „innen“ und „außen“ ergeben sich vielmehr aus der Erkenntnis, daß die Hochschule als organisatorische Einheit Subjekt von Beziehungen ist. Jener Bereich, in dem die Hochschule ohne Rücksicht auf ihre differenzierte innere Organisation als Zuordnungseinheit, d. h. als juristische Person, angesprochen wird, soll im folgenden Außenbereich genannt werden. Unter

---

12 Kritisch *E. W. Böckenförde*, Organ, S. 297/298.

13 Hierzu *E. W. Böckenförde*, Organ, S. 304/305; vgl. im einzelnen auch II. Teil, III. Abschnitt, A. und IV. Abschnitt, A.

14 Dieser Gedanke findet sich ähnlich schon bei *Lorenz*, Insichprozeß, S. 332; vgl. im einzelnen II. Teil, VII. und VIII. Abschnitt.

15 Es werden insoweit sowohl Vorschriften des HschG-NW vom 7. 4. 1970, geändert durch Gesetz v. 30. 5. 1972, als auch Vorschriften aus Satzungen der Ruhr-Universität Bochum berücksichtigt.

1 Die Unterscheidung zwischen Innen- und Außenbereich ist bei allen juristischen Personen von Bedeutung.

2 *Fuß*, WissR 1972, 101.

3 Ebd., S. 101.

Innenbereich (intrapersonaler Bereich) ist demgegenüber der Bereich der inneren Organisation der Hochschule zu verstehen[4].

Der Innenbereich umfaßt nicht nur die Beziehungen der künstlichen intrapersonalen Funktionsträger, sondern auch die Beziehungen der Menschen, die die Aufgaben der intrapersonalen Funktionsträger verwirklichen[5], letztere jedoch nur insoweit, als sie gerade die Organisation der Hochschule betreffen[6]. Dem Hochschulinnenbereich sind also diejenigen Relationen zuzurechnen, die den organschaftlichen Funktionsablauf zwischen Organwaltern, Organen und Organismus regeln[7].

Innenbereich und Außenbereich bezeichnen demnach zwei unterschiedliche Arten von Beziehungen, in denen eine juristische Person erfaßbar ist[8].

III. Abschnitt

Die Rechtsqualität der Hochschulinnenbeziehungen

Ob und in welchem Umfange Auseinandersetzungen im Hochschulinnenbereich vor den Verwaltungsgerichten ausgetragen werden können, hängt von den Eigenschaften[1] der Innenbeziehungen ab. Maßgebend ist insoweit das Prozeßrecht und das materielle Recht[2], also die positive Rechtsordnung[3].

Eine Untersuchung der rechtlichen Eigenschaften der Innenbeziehungen setzt allerdings voraus, daß diese Beziehungen überhaupt als Rechtsbeziehungen qualifiziert werden können. Da die Funktion der Gerichte allein in der Entscheidung von Rechtsstreitigkeiten besteht[4],

---

[4] Bei der Verwendung der Begriffe „innen“ und „außen“ muß man sich darüber im klaren sein, daß die Reichweite dieser Begriffe von dem jeweiligen Bezugspunkt abhängig ist. Stellt man z. B. nicht auf die Hochschule als unterstaatliche juristische Person, sondern auf den Staat selbst als Organisationseinheit ab, so sind auch die Beziehungen der Glieder der staatlichen Organisation Innenbeziehungen.

[5] Zu dieser Differenzierung vgl. im einzelnen II. Teil, II. Abschnitt und III. Abschnitt, C.

[6] Die Abgrenzung kann bisweilen schwierig sein. Wir werden hierauf noch im einzelnen zurückkommen. Vgl. III. Teil, III. Abschnitt.

[7] Vgl. *Rupp*, Grundfragen, S. 34; *Lorenz*, Insichprozeß, S. 314 ff.; *Hoppe*, Organstreitigkeiten, S. 132/133.

[8] Vgl. *Hoppe*, Organstreitigkeiten, S. 132.

[1] Vgl. *Ossenbühl*, S. 160 mit Fußn. 30.

[2] Beide sind miteinander verknüpft. Vgl. *Renck*, JuS 1966, 273 ff. (275).

[3] Die Untersuchung der Eigenschaften erfolgt im II., III. und IV. Teil der Arbeit.

[4] So mit Recht *Friesenhahn*, Festschrift für *R. Thoma*, S. 30.

scheidet eine gerichtliche Kontrolle der Innenbeziehungen nämlich von vornherein aus, wenn die maßgeblichen Regelungen keine Rechtssätze darstellen; speziell für die Verwaltungsgerichtsbarkeit ergibt sich dies auch aus § 40 I VvGO, der die Zulässigkeit des Verwaltungsrechtsweges u. a. von dem öffentlich-*rechtlichen* Charakter der Streitigkeit abhängig macht[5].

Verschafft man sich zu dieser Problematik einen Überblick über den Stand der Meinungen, so fällt auf, daß die neuere Literatur, wenn auch nicht in der Begründung, so doch im Ergebnis einhellig sämtliche Innenbeziehungen als Rechtsbeziehungen charakterisiert[6].

Die Stellungnahmen in der Rechtsprechung sind demgegenüber nicht so eindeutig. Die Gerichte vermeiden es durchweg, auf die Frage der Rechtsqualität überhaupt einzugehen[7]. Keine Bedenken bestehen offenbar gegen die Qualifizierung jener Regelungen als Rechtssätze, die die Zuständigkeiten der innerorganisatorischen Funktionsträger festlegen. Streitigkeiten zwischen Organen oder zwischen einem Organ und Organteilen einer juristischen Person (sog. Organstreitigkeiten) werden nämlich von der Rechtsprechung grundsätzlich für zulässig erachtet[8]. Dies gilt nicht nur für die Hochschulen[9], sondern auch für Gemeinden[10], Landwirtschaftskammern[11], Landeszahnärztekammern[12], Jagdgenossenschaften[13] und Handwerkskammern[14]. — Anders steht es dagegen mit den Beziehungen der Organwalter im Innenbereich. Hier stehen die Gerichte auf dem Standpunkt, daß die generellen Regelungen keine Rechtssätze seien[15], während die konkreten Einzelakte jedenfalls dann

---

5 Vgl. auch *Bleutge*, S. 62; ferner *Ossenbühl*, S. 17.

6 So z. B. *W. Schmidt*, S. 267/268; *Rupp*, Grundfragen, S. 33; *Brohm*, Verwaltungsvorschriften, S. 238 ff.; *Kisker*, S. 10; *Ossenbühl*, S. 159; *Starck*, S. 187/188; *Böckenförde / Grawert*, S. 10 f.; *E. W. Böckenförde*, Organ, S. 289 mit Fußn. 67; *Martens*, ZBR 1970, 198; *Kellner*, DÖV 1963, 419; *Selmer*, DÖV 1968, 342/343.

7 Vgl. z. B. BVerwGE 1, 260; *Kellner*, DÖV 1963, 419; *Brohm*, Verwaltungsvorschriften, S. 242; *Erichsen*, VerwArch 1973, 320; *Böckenförde / Grawert*, S. 12 ff.

8 Einhellige Auffassung in der Rechtsprechung. Vgl. *Bleutge*, S. 22 mit Fußn. 2.

9 Vgl. z. B. OVG Münster NJW 1968, 1901.

10 Vgl. z. B. OVG Münster NJW 1972, 1682/1683 (nur Leitsätze) = AS 27, 258 ff.

11 Vgl. z. B. OVG Lüneburg AS 12, 414 ff.

12 Vgl. VG Frankfurt NJW 1962, 697.

13 OVG Münster AS 12, 213 ff. (216); AS 13, 82 (83 f.).

14 VG Oldenburg GewArch 1971, 83.

15 Vgl. hierzu BVerwG NJW 1970, 675 ff.; ferner *Brohm*, Verwaltungsvorschriften, S. 242; *Böckenförde / Grawert*, S. 13/14. — Ob die Abkehr von der Rechtsfigur des besonderen Gewaltverhältnisses in der neueren Rechtsprechung hier eine Änderung bringen wird, bleibt abzuwarten. Vgl. BVerfGE 33, 1 ff. (10/11); *Erichsen*, VerwArch 63 (1972), 442 f.

rechtserheblich seien, wenn sie auch in den eigenen Rechtskreis einer an sich in den Verwaltungsbetrieb eingegliederten Person eingriffen, insoweit also Außenwirkung erlangten[16, 17, 18].

Eine Untersuchung des Rechtscharakters der Beziehungen innerhalb der juristischen Personen hat bei der Überlegung anzusetzen, daß eine Definition des Rechtssatzes sowohl die begriffslogische Struktur des Rechtssatzes als auch seinen Anwendungsbereich, d. h. seine gegenständliche Reichweite, zu berücksichtigen hat[19].

Die Struktur eines Rechtssatzes besteht nach wohl einhelliger Auffassung in der Verknüpfung von Tatbestand und Rechtsfolge[20]. Diese Verknüpfung ist gedanklicher (entweder hypothetischer oder kategorischer) Natur und verbindet einen von der Wirklichkeit abstrahierten Tatbestand mit einer möglichen Rechtsfolge, die Wirklichkeit werden soll und daher in irgendeiner Weise des Vollzuges bedarf[21].

Die Reichweite des theoretischen Rechtssatzbegriffes bestimmt sich nun danach, wieweit sich aus der komplexen Wirklichkeit Tatbestände (Beziehungen) herauskristallisieren lassen, die nicht als von Natur aus vorgegeben gelten, sondern von außen meßbar normiert werden können[22]. Es liegt auf der Hand, daß die Auffassungen darüber, wann eine äußerlich meßbare Beziehung vorliegt, durch die jeweiligen politischen und verfassungsrechtlichen Gegebenheiten beeinflußt werden und deshalb wandelbar sind[23].

Angesichts der differenzierten organisatorischen Regelungen innerhalb des Staates wie der juristischen Personen überhaupt liegt es nahe, die Reichweite des theoretischen Rechtssatzbegriffes auch auf alle internen Regelungen auszudehnen und diese dementsprechend als Rechtssätze zu qualifizieren. Es läßt sich nicht leugnen, daß auch das

---

16 Ob die Gerichte beim Fehlen dieser Außenwirkung die Klagen wegen der mangelnden rechtlichen Qualität der Maßnahmen oder wegen Fehlens subjektiver Rechte zurückweisen, bleibt unklar.

17 BVerwGE 14, 84; 17, 83; 19, 19; HessVGH ZBR 1964, 182; VGH Bad.-Württ. ZBR 1968, 345; vgl. auch III. Teil, II. Abschnitt.

18 Die von *Bachof* propagierte Umschlagsfunktion (Rechtserheblichkeit), die Bachof allerdings auch den generellen Regelungen zukommen läßt (Verwaltungsakt, S. 296 ff., insb. S. 304 u. 309), kombiniert die Rechtsprechung mit den von *Ule* (Besonderes Gewaltverhältnis) für die Differenzierung zwischen Grund- und Betriebsverhältnis entwickelten Grundsätzen. Vgl. auch III. Teil, II. Abschnitt.

19 Vgl. hierzu *Starck*, S. 178 f.; *E. W. Böckenförde*, Organisationsgewalt, S. 70; ähnlich *Brohm*, Verwaltungsvorschriften, S. 246; *Ossenbühl*, S. 161.

20 *Haenel*, S. 122; *Böckenförde*, Organisationsgewalt, S. 70; *Starck*, S. 180 ff.; *W. Schmidt*, S. 93.

21 So die Definition bei *Starck*, S. 185.

22 *Starck*, S. 186 ff.; *Böckenförde*, Organisationsgewalt, S. 70.

23 *Brohm*, Verwaltungsvorschriften, S. 246; *Böckenförde*, Organisationsgewalt, S. 70 ff.; *Böckenförde / Grawert*, S. 6 und 10 ff.; *Starck*, S. 186 f.

Organisationsinternum tatsächlich normiert ist[24]. Insofern ist allerdings eine Auseinandersetzung mit der von der Rechtsprechung vertretenen Auffassung, daß die generellen Regelungen keine Rechtssätze seien, notwendig. Die Gerichte verbinden mit der Unterscheidung zwischen Innen- und Außenbereich zugleich eine Wertung der rechtlichen Qualität der jeweiligen Beziehungen[25]. Es läßt sich nicht verkennen, daß die Rechtsprechung bei dieser Unterscheidung auf Vorstellungen der spätkonstitutionellen Staatsrechtslehre zurückgreift. Eine Auseinandersetzung mit der herrschenden Rechtsprechung erfordert somit notwendig Kritik an dieser Staatsrechtslehre.

Die politische Situation der spätkonstitutionellen Zeit war durch ein Spannungsverhältnis zwischen Monarch und Volk, repräsentiert durch das Parlament, gekennzeichnet[26]. Der Monarchie stand — noch aus der Zeit des Absolutismus herrührend — ein gleichsam originärer[27] Herrschaftsbereich zu[28], der insbesondere die staatliche Organisation umfaßte. Demgegenüber hatte das Parlament nur die Kompetenz zur Rechtsetzung i. S. v. Gesetzgebung, die es allerdings ständig zu erweitern suchte. Da die staatliche Organisation dem Zugriff des Gesetzgebers entzogen war, wurde der Staat, d. h. die staatliche Organisation, in Anlehnung an den privatrechtlichen Begriff der juristischen Person mit einheitlicher Handlungs- und Willensfähigkeit als juristische Person begriffen[29], deren Internum impermeabel, d. h. einer Normierung von außen nicht zugänglich war[30]. Aus dem Anwendungsbereich des rechtstheoretischen (rechtsstrukturellen) Rechtssatzbegriffes wurden dementsprechend die Beziehungen des Staates respektive der staatlichen juristischen Personen überhaupt zu ihren Organen und Organwaltern ausgeklammert[31]. Die Gegenüberstellung von Innen- und

---

[24] Vgl. dazu *Starck*, S. 187; *E. W. Böckenförde*, Organisationsgewalt, S. 71; *Hoppe*, Organstreitigkeiten, S. 157; *Ossenbühl*, S. 159.

[25] Vgl. dazu *Rupp*, Grundfragen, S. 33; *W. Schmidt*, S. 267/268.

[26] *Rupp*, Grundfragen, S. 3 ff.; *Jesch*, Gesetz, S. 20.

[27] Bezeichnend ist insoweit die Formel „Von Gottes Gnaden".

[28] *Rupp*, NJW 1970, 412 f.; *ders.*, Grundfragen, S. 28 ff.

[29] So *Laband*, Bd. 1, S. 56/57; *G. Jellinek*, System, S. 194; vgl. auch *Böckenförde / Grawert*, S. 7; an anderer Stelle (System, S. 234 ff.) spricht *Jellinek* dem Staat allerdings zweifachen Charakter zu (Idee der inneren Scheidung der Staatspersönlichkeit — vgl. System, S. 235, Fußn. 1) und kommt dann auf der Grundlage der Abgrenzungsfunktion des Rechts folgerichtig zu dem Ergebnis, daß die innere Staatsordnung, unabhängig davon, ob sie ein einzelnes Individuum betrifft, insoweit dem Recht unterliegt, als sie den Staat als Machtsubjekt vom Staat als Volksgemeinschaft und Verwalter des Gemeininteresses abgrenzt. Vgl. auch *E. W. Böckenförde*, Gesetz, S. 248; *Brohm*, Verwaltungsvorschriften, S. 240.

[30] Eben zu dem Zweck, die staatliche Organisation dem Zugriff des auf Rechtssetzung beschränkten Parlaments zu entziehen. Vgl. *Rupp*, NJW 1970, 412.

[31] Der Anwendungsbereich des spätkonstitutionellen Rechtssatzbegriffes fiel also mit dem des materiellen Gesetzes zusammen. Vgl. *Starck*, S. 89;

Außenbereich kennzeichnete also zugleich die Trennung zwischen rechtsfreiem und rechtserfülltem Bereich[32]. Dementsprechend sah die spätkonstitutionelle Staatsrechtslehre die Funktion der Rechtssätze ausschließlich darin, die Befugnisse und Pflichten einzelner Subjekte — Willensträger — gegeneinander abzugrenzen[33] bzw. der persönlichen Freiheit im allgemeinen und dem Privateigentum im besonderen Schranken zu setzen[34]. Da nämlich innerhalb des Staates keine Subjekte möglich waren, deren Befugnisse und Pflichten gegeneinander abgegrenzt werden konnten, und weil die Innenbeziehungen auch nicht als Normen aufgefaßt werden konnten, die der persönlichen Freiheit und dem Privateigentum Schranken setzten[35], erfaßte dieser Rechtssatzbegriff — immanent folgerichtig — seinem Anwendungsbereich nach die Innenbeziehungen nicht.

Der dem Rechtssatzbegriff der spätkonstitutionellen Staatsrechtslehre politisch-historisch zugrundeliegende Dualismus zwischen Monarch (Staat) und Volk, repräsentiert durch das Parlament, ist unter der Geltung des Bonner Grundgesetzes zugunsten eines konsequenten Monismus zurückgetreten[36]. Es gibt keine natürliche, vorgegebene und in Konfrontation zum Volk stehende Staatsmacht mehr[37]; alle Staatsgewalt geht vom Volke aus — Art. 20 II 1 GG. Auch die früher als impermeabel angesehene staatliche Organisation ist als eine verfassungsrechtlich begründete Staatsfunktion, nicht also als nicht normierbarer politischer Machtfaktor zu qualifizieren[38]. Die These von der Impermeabilität des Staates, wie sie offenbar noch der Rechtsprechung zugrunde liegt, ist heute nicht mehr zu halten[39]. Alle Innenbeziehungen sind somit Rechtsbeziehungen und werden durch Rechtssätze geregelt[40]. Auch das sog. besondere Gewaltverhältnis ist ein Rechtsverhältnis[41].

Ossenbühl, S. 157; *Rupp*, Grundfragen, S. 29; ferner *Böckenförde*, Gesetz, S. 272.

[32] Vgl. dazu *Rupp*, Grundfragen, S. 33.

[33] So insbesondere *Laband*, Bd. 2, S. 181; vgl. hierzu auch *Haenel*, S. 207/208; *E. W. Böckenförde*, Gesetz, S. 234; *G. Jellinek*, Gesetz, S. 240.

[34] So z. B. *Anschütz*, S. 169; vgl. zum Ganzen auch *Hoppe*, Organstreitigkeiten, S. 157 ff.; *Ossenbühl*, S. 35 ff.

[35] *Laband*, Bd. 2, S. 181; andererseits sollen die Organisationsregeln über die Verfassungsorgane dann doch solche des Rechts sein (S. 184). Vgl. auch *E. W. Böckenförde*, Gesetz, S. 235; *G. Jellinek*, System, S. 194.

[36] *Hamann*, NJW 1956, 1 ff.; *Rupp*, NJW 70, 412 f.

[37] Vgl. *Starck*, S. 187.

[38] *Starck*, S. 187.

[39] *W. Schmidt*, S. 267/268; *Rupp*, Grundfragen, S. 33; *ders.*, NJW 1970, 412/413; *Brohm*, Verwaltungsvorschriften, S. 238 ff.; *Kisker*, S. 10; *E. W. Böckenförde*, Organ, S. 289 mit Fußn. 67; *Böckenförde / Grawert*, S. 10 f.; *Ossenbühl*, S. 159; *Selmer*, DÖV 1968, 342/343; *Kellner*, DÖV 1963, 419; *W. Martens*, ZBR 1970, 198/199; *Starck*, S. 187/188; *Erichsen*, VerwArch 64 (1973), 320; *Stern / Bethge*, S. 88.

[40] Einhellige Auffassung in der Literatur. Vgl. die in Anmerkung 39 aufgeführten Autoren. Auf die unterschiedlichen Begründungen kann hier

Da die Reichweite des Rechtssatzbegriffes auch auf das Organisationsinternum der juristischen Personen ausgedehnt werden muß, bedarf der Rechtssatzbegriff der spätkonstitutionellen Staatsrechtslehre einer Erweiterung[42]. Er hat nunmehr nicht allein die Funktion, Willens- und Handlungssphären selbständiger Willensträger gegeneinander abzugrenzen bzw. die persönliche Freiheit und das Privateigentum zu beschränken, sondern erfüllt auch die Aufgabe, den Willen im Staat zu bilden und zu verkörpern (Prinzip der Zusammenordnung)[43]. Im Bereiche des öffentlichen Organisations- und Verfahrensrechts sind demnach „alle Regelungen Rechtssätze, die den Grund für die Ausübung der staatlichen und jeder öffentlichen Gewalt legen und die deren Aufbau, Ausgestaltung und Tätigkeiten jeder Art des Näheren bestimmen"[44].

Im Hinblick auf die Zuständigkeiten der künstlichen Funktionsträger im Organisationsinternum ist in der Literatur die Auffassung verbreitet, daß organisatorische Rechtssätze ausschließlich der Zusammenordnung dienten[45]. Man könne deshalb die organisationsrechtlichen Wahrnehmungszuständigkeiten auch nicht mit dem Begriff des subjektiven Rechts erfassen, da dieser Begriff aus dem Zivilrecht herrühre und sich auf die Abgrenzung von Willens- und Handlungssphären, von individuellen Freiheitsbereichen, beziehe[46].

Dieser Auffassung ist sicherlich insoweit zuzustimmen, als die organisationsrechtlichen Wahrnehmungszuständigkeiten in der Tat letzten Endes die Zusammenordnung zu einem einheitlichen Staatswillen bezwecken. Diese Zusammenordnung vollzieht sich jedoch — und das wird meist übersehen — in fest abgesteckten Bahnen. Die organisationsrechtlichen Wahrnehmungszuständigkeiten haben ausschließlichen

---

nicht näher eingegangen werden. Vgl. hierzu *Ossenbühl*, S. 135 ff. Im Ergebnis besteht jedenfalls Einigkeit.

41 Vgl. hierzu *W. Schmidt*, S. 56 ff., insb. S. 70/71; ferner *Brohm*, Verwaltungsvorschriften, S. 247/248; *Böckenförde / Grawert*, S. 16; *Jesch*, Gesetz, S. 211.

42 Vgl. dazu *Hoppe*, Organstreitigkeiten, S. 161 ff.; *Stark*, S. 188/189; *Böckenförde*, Organisationsgewalt, S. 71 f.

43 Vgl. dazu *Hoppe*, Organstreitigkeiten, S. 161 ff. (165); *Böckenförde*, Organisationsgewalt, S. 72/73; *Starck*, S. 188; neuerdings auch *Böckenförde*, Organ, S. 302/303.

44 So die Definition von *Starck*, S. 189; ähnlich *Böckenförde*, Organisationsgewalt, S. 74; *Brohm*, Verwaltungsvorschriften, S. 247; *Bornhak*, S. 468 f.

45 *Böckenförde*, Organisationsgewalt, S. 74; *ders.*, Organ, S. 302/303; *Hoppe*, Organstreitigkeiten, S. 165; ähnlich wohl auch *Starck*, S. 188/189.

46 So vor allem *Böckenförde*, Organ, S. 302/303; ferner *Hoppe*, Organstreitigkeiten, S. 165. *Böckenförde* meint, daß das Pflichtmoment der Wahrnehmungszuständigkeiten der Verwendung des Begriffes des subjektiven Rechts entgegenstehe. — Es ist demgegenüber darauf hinzuweisen, daß auch das Privatrecht unverzichtbare und unübertragbare subjektive Rechte kennt. — Vgl. *Nawiasky*, S. 160 und *Bleutge*, S. 96.

Charakter und erfüllen so innerhalb der staatlichen Organisation auch eine Abgrenzungsfunktion[47]. Dem Gesichtspunkt der Zusammenordnung kommt also nur dann die behauptete entscheidende Bedeutung zu, wenn man allein darauf abstellt, daß die innerorganisatorischen Funktionsträger Interessen der organisierten Einheit wahrnehmen[48]. Berücksichtigt man jedoch, daß sich diese Zusammenordnung nach dem Grundsatz der Funktionsverteilung vollzieht, so können die internen Zuständigkeiten auch die Abgrenzung verschiedener interner Handlungssphären bezwecken[49].

Zusammenfassend kann festgestellt werden, daß es sich bei den Beziehungen des Staates wie der juristischen Personen des öffentlichen Rechts überhaupt und damit auch bei den Beziehungen der Organwalter und künstlichen Funktionsträger im Hochschulinnenbereich um Rechtsbeziehungen handelt[50].

IV. Abschnitt

Die Problematik des sog. Insichprozesses

Gerichtliche Auseinandersetzungen zwischen künstlichen Funktionsträgern des Hochschulinnenbereiches stellen sich aus der Perspektive des Außenbereiches als Streitigkeiten „innerhalb" einer juristischen Person, der Hochschule, dar. Es wäre denkbar, daß die gerichtliche Austragung solcher Streitigkeiten schon deshalb ausgeschlossen ist, weil es sich möglicherweise um einen unzulässigen Insichprozeß handelt[1].

---

[47] *Rasch,* Die Behörde, S. 5/6; *Bleutge,* S. 94.

[48] So aber z. B. *Böckenförde,* Organ, S. 303.

[49] An anderer Stelle spricht *Böckenförde* selbst von der Organisation als abgegrenzter Handlungseinheit (vgl. Organ, S. 300). — Auch *Hoppe,* Organstreitigkeiten, dürfte kaum bestreiten, daß die Zuständigkeiten der juristischen Personen diese gegeneinander abgrenzen. Auf dieser Grundlage stellt sich dann die Frage, ob die Abgrenzungsfunktion der Wahrnehmungszuständigkeiten auf das Verhältnis der juristischen Personen des öffentlichen Rechts zueinander beschränkt bleiben muß. Vgl. dazu II. Teil, VI. Abschnitt B und VIII. Abschnitt.

[50] Aus dieser Erkenntnis folgt jedoch nicht, daß entsprechend der im I. Teil, II. Abschnitt getroffenen Differenzierung zwischen Innen- und Außenbereich auch die Rechtsnormen in solche des Innenbereiches und solche des Außenbereiches unterteilt werden können. Es sind vielfältige Übergänge zwischen beiden Bereichen möglich. Maßgebend ist letztlich, welches Interesse eine Rechtsnorm intendiert. Eine Norm kann somit sowohl im Innen- als auch im Außenbereich wirken. Vgl. *Ossenbühl,* S. 166 ff. und 484 f.; ferner *Hoppe,* Organstreitigkeiten, S. 188 ff.

[1] Es ist also zwischen dem Vorliegen eines Insichprozesses und seiner Zulässigkeit oder Unzulässigkeit zu unterscheiden. Vgl. dazu *Tsatsos,* S. 14 ff.

Der Begriff des Insichprozesses gehört nicht der Gesetzessprache an, sondern beruht auf freier rechtswissenschaftlicher Begriffsbildung[2]. Eine einheitliche Definition hat sich in der Literatur noch nicht herausgebildet. Das liegt darin begründet, daß man den Begriff des Insichprozesses im prozessualen, im materiellen und im funktionalen Sinne verstehen kann[3]. Aufgrund dieser Schwierigkeiten ist es kaum möglich, eine für alle Insichprozesse einheitliche Lösung zu entwickeln. Die einschlägigen Untersuchungen gehen deshalb methodisch auch so vor, daß sie bestimmte Fallgruppen bilden und für jede dieser Fallgruppen getrennt die prozessuale Zulässigkeit oder Unzulässigkeit prüfen[4].

Stellt man auf die Handlungseinheit der Hochschule als juristische Person im Außenbereich ab, so kann man gerichtliche Auseinandersetzungen zwischen den Organen und Organteilen des Hochschulbereiches über die Rechtmäßigkeit des organschaftlichen Funktionsablaufes ohne weiteres als Insichprozesse bezeichnen, weil es sich um Streitigkeiten „innerhalb" einer juristischen Person handelt[5].

Fraglich ist nur, ob die gerichtliche Austragung einer Auseinandersetzung zwischen intrapersonalen Funktionsträgern an ihrem internen Charakter, d. h. daran, daß diese Funktionsträger Aufgaben derselben juristischen Person wahrnehmen, scheitert.

Unter dem Primat der Lehre von der Impermeabilität des Staates mußte diese Frage zwangsläufig bejaht werden[6]. Nicht zuletzt darauf dürfte es auch zurückzuführen sein, daß der Begriff des Insichprozesses zugleich die Unzulässigkeit einer derartigen Streitigkeit implizierte[7, 8]. Da alle Innenbeziehungen Rechtsbeziehungen sind[9], läßt sich jedoch heute die Unzulässigkeit des Insichprozesses mit dem Impermeabilitätsgedanken nicht mehr begründen.

---

[2] Vgl. *Stern / Bethge*, S. 93.

[3] Vgl. dazu *Becker-Birck*, S. 11 ff.; *Haas*, VerwArch 49 (1958), S. 18, Fußn. 9; *Rasch*, Die Behörde, S. 30; gegen die von *Becker-Birck* vorgenommene Gegenüberstellung des prozessualen und funktionalen Insichprozesses wendet sich *Kisker*, S. 11 Fußn. 11.

[4] Vgl. *Kisker*, S. 22; *Hoppe*, Organstreitigkeiten, S. 28 mit Fußn. 12; ebenso auch *Lorenz*, Insichprozeß, S. 309 a. E., der die Organstreitigkeiten aus seiner Untersuchung ausklammert.

[5] So auch die neuere Literatur. Vgl. *Stern / Bethge*, S. 93; *Bleutge*, S. 85/86; *Kisker*, S. 11; *Wolff*, VR III (2. Aufl.), § 173 I b 4 α (S. 404).

[6] Vgl. *Stern / Bethge*, S. 94.

[7] Vgl. auch *Stern / Bethge*, S. 93 ff.

[8] Darin liegt wohl auch der Grund dafür, daß gelegentlich die sog. Organstreitigkeiten, deren prinzipielle Zulässigkeit i. d. R. nicht in Frage gestellt wird, aus der Untersuchung des Insichprozesses ausgeklammert werden. Vgl. *Becker-Birck*, S. 30; *Lorenz*, Insichprozeß, S. 309 a. E.

[9] Vgl. oben I. Teil, III. Abschnitt.

Die Unzulässigkeit der hier zu behandelnden Insichprozesse könnte deshalb — sofern man das Problem des Insichprozesses mit der Abkehr von der Lehre der Impermeabilität nicht schon als gegenstandslos ansieht[10] — allenfalls daraus herrühren, daß diese Streitigkeiten zu einer organisatorischen Differenzierung der Entscheidungs- und Willensbildungsprozesse innerhalb der juristischen Person als organisatorischer Handlungseinheit führen würden[11]. In der Tat scheint auf den ersten Blick diese „Pluralisierung" dem Grundsatz der Einheit des Staates bzw. der Einheit der Verwaltung entgegenzustehen[12].

Ein Blick auf die Glieder der staatlichen Organisation, die juristischen Personen des öffentlichen Rechts, zeigt jedoch, daß Einheit des Staates bzw. Einheit der Verwaltung einerseits und Insichprozeß andererseits sich durchaus nicht ausschließen. Die unterstaatlichen juristischen Personen des öffentlichen Rechts[13] können nämlich unter bestimmten Voraussetzungen — wir kommen darauf noch im einzelnen zurück[14] — miteinander in Streit geraten und diesen auch gerichtlich austragen, obwohl sie gleichfalls Aufgaben derselben organisatorischen Handlungseinheit, nämlich des Staates, wahrnehmen[15].

Allein aus der Qualifizierung der Streitigkeiten zwischen intrapersonalen Funktionsträgern als Insichprozesse läßt sich für ihre Zulässigkeit oder Unzulässigkeit nichts herleiten, da sich — wie dargelegt — mit dem Vorliegen eines Insichprozesses keine zwingenden rechtlichen Folgerungen verbinden lassen.

Die Zulässigkeit oder Unzulässigkeit derartiger Auseinandersetzungen kann deshalb nur dann angemessen beurteilt werden, wenn es gelingt, auch für den intrapersonalen Bereich jene Voraussetzungen herauszuarbeiten, die im Außenbereich bei den juristischen Personen des öffentlichen Rechts als maßgebliche Kriterien für die Zulässigkeit oder Unzulässigkeit gerichtlicher Auseinandersetzungen angesehen werden[16].

---

10 Die Problematik verlagert sich dann sogleich von der Erörterung des Insichprozesses auf die Frage der subjektiven Rechte im Innenbereich. Typisch insoweit *Hoppe*, Organstreitigkeiten, S. 28/29.

11 Vgl. *E. W. Böckenförde*, Organ, S. 301.

12 Zum Prinzip der Einheit der Verwaltung vgl. *Becker-Birck*, S. 74 ff.; ferner *Stern / Bethge*, S. 94.

13 Vgl. dazu *Hoppe*, Organstreitigkeiten, S. 119.

14 Vgl. dazu II. Teil, VII. Abschnitt dieser Arbeit.

15 Die Rechtsstellung der Kirchen soll hier unberücksichtigt bleiben.

16 Vgl. dazu II. Teil, insbesondere VII. Abschnitt.

V. Abschnitt

Rechtsschutz und subjektive Rechte

A. Die grundsätzliche Bedeutung des subjektiven öffentlichen Rechts für das Verwaltungsprozeßrecht

Das Verfahrensrecht hat die Aufgabe, das materielle Recht durchzusetzen; es wird also in Aufbau und Zielsetzung durch die materiellen Kategorien des sachlichen Rechts bestimmt[1]. Es gilt deshalb, sich zunächst Klarheit über die Aufgaben der Verwaltungsgerichtsordnung, d. h. über das Verhältnis des Verwaltungsprozeßrechts zum materiellen Recht, zu verschaffen. Anschließend soll untersucht werden, ob die materiellen Grundlagen der Streitigkeiten im Hochschulinnenbereich von der der Verwaltungsgerichtsordnung zugrundeliegenden materiellrechtlichen Konzeption erfaßt werden[2]; nur in diesem Falle wäre eine verwaltungsgerichtliche Austragung überhaupt grundsätzlich denkbar.

I. Die historische Entwicklung

Die Verwaltungsgerichtsbarkeit, die sich im 19. Jahrhundert zu entwickeln begann, orientierte sich in ihrer Aufgabenstellung im wesentlichen an zwei verschiedenen Rechtsschutzsystemen[3]. Nach dem sog. preußischen System[4] bestand die Funktion der Verwaltungsgerichtsbarkeit in erster Linie in einer Selbstkontrolle der Verwaltung. Die „Gerichte" übten diese Kontrolle zwar in einem gerichtsähnlichen Verfahren aus, waren organisatorisch jedoch in die allgemeine innere Verwaltung eingegliedert[5]. Die Aufgabe der Verwaltungsgerichte bestand nach dem preußischen System primär darin, die Einhaltung des objektiven Rechts durch die Verwaltung, m. a. W. die Rechtmäßigkeit des Verwaltungshandelns, zu sichern. Wenn gleichwohl dem einzelnen Bürger eine Klagemöglichkeit eingeräumt wurde, so geschah dies nicht etwa zum Schutze von Individualrechten. Dem Bürger sollte vielmehr (lediglich) die Möglichkeit gegeben werden, die Verwaltungskontrolle „in Gang zu setzen". Die sog. Beanstandungsklage[6] war nur ein Anstoß zur Durchsetzung des objektiven Gesetzmäßigkeitsprinzips[7]. Soweit die

---

[1] Vgl. *Renck*, JuS 1966, 275.

[2] Vgl. hierzu die Ausführungen im II. und III. Teil.

[3] *Ule*, Verwaltungsprozeßrecht, S. 2/3.

[4] Vgl. *Menger*, System, S. 17 ff.

[5] *Ule*, Verwaltungsprozeßrecht, S. 3.

[6] *v. Gneist*, S. 171 - 190; vgl. auch *Zorn*, VerwArch 2 (1894), 78; ferner *O. Mayer*, S. 138 und 152.

[7] Vgl. *Bleutge*, S. 79; *Rupp*, AöR 88 (1963), 482.

Verwaltungsgerichtsgesetze einiger Länder die Verletzung von „Rechten" des Klägers forderten, war die „Rechtsverletzung" nur das prozessuale Mittel zur Verhinderung von Popularklagen[8]. Mit Individualrechtsschutz hatte dies jedoch nichts zu tun[9]. Deshalb sollte man aufgrund dieser historischen Bezüge das Schlagwort vom „Ausschluß der Popularklage" in Verbindung mit § 42 II VwGO[10] nur verwenden, wenn man der „Rechtsverletzung" eine rein prozessuale Funktion zuweist, die Verwaltungsgerichtsbarkeit also ausschließlich als Institut der objektiven Rechtskontrolle begreift[11]. — Gegenüber dem preußischen System betonte das sog. süddeutsche System den Schutz der Rechte des Einzelnen als Aufgabe der Verwaltungsgerichtsbarkeit[12]. Die organisatorische Eingliederung der Verwaltungsgerichte in die innere Verwaltung fehlte dementsprechend[13].

II. Aufgabe und Zielsetzung der Verwaltungsgerichtsordnung vom 21. 1. 1960

Das Grundgesetz begreift die Verwaltungsgerichtsbarkeit als einen Teil der Rechtsprechung — vgl. Art. 92 und 95 I GG. Daraus folgt, daß die Verwaltungsgerichte nach Art. 19 IV 1 GG die Aufgabe haben, den einzelnen gegen Rechtsverletzungen durch die öffentliche Gewalt zu schützen[14]. Die Betonung der Individualrechtsschutzfunktion in Art. 19 IV 1 GG hat dazu geführt, daß die Verfahrensvorschriften der VwGO ausschließlich oder primär unter dem Gesichtspunkt des Individualrechtsschutzes gesehen wurden. Diese einseitige Sicht ist jedoch nicht gerechtfertigt[15]. Das GG selbst beschränkt die Aufgaben der Rechtsprechung nämlich nicht auf die Rechtsschutzgewährung, sondern weist ihr auch objektiv-rechtliche Kontrollfunktionen zu — abstrakte Normenkontrolle durch das Bundesverfassungsgericht gem. Art. 93 I Nr. 2 GG. Dementsprechend ist es auch verfehlt, im Hinblick auf die Funktion der VwGO zu behaupten, die Verwaltungsgerichtsbarkeit könne entweder nur dem Individualrechtsschutz oder nur der Einhaltung des objektiven Gesetzmäßigkeitsprinzips dienen[16]. Gerade der Aufgaben-

---

8 *Rupp*, Grundfragen, S. 157/158; *ders.*, AöR 88 (1963), 482.

9 *Rupp*, Grundfragen, S. 157/158; *ders.*, AöR 88 (1963), 484.

10 Vgl. etwa *Fuß*, WissR 1972, 111.

11 Vgl. *Rupp*, Grundfragen, S. 157/158; *ders.*, AöR 88 (1963), 482/483; *Rösslein*, S. 62, Fußn. 9.

12 *Ule*, Verwaltungsprozeßrecht, S. 3; vgl. auch *v. Sarwey*, S. 79 und 112.

13 An die Süddeutsche Lehre haben in der Weimarer Zeit *Fleiner*, S. 256 und *W. Jellinek*, Verwaltungsrecht, S. 300 ff., insb. S. 304, angeknüpft.

14 *Ule*, Verwaltungsprozeßrecht, S. 3.

15 Vgl. dazu *Rupp*, Grundfragen, S. 158/159, Fußn. 163.

16 Vgl. dazu *Menger*, Grundrechte, S. 728/729; ähnlich *Bachof*, DÖV 1953, 419, jedoch für früher geltendes Recht.

katalog des Bundesverfassungsgerichts — Art. 93 GG — beweist, daß Rechtsprechung den einen wie den anderen Zweck verfolgen kann. Art. 19 IV 1 GG hebt zwar die Aufgabe der Rechtsprechung, den Individualrechtsschutz zu gewährleisten, ausdrücklich hervor; dadurch wird jedoch keineswegs ausgeschlossen, daß der Rechtsprechung auch objektiv-rechtliche Kontrollfunktionen zugewiesen werden. Art. 19 IV 1 GG kann daher keine Antwort auf die Frage geben, ob die VwGO primär oder ausschließlich auf den Individualrechtsschutz oder auf die objektive Gesetzmäßigkeitskontrolle hin angelegt ist. Hierüber ist vielmehr nur dann Aufschluß zu erlangen, wenn man die in der VwGO vorgesehenen Verfahrenstypen auf ihre Funktionen hin untersucht[17].

Nach § 42 II VwGO sind Anfechtungs- und Verpflichtungsklagen nur zulässig, „wenn der Kläger geltend macht, ... in seinen Rechten verletzt zu sein"[18]. Die Tatsache, daß das Gesetz als Zulässigkeitsvoraussetzung verlangt, daß der Kläger sich auf die Verletzung eigener Rechte beruft, könnte bereits ein Indiz für die Individualrechtsschutzfunktion dieser beiden Verfahrensarten sein. Dabei würde allerdings übersehen, daß auch nach dem preußischen System bei der objektiv-rechtlichen Beanstandungsklage teilweise eine Rechtsverletzung gefordert wurde, ohne daß die Klage deshalb dem Individualrechtsschutz diente[19]. Es wäre daher denkbar, daß das Merkmal der Verletzung eigener Rechte hier lediglich den Ausschluß der Popularklage bezweckt[20]. Aus § 113 I und IV VwGO ergibt sich jedoch, daß das Merkmal der Rechtsverletzung auch ein Element der Begründetheit der Klage ist[21]. Ohne daß an dieser Stelle auf die Frage eingegangen werden soll, ob die in § 42 II VwGO erwähnten Rechte mit denen des § 113 I und IV VwGO identisch sind und ob „Rechtsverletzung" bei der Anfechtungsklage das gleiche wie bei der Verpflichtungsklage bedeutet[22], kann jedenfalls festgestellt werden, daß es bei der Anfechtungs- und Verpflichtungsklage materiellrechtlich um Rechtsverletzungen geht. Hinzu kommt, daß die VwGO dem Kläger die Verfügung über den Klageanspruch und dem Beklagten im Rahmen der Dispositionsmaxime die Möglichkeit gibt, den Klageantrag anzuerkennen. Kläger und Beklagter können, soweit sie über den Streitgegenstand verfügen, einen Vergleich abschließen[23]. Die Parteien haben es weitgehend selbst in der Hand, den Verfahrensgang

---

17 So auch *Menger*, Grundrechte, S. 729.

18 Soweit gesetzlich nichts anderes bestimmt ist.

19 Vgl. *Rupp*, Grundfragen, S. 157/158; *ders.*, AöR 88 (1963), 482/483.

20 *Rupp*, Grundfragen, S. 157/158; *ders.*, AöR 88 (1963), 482/483.

21 *Rupp*, Grundfragen, S. 158 und 160; *Hoppe*, Organstreitigkeiten, S. 123.

22 Vgl. *Hoppe*, Organstreitigkeiten, S. 123/124 und 129; *Rupp*, DVBl. 1970, 594; *Heidenhain*, S. 138 f.

23 *Ule*, Verwaltungsprozeßrecht, S. 5.

zu beeinflussen[24]. Insgesamt läßt sich also feststellen, daß die Anfechtungs- und Verpflichtungsklage Verfahren zum Schutz von Individualrechten darstellen[25]. Ob die in § 113 I und IV VwGO genannten Rechte selbst subjektive Rechte sind oder ob sich die subjektiven Rechte erst aufgrund der Verletzung der in § 113 I und IV VwGO erwähnten Rechte ergeben, kann hier dahingestellt bleiben[26].

Für eine Individualrechtsschutzfunktion der Feststellungsklage, § 43 VwGO, spricht die in § 43 II VwGO getroffene Regelung, die eine Feststellungsklage nur zuläßt, soweit der Kläger *seine Rechte*[27] nicht durch Gestaltungs- oder Leistungsklage verfolgen kann. Darüber hinaus ist der Begriff des Rechtsverhältnisses in § 43 I VwGO aufschlußreich. Es liegt nämlich nur dann vor, wenn sich aus der Anwendung von Rechtsfragen auf einen Sachverhalt rechtliche Beziehungen zwischen mehreren Rechtssubjekten ergeben[28]. Insofern müssen also Rechte und Pflichten vorhanden sein[29]. Dementsprechend wird eine Situation, aus der sich noch keine Rechte und Pflichten ergeben, die aber durch Hinzutreten weiterer Ereignisse solche begründen kann, als Rechtszustand oder Rechtslage bezeichnet[30]. Hinzu kommt, daß auch bei der Feststellungsklage Kläger und Beklagter die Möglichkeit haben, den Verfahrensgang entscheidend zu beeinflussen. Somit ist die Feststellungsklage gleichfalls auf den Individualrechtsschutz hin konzipiert[31].

Die nicht auf den Erlaß eines Verwaltungsakts, sondern auf sonstige Handlungen, Duldungen oder Unterlassungen gerichtete allgemeine Leistungsklage ist in der VwGO nicht ausdrücklich geregelt, wird jedoch in einer Reihe von Vorschriften vorausgesetzt (§§ 43 II, 111, 113 III, 169 II VwGO)[32]. Ob bei der allgemeinen Leistungsklage die §§ 42 II und 113 VwGO (wenigstens entsprechend) anzuwenden sind, ist streitig[33].

---

[24] Ebd., S. 5.

[25] h. M. Vgl. *Menger*, Grundrechte, S. 730; *Rupp*, Grundfragen, S. 158 ff.; *Hoppe*, Organstreitigkeiten, S. 123; *Rösslein*, S. 62; *Bleutge*, S. 80. — Als Nebeneffekt wird freilich auch eine objektive Rechtskontrolle bewirkt. Vgl. dazu *Menger*, Grundrechte, S. 730.

[26] *Rösslein*, S. 65/66 m. w. N.

[27] In diesem Zusammenhang können nur die materiell-rechtlichen Rechte gemeint sein.

[28] Vgl. BVerwGE 14, 235; ferner *Stern*, JuS 1965, 187 m. w. N. aus der Rechtsprechung.

[29] Vgl. *Stahl*, NJW 1972, 2030/2031.

[30] *W. Jellinek*, S. 191 ff.

[31] Zweifelnd *Naumann*, AöR 95 (1970), 646.

[32] Vgl. *Hoppe*, Organstreitigkeiten, S. 128.

[33] Vgl. *Menger*, VerwArch 53 (1962), 185; *Kellner*, DÖV 1963, 420; *Holland*, DÖV 1965, 412; *Hoppe*, Organstreitigkeiten, S. 129; BVerwG DVBl. 1971, 404 ff. (406); OVG Münster DVBl. 1967, 51 ff. (54).

Hierauf kommt es an dieser Stelle jedoch nicht an. Einzig wichtig ist nämlich, daß die allgemeine Leistungsklage nach allgemeinen Grundsätzen der Prozeßrechtslehre der Durchsetzung eines Leistungsanspruches des Klägers dient[34]. Es geht also auch hier um Individualrechtsschutz, nämlich um den Schutz eines subjektiven öffentlichen Rechts auf die geforderte Leistung[35], und nicht um objektive Verwaltungskontrolle.

Die Anfechtungs-, Verpflichtungs-, Feststellungs- und allgemeine Leistungsklage orientieren sich also entscheidend am Individualrechtsschutz, am Schutz subjektiver öffentlicher Rechte.

Sehr umstritten ist demgegenüber die Funktion der verwaltungsgerichtlichen Normenkontrolle gem. § 47 VwGO. Die wohl überwiegende Meinung betont auch für dieses Verfahren die Individualrechtsschutzfunktion[36]. Teilweise wird diese Auffassung dahingehend modifiziert, daß es sich, sofern eine Behörde den nach § 47 VwGO erforderlichen Antrag stelle, um ein objektiv-rechtliches Verfahren handele[37]. Diese Streitfrage braucht hier jedoch nicht entschieden zu werden, denn selbst wenn man dem Verfahren nach § 47 VwGO ausschließlich objektivrechtlichen Charakter zumißt, ist damit lediglich gesagt, daß die VwGO bei der prinzipalen Normenkontrolle auf den Nachweis subjektiver Rechte verzichtet. Im Hinblick auf die materiellrechtliche Problematik der Streitigkeiten im Innenbereich ergibt sich daraus, daß möglicherweise bei diesen Auseinandersetzungen auf den Nachweis subjektiver Rechte verzichtet werden könnte, jedoch nur — und darauf kommt es entscheidend an —, wenn und soweit es um prinzipale Normenkontrolle ginge[38]. Wir brauchen dieser Frage hier jedoch nicht weiter nachzugehen, da die bei den Innenbereichsstreitigkeiten denkbaren Klagebegehren i. d. R. nicht auf eine prinzipale Normenkontrolle hinauslaufen.

---

[34] *Schunck / De Clerck*, § 42 Anm. 4 b (S. 236); *Hoppe*, Organstreitigkeiten, S. 128/129 m. w. N.

[35] *Hoppe*, Organstreitigkeiten, S. 129.

[36] Vgl. zu dieser Problematik z. B. *Maurer*, S. 275 ff.; *Renck*, DÖV 1964, 1 ff.; *ders.*, JuS 1966, 273 ff., insb. 274 ff.; *Bachof*, DÖV 1964, 9 ff.; *Obermayer*, Normenkontrolle, S. 142 ff.; *Meyer*, Normenkontrolle, S. 166 ff.; *Wilken*, DVBl. 1969, 532 ff.; HessStGH DVBl. 1971, 66 ff. m. w. N.; BVerfG DVBl. 1971, 740 ff.; kritisch auch *Rupp*, Grundfragen, S. 158, Fußn. 163.

[37] *Obermayer*, Normenkontrolle, S. 146 und 156; *Meyer*, Normenkontrolle, S. 167.

[38] Die Anwendung des § 47 VwGO scheitert nicht an der kontradiktorischen Natur des Organstreitverfahrens. Zwar spricht § 47 VwGO nur von einem Antragsteller; die meisten Bundesländer, die von der Ermächtigung des § 47 VwGO Gebrauch gemacht und Ausführungsgesetze zur VwGO erlassen haben, haben das Normenkontrollverfahren jedoch kontradiktorisch ausgestaltet. — Vgl. *Wilken*, DVBl. 1969, 532 ff. (533); *Bachof*, DÖV 1964, 11.

Als Ergebnis kann somit festgehalten werden, daß die Anfechtungs-, Verpflichtungs-, Feststellungs- und allgemeine Leistungsklage, möglicherweise auch das verwaltungsgerichtliche Normenkontrollverfahren, dem Schutz materiellrechtlicher Individualinteressen dienen, also den Nachweis subjektiver öffentlicher Rechte erfordern.

B. Die Zulässigkeit objektiv-rechtlicher Verfahren

I. Streitigkeiten zwischen intrapersonalen Funktionsträgern als objektiv-rechtliche Verfahren

Speziell bei den Streitigkeiten zwischen intrapersonalen Funktionsträgern vertritt neuerdings *Fuß*[39] die Ansicht, die VwGO enthalte einen allgemeinen Rechtsgedanken, „daß ein öffentlicher Funktionsträger bei Streitigkeiten im Innenbereich keine Verletzung subjektiver Rechte geltend zu machen braucht"[40]. Es reiche aus, „wenn er eine Störung oder Beeinträchtigung der ihm übertragenen öffentlichen Funktionen" vortrage[41]. Diesen Grundsatz leitet Fuß — losgelöst von der Problematik der Klagearten — aus § 42 II VwGO („soweit gesetzlich nichts anderes bestimmt ist") und aus § 47 VwGO her[42].

Gegen diese Auffassung, die eine Durchbrechung des Individualrechtsschutzprinzips bedeutet[43] und damit zur Zulässigkeit objektiv-rechtlicher Verfahren führt, bestehen jedoch Bedenken.

Aufgrund der „Soweit"-Klausel des § 42 II VwGO ist gesetzlich die Freistellung vom Erfordernis der Geltendmachung einer Rechtsverletzung vorgesehen. Diese Ausnahmeregelung bezieht sich zwar ausdrücklich nur auf die Zulässigkeit der Anfechtungs- und Verpflichtungsklage, dürfte jedoch wegen der Verzahnung des Prozeßrechts mit dem materiellen Recht gleichermaßen für die materiellrechtliche Seite von Bedeutung sein. Hat der Gesetzgeber — gemeint ist der Landesgesetzgeber[44] — von der „Soweit"-Klausel des § 42 II VwGO Gebrauch gemacht, so ist die Geltendmachung subjektiver Rechte im Rahmen der Zulässigkeit und der Nachweis subjektiver Rechte im Rahmen der Begründetheit der Klage nicht erforderlich. Insofern hat die Klage dann in der Tat den Charakter eines objektiv-rechtlichen Kontrollverfahrens. Das bedeutet allerdings nicht, daß nicht gleichzeitig auch subjektive Rechte vorliegen könnten; die „Soweit"-Klausel enthebt das

---

[39] WissR 1972, 97 ff.

[40] *Fuß*, WissR 1972, 116.

[41] Ebd., S. 116.

[42] Ebd., S. 115/116.

[43] Vgl. dazu A. II. dieses Abschnitts.

[44] *Kisker*, S. 30, Fußn. 70.

Gericht hier nur der näheren Nachprüfung. Bei der „Soweit"-Klausel handelt es sich jedoch durchaus nicht um eine Spezialregelung für Streitigkeiten zwischen öffentlichen Funktionsträgern. Es kann vielmehr auch bei der Klage eines Einzelnen vom Erfordernis der Rechtsverletzung abgesehen werden[45] (sog. Beanstandungsklage[46]). § 42 II VwGO regelt nicht Klagen öffentlicher Funktionsträger, sondern betrifft die sehr viel allgemeinere Frage der Zulässigkeit eines objektiv-rechtlichen Verfahrens. Die „Soweit"-Klausel des § 42 II VwGO gibt insofern nur dem Gesetzgeber die Möglichkeit, die an sich auf den Individualrechtsschutz hin konzipierte Anfechtungs- und Verpflichtungsklage objektiv-rechtlich auszugestalten, und enthält daher eine (zulässige) gesetzliche Ausnahme von dem die VwGO prägenden Prinzip des Individualrechtsschutzes. Allein entscheidend ist jedoch das Vorliegen einer den § 42 II VwGO — „Soweit"-Klausel — ausfüllenden eindeutigen gesetzlichen Regelung[47]. Für den von Fuß[48] behaupteten allgemeinen Rechtsgedanken gibt § 42 II VwGO also nichts her. Diese Vorschrift enthält eine generelle gesetzliche Durchbrechung des Individualrechtsschutzprinzips und nicht eine solche ausschließlich zugunsten öffentlicher Funktionsträger.

Auch aus § 47 VwGO läßt sich der von Fuß behauptete allgemeine Rechtsgedanke nicht herleiten. Wie bereits dargelegt wurde[49], ist es durchaus zweifelhaft, ob das Normenkontrollverfahren nach § 47 VwGO (auch) dann, wenn der Antragsteller einen bereits erlittenen oder in absehbarer Zeit zu erwartenden Nachteil dartun muß, als objektiv-rechtliches Verfahren oder als Verfahren zum Schutze von Individualrechten zu verstehen ist. Sofern man das Normenkontrollverfahren nach § 47 VwGO als ein ausschließlich objektiv-rechtlich ausgestaltetes Verfahren begreift, hat das Antragserfordernis des erlittenen oder noch zu erwartenden Nachteils mit dem Problem subjektiver Rechte nichts zu tun. Es hat vielmehr lediglich die Aufgabe, Popularklagen auszuschließen. Daraus, daß das Gesetz bei Behörden auf den Nachweis eines „Nachteils" verzichtet, kann bei diesem Verständnis der Funktion des § 47 VwGO nicht geschlossen werden, daß es bei öffentlichen Funktionsträgern (Behörden) ausnahmsweise nicht auf subjektive Rechte ankomme. § 47 VwGO könnte für den von Fuß behaupteten Rechtsgedanken also überhaupt nur dann nutzbar gemacht werden, wenn man — in Übereinstimmung mit der überwiegenden Meinung — im Normenkontrollverfahren auf Antrag einer natürlichen

[45] Mag eine solche auch vorliegen.

[46] Vgl. *Bettermann*, NJW 1967, 435.

[47] Zum Erfordernis der Eindeutigkeit vgl. *Kisker*, S. 34.

[48] *Fuß*, WissR 1972, 115 ff.

[49] Vgl. oben I. Teil, V. Abschnitt, A., II.

oder juristischen Person ein dem Individualrechtsschutz dienendes Institut sähe, hingegen beim Antrag einer Behörde ein objektiv-rechtliches Verfahren annähme. Sofern man also das Merkmal des „Nachteils" weitgehend mit den in § 42 II VwGO genannten Rechten gleichsetzte, käme es bei Behörden als Antragstellern im Verfahren nach § 47 VwGO in der Tat nicht auf die Existenz subjektiver Rechte an[50]. Damit wäre für den Nachweis eines allgemeinen Rechtsgedankens jedoch nicht viel gewonnen. Die Ausnahmeregelung des § 47 VwGO, die speziell auf Behörden zugeschnitten ist, würde nämlich nur für den Bereich der prinzipalen Normenkontrolle des § 47 VwGO gelten[51]. Für andere Klagebegehren käme sie nicht in Betracht. Allein aus der Regelung des § 47 VwGO kann daher nicht entnommen werden, daß es bei Streitigkeiten zwischen öffentlichen Funktionsträgern grundsätzlich nicht auf subjektive Rechte ankomme[52]. § 47 VwGO enthält vielmehr — und auch das nur, wenn man die Vorschrift an sich als ein Institut des Individualrechtsschutzes ansieht — eine auf bestimmte Klagebegehren beschränkte gesetzliche Ausnahmeregelung zugunsten öffentlicher Funktionsträger (Behörden).

Die VwGO enthält somit — entgegen der Auffassung von Fuß — keinen allgemeinen Rechtsgedanken, daß ein öffentlicher Funktionsträger bei Streitigkeiten im Innenbereich keine Verletzung subjektiver Rechte geltend zu machen brauche.

II. Objektiv-rechtliche Verfahren und richterliche Rechtsauslegung und Rechtsfortbildung

Es wäre jedoch denkbar, daß die Gerichte für Auseinandersetzungen zwischen intrapersonalen Funktionsträgern im Wege der richterlichen Auslegung und Fortbildung der Regelungen der VwGO eine gesetzlich nicht vorgesehene Klageart, die sich nicht am Individualrechtsschutz orientierte, sondern als objektiv-rechtliches Verfahren konzipiert wäre, entwickeln könnten[53, 54].

Im Hinblick auf die Zulässigkeit einer solchen Auslegung und Rechtsfortbildung ist zu beachten, daß der Gesetzgeber davon abgesehen hat, eine Vorschrift in die VwGO aufzunehmen, derzufolge Rechtsschutz nur mit der Gestaltungs-, Feststellungs- und Leistungsklage begehrt wer-

---

[50] So etwa *Fuß*, WissR 1972, 115/116.

[51] Vgl. *Renck*, JA ÖR 1971, 241.

[52] a. A. *Fuß*, WissR 1972, 115/116.

[53] Vgl. hierzu BVerfG NJW 1967, 435 ff. (437).

[54] Das Problem wird meist bei der Frage behandelt, ob sich aus § 40 I VwGO als verwaltungsgerichtlicher Generalklausel die Zulässigkeit der Entwicklung objektiv-rechtlicher Verfahren ergibt. — Vgl. *Henrichs*, DVBl. 1959, 549 u. 560; *Baring*, Der Städtetag 1952, 108.

den konnte, u. a. weil er befürchtete, ein starres Schema von Klagearten könne die Gerichte, die die VwGO auszulegen und ihre Regelungen fortzubilden hätten, hinsichtlich der Beurteilung von Klagen allzusehr einengen[55]. Andererseits muß berücksichtigt werden, daß die VwGO, vom Zweifelsfall des Normenkontrollverfahrens einmal abgesehen, ein klares Bekenntnis zum Individualrechtsschutz enthält. Auslegung und Rechtsfortbildung haben sich daher an der Gesamtkonzeption des Gesetzes zu orientieren. Daraus folgt, daß die Entwicklung neuer Klagearten nur innerhalb der Grundtypen einer gerichtlichen Klage — Leistungs-, Feststellungs- und Gestaltungsklage — zulässig ist[56]. Diese Grundtypen gehen jedoch sämtlich vom Prinzip des Individualrechtsschutzes aus[56a]. Daraus ergibt sich, daß auch die Entwicklung neuer Klagearten innerhalb der drei Grundtypen die auf Individualrechtsschutz hin angelegte Systematik der VwGO zu berücksichtigen hat[57]. Wenn schon nicht der Gesetzgeber ohne ausdrückliche Ermächtigung vom Prinzip des Individualrechtsschutzes abweichen darf[58], dann darf dies erst recht nicht im Wege der Auslegung und Rechtsfortbildung durch die Gerichte geschehen[59]. Eine bemerkenswerte Klarstellung enthält insoweit das Urteil des OVG Münster vom 2. 2. 1972[60] zur sog. Klage „sui generis", die das Gericht in ständiger Rechtsprechung bei innerorganisatorischen, insbesondere kommunalverfassungsrechtlichen Streitigkeiten für zulässig erachtet. Entgegen der von *Hoppe*[61] vertretenen Auffassung handelt es sich — so stellt das Gericht klar — bei der Klage „sui generis" nicht um ein objektivrechtliches Verfahren[62]. Den sog. Mitgliedschaftsrechten kommt deshalb nicht nur eine prozessuale Funktion (Beschränkung der Popularklage), sondern auch eine materiell-rechtliche Bedeutung zu[63]. Die Klage „sui generis" entspricht also materiell-rechtlich der am Individualrechtsschutz orientierten Konzeption der VwGO[64].

---

[55] Vgl. BVerfG NJW 1967, 437.

[56] *Hoppe*, Organstreitigkeiten, S. 125/126; ferner *Bleutge*, S. 156 Fußn. 13; *Stahl*, NJW 1972, 2030.

[56a] Wenn man das Normenkontrollverfahren nicht gleichfalls als ein Rechtsschutzverfahren begreift, sondern es den objektiv-rechtlichen Verfahren zuordnet, so ist zu beachten, daß es sich um eine *gesetzlich* vorgesehene Ausnahme vom Prinzip des Individualrechtsschutzes handelt.

[57] Ähnlich BVerwG DÖV 1972, 350 m. w. N.; *G. Arndt*, DÖV 1963, 572; *Tsatsos*, S. 40 u. 46; *Kisker*, S. 35/36; *Hoppe*, Organstreitigkeiten, S. 125/126; *a. A.* wohl *Henrichs*, DVBl. 1959, 549 u. 560; *Baring*, Der Städtetag, 1952, 108.

[58] Vgl. BVerfG NJW 1967, 437.

[59] *Hoppe*, Organstreitigkeiten, S. 125/126; *Kisker*, S. 35.

[60] Leitsätze abgedruckt in NJW 1972, 1682/1683; insgesamt abgedruckt in AS 27, 258 ff.

[61] *Hoppe*, Organstreitigkeiten, S. 47, 96 u. 124.

[62] Vgl. OVG Münster AS 27, 262 ff.

[63] Das Gericht knüpft bei seinen Erörterungen allerdings an die Organwalterstellung an. — Vgl. hierzu schon I. Teil, I. Abschnitt.

Als Ergebnis der vorstehenden Überlegungen kann nunmehr festgestellt werden, daß Auseinandersetzungen im Hochschulinnenbereich nur dann im Verwaltungsgerichtsprozeß ausgetragen werden können, wenn — von der verwaltungsgerichtlichen Normenkontrolle einmal abgesehen — um subjektive öffentliche Rechte gestritten wird.

Speziell bei den Streitigkeiten zwischen intrapersonalen Funktionsträgern haben sich die bisherigen Untersuchungen[65] mit dieser Problematik ausschließlich unter dem Aspekt befaßt, ob und unter welchen Voraussetzungen den Organen subjektive Rechte zukommen könnten. Neuerdings hat jedoch *Hoppe*[66] den Versuch unternommen, ein intrapersonales subjektives Recht der Gesamtorganisation im Bereiche der unterstaatlichen Gemeinwesen, also im Bereiche der Glieder der staatlichen Organisation[67], zu entwickeln. Hoppe geht im Ansatz davon aus, daß subjektive Rechte der Organe und Organteile nicht nachweisbar seien[68], und beruft sich für seine Lösung ausschließlich auf die Möglichkeit der Rechtsfortbildung[69]. Die Konstruktion Hoppes wird somit gegenstandslos, wenn subjektive Rechte der Organe und Organteile nachgewiesen werden können[70].

---

64 Auf die bei der Klage „sui generis" auftauchenden prozessualen Probleme wird später noch einzugehen sein. — Vgl. dazu IV. Teil, III. Abschnitt, E. und V. Abschnitt.

65 Vgl. die Untersuchungen der im I. Teil, I. Abschnitt, Fußn. 5 u. 6 aufgeführten Autoren.

66 *Hoppe*, Organstreitigkeiten, S. 117 ff.; *ders.*, DVBl. 1970, 845 ff. — In der Literatur ist die von *Hoppe* vorgeschlagene Lösung weitgehend auf Widerspruch gestoßen. Der Haupteinwand gegen Hoppes Konstruktion geht dahin, daß Hoppe einerseits ein Rechtsverhältnis zwischen der juristischen Person und den Organen annehme, d. h. insoweit auf eine innerorganisatorische Zurechnung verzichte, andererseits aber bei der Begründung der sog. Annexzuständigkeiten zur Wahrnehmung des intrapersonalen subjektiven Rechts der Gesamtorganisation wieder Zurechnungsgesichtspunkte ins Feld führe (vgl. insoweit *Hoppe*, Organstreitigkeiten, S. 181 ff. einerseits und S. 195 andererseits). Vgl. hierzu *Rupp*, DVBl. 1970, 594 ff. und *E. W. Böckenförde*, Organ, S. 269 ff. (279 Fußn. 34).

67 *Hoppe*, Organstreitigkeiten, S. 119.

68 Ebd., S. 103 ff. und S. 173 ff.

69 Ebd., S. 177 ff.

70 Ebd., S. 176 und 178 a. E.

ZWEITER TEIL

Subjektive Rechte künstlicher Funktionsträger im Hochschulinnenbereich

I. Abschnitt

Problemaufriß und Gang der Untersuchung

Die intrapersonalen Funktionsträger sind verpflichtet, die ihnen zugewiesenen Zuständigkeiten wahrzunehmen[1]. Zugleich sind sie auch zur Wahrnehmung berechtigt, wenn man unter Berechtigung das „Recht", die Pflicht auch zu erfüllen, versteht[2]. *Diese* Berechtigung[3] ist jedoch jeder Verpflichtung immanent, hat also mit einem subjektiven Recht nichts zu tun[4]. Subjektive Rechte[5] liegen nämlich erst dann vor, wenn ein Rechtssatz, der eine tatsächliche Begünstigung eines Rechtssubjekts enthält, auch dem Eigeninteresse dieses Subjekts zu dienen bestimmt ist[6]. Dem subjektiven Recht eines Rechtssubjekts entspricht die Verpflichtung eines oder mehrerer anderer Rechtssubjekte[7].

Subjektive Rechte der intrapersonalen Funktionsträger können — ebenso wie nach einhelliger Auffassung die Pflichten — nur durch die Normen begründet werden, welche die Aufgabenverteilung innerhalb der Hochschule vornehmen[8]. Deshalb soll zunächst die Funktion und Bedeutung der organisationsrechtlichen Wahrnehmungszuständigkeiten für die Organisation der wissenschaftlichen Hochschulen untersucht werden. Daran anschließend ist zu klären, ob die organisationsrechtliche Wahrnehmungszuständigkeiten zuweisenden Rechtssätze den innerorganisatorischen Funktionsträgern zugeordnet sind (Problem der Rechtssubjektivität)[9] und ob die Funktionsträger, wie dies für die An-

---

[1] Vgl. *Hoppe*, Organstreitigkeiten, S. 173 ff.; *Rupp*, Grundfragen, S. 99 f.

[2] *Rupp*, Grundfragen, S. 69/70.

[3] Berechtigung im weiten Sinne; vgl. *Wolff*, VR I, § 40 II b 1 (S. 265).

[4] *Rupp*, Grundfragen, S. 70; *Hoppe*, Organstreitigkeiten, S. 174.

[5] Berechtigungen im engen Sinne; vgl. *Wolff*, VR I, § 40 II b 2 (S. 265).

[6] *Goessl*, S. 150; *Bleutge*, S. 95; *Hoppe*, Organstreitigkeiten, S. 134/135.

[7] *Bleutge*, S. 96.

[8] Vgl. *Bleutge*, S. 94 ff. zur entsprechenden Problematik bei den Gemeinden.

[9] s. u. II. Teil, III. Abschnitt.

nahme subjektiver Rechte erforderlich ist, insoweit Rechtsfähigkeit besitzen[10]. Ist dies der Fall, so ist der Weg für die Erörterung des zentralen Problems, ob nämlich die Wahrnehmungszuständigkeiten außer den Pflichten auch subjektive Rechte enthalten, frei[11].

II. Abschnitt

Die Organisation der wissenschaftlichen Hochschulen und die intrapersonalen Funktionsträger

Die juristischen Personen des öffentlichen Rechts[1] sind als Träger der öffentlichen Verwaltung verpflichtet, bestimmte öffentliche Angelegenheiten wahrzunehmen[2]. Man kann dabei zwischen den Angelegenheiten, um deren Versehung willen der Träger gebildet worden ist — sie sollen hier als Hauptaufgaben bezeichnet werden — und den die Erhaltung der Funktionsfähigkeit des Verwaltungsträgers betreffenden Existenzaufgaben unterscheiden[3].

Die Hauptaufgaben der wissenschaftlichen Hochschulen in Nordrhein-Westfalen bestehen nach § 2 I HschG-NW darin, durch Forschung, Lehre und Studium der Entwicklung und Verbreitung wissenschaftlicher Erkenntnis und der Vermittlung wissenschaftlicher Methodik zu dienen und dabei auf Berufe vorzubereiten, den wissenschaftlichen Nachwuchs zu fördern und die wissenschaftliche Fort- und Weiterbildung zu betreiben. — Zu den Existenzaufgaben der wissenschaftlichen Hochschulen zählen z. B. die Selbstorganisation im Rahmen der Gesetze, die eigene Bedarfs- und Personalverwaltung sowie die Unterhaltung der zum Hochschulbereich gehörigen Räume und Sachen[4].

Im Anschluß an *Wolff* sollen die Gegenstände der Verpflichtung, also die Haupt- und Existenzaufgaben, als Kompetenzen bezeichnet werden[5].

---

[10] s. u. II. Teil, IV. Abschnitt.

[11] s. u. II. Teil, Abschnitt V. ff.

[1] Die Kirchen werden aus dieser Untersuchung ausgeklammert.

[2] Sie sind hierzu auch berechtigt, denn sie haben das Recht, die Pflicht auch zu erfüllen. Diese Berechtigung ist notwendig mit jeder Verpflichtung mitgegeben und soll daher im folgenden nicht mehr besonders gekennzeichnet werden. — Vgl. hierzu *Hoppe*, Organstreitigkeiten, S. 174 i. V. m. S. 172/173; *Rupp*, Grundfragen, S. 69/70, Fußn. 145, unter Hinweis auf *Kelsen*, S. 665, und S. 100. Vgl. auch oben II. Teil, I. Abschnitt mit Fußn. 2 und 3.

[3] Vgl. auch *Wolff*, VR II, § 84 IV b 1 (S. 171).

[4] Vgl. *Wolff*, VR II, § 85 II a 1 (S. 177).

[5] Vgl. *Wolff*, VR II, § 72 I c 1 (S. 14); *E. W. Böckenförde*, Organisationsgewalt, S. 47/48; *Ossenbühl*, S. 257; *Hoppe*, Organstreitigkeiten, S. 173; *Rasch*, Die Behörde, S. 3; abweichend *ders.*, Verwaltungsorganisation, S. 27.

Die auf einen Gegenstand bezogene Verpflichtung bedeutet somit ein rechtliches Können[6].

Die Verpflichtung der juristischen Personen bezieht sich jedoch in der Regel nicht allein auf die Aufgaben (Kompetenzen), sondern auch auf die Art, Weise und Form der Wahrnehmung[7] und legt damit das Dürfen und Sollen im Rahmen des Könnens fest[8]. Diese auf die Art, Weise und Form der Wahrnehmung bezogenen Verpflichtungen werden Befugnisse (oder auch Zuständigkeiten im engen Sinne) genannt[9] und bedürfen zu ihrer Begründung einer entsprechenden Ermächtigung[10].

Die Befugnisse kann man unterteilen in solche, die jedem Träger öffentlicher Verwaltung zustehen (allgemeine Befugnisse) und solche, die sich speziell auf die Wahrnehmung der Hauptaufgaben beziehen und deshalb nur dem Träger der jeweiligen Hauptaufgaben zustehen (Sonderbefugnisse). Dabei ist zu beachten, daß die Befugnisse i. d. R. unmittelbar den Organen der juristischen Person zugewiesen werden. Das ändert jedoch nichts daran, daß im Außenverhältnis die juristische Person Träger dieser Befugnisse ist[11].

Das Hochschulgesetz von Nordrhein-Westfalen enthält z. B. folgende Sonderbefugnisse[12, 13]: Die Verleihung wissenschaftlicher Grade und Feststellung der Qualifikation des wissenschaftlichen Nachwuchses in besonderen Verfahren (§ 1 IV), die Pflicht, die zur Aufgabenerfüllung erforderlichen Bestimmungen im Rahmen des HschG in Satzungen, die zu veröffentlichen sind, zu treffen (§ 1 V), die öffentliche Ausschreibung von Planstellen für Hochschullehrer und die Bekanntmachung freier Stellen für die übrigen Hochschullehrer innerhalb der Hochschule (§ 8), die Befugnis, den Hochschullehrern unter bestimmten Voraussetzungen Lehraufgaben zu übertragen (§ 23), den Erlaß von Prüfungsordnungen (§ 20 I), die Aufstellung von Studienordnungen (§ 22 I), das Hausrecht (§ 29 VI), die Versicherung der Studenten gegen Krankheit und Unfall (§ 47 I), die Beitragshoheit für die Kranken- und Unfallversicherung (§ 47 II), die Aufstellung von Struktur- und Entwicklungsplänen (§ 41 I) sowie von Ausstattungsplänen (§ 42 I), schließ-

---

6 Vgl. *Wolff*, Org. II, S. 275.

7 *Wolff*, VR II, § 72 I c 2 (S. 14).

8 *Wolff*, Org. II, S. 277.

9 So *Wolff*, VR II, § 72 I c 2 (S. 14); etwas abweichend *Rasch*, Die Behörde, S. 3; *ders.*, Verwaltungsorganisation, S. 27; *ders.*, Verwaltungsgesetze, Bd. I, 1. Hb., S. 4.

10 Vgl. *Wolff*, VR II, § 72 I c 2 (S. 14/15).

11 Vgl. *Wolff*, VR I, § 41 I b (S. 271).

12 Diese Aufzählung ist nicht abschließend.

13 Dabei sind die Sonderbefugnisse nur schwer von speziellen Kompetenzen zu unterscheiden. Auf die Zusammenhänge zwischen Kompetenz und Befugnis kommen wir später noch zurück.

lich auch die Aufstellung des Haushaltsvoranschlages (§ 45). Sonderbefugnisse der wissenschaftlichen Hochschulen können sich darüber hinaus aus den ihnen gegenüber bestehenden Berechtigungen der Zivilpersonen ergeben[14] — nach § 17 I HschG-NW hat z. B. der Student das Recht, Lehrveranstaltungen auch in anderen als den von ihm gewählten Studienfächern zu besuchen — oder aus den verwaltungsrechtlichen Schuld- und Ausgleichsverhältnissen — hierzu zählen z. B. verwaltungsrechtliche Verträge[15] — herrühren.

Zu den allgemeinen Befugnissen der juristischen Personen und damit auch der wissenschaftlichen Hochschulen gehört die Berechtigung, im Rahmen ihrer Kompetenzen[16] sie berechtigende (wie auch verpflichtende) Tatbestände durch ihre Organe selbst zu setzen[17]. Schließlich ergeben sich auch aus dem allgemeinen Grundsatz der Gesetzmäßigkeit der Verwaltung bestimmte Befugnisse[18]. Es seien hier nur das Verbot der Gesetzwidrigkeit, das Verbot von Kompetenzüberschreitungen (Verbands-, Ressort-, allgemeine und besondere Organkompetenzen), das Gebot der sachgerechten Aufgabenwahrnehmung sowie das Gebot des loyalen Zusammenwirkens und der gegenseitigen Förderung aller Ämter eines Organs sowie aller Organe eines Trägers öffentlicher Verwaltung genannt[19].

Die auf bestimmte Kompetenzen und Befugnisse bezogene Verpflichtung der wissenschaftlichen Hochschulen wie der juristischen Personen überhaupt soll mit *Wolff* als organisationsrechtliche Wahrnehmungszuständigkeit bezeichnet werden. „Organisationsrechtliche Wahrnehmungszuständigkeit ist mithin die durch organisatorische Rechtssätze und sie ergänzende Rechtsakte begründete Verpflichtung und Berechtigung, bestimmte Angelegenheiten einer organisatorischen Einheit in i. d. R. bestimmten Arten, Weisen und Formen wahrzunehmen[20].“ Die organisationsrechtlichen Wahrnehmungszuständigkeiten der wissenschaftlichen Hochschulen werden inhaltlich durch das Recht auf eine dem besonderen Charakter der wissenschaftlichen Hochschulen entsprechende Selbstverwaltung geprägt (vgl. Art. 16 I LVerf-NW und § 1 III HschG-NW).

---

[14] Vgl. zum folgenden: *Wolff*, VR I, § 41 II (S. 271).

[15] Vgl. im einzelnen *Wolff*, VR I, § 44 (S. 303 ff.).

[16] *Wolff*, VR I, § 41 III b (S. 272) spricht — m. E. irreführend — von Zuständigkeit.

[17] Bei der Eingriffsverwaltung ist dies jedoch grundsätzlich nur im Rahmen des Gesetzesvorbehalts zulässig. — *Wolff*, VR I, § 41 III b (S. 272) und § 30 II b 5 (S. 173).

[18] Wir folgen dabei der Darstellung bei *Wolff*, VR I, § 30 II (S. 169 ff.); ebenso *Benner*, S. 14.

[19] Vgl. hierzu *Stern / Bethge*, S. 50 ff.

[20] So *Wolff*, VR II, § 72 I c (S. 14).

Die Kompetenzen und Befugnisse der Hochschule werden organisationsintern weiterverteilt — Grundsatz der arbeitsteiligen Funktionenverteilung[21]. Die Gesetze und Satzungen berufen zu diesem Zwecke i. d. R. nicht einzelne Menschen, sondern schaffen künstliche innerorganisatorische Funktionsträger, denen bestimmte Aufgaben oder Aufgabengruppen und die zu ihrer Erfüllung erforderlichen Befugnisse zugewiesen werden[22]. Erst im Anschluß daran werden einer oder mehrere Menschen damit betraut, die den Funktionsträgern zugewiesenen Funktionen auszuführen. Diese Menschen werden Amts- bzw. Organwalter genannt.

Die innerorganisatorischen Funktionsträger besitzen nicht notwendig einen ihnen eigenen (eigentümlichen) Kompetenzbereich. Häufig — z. B. dann, wenn einem Funktionsträger Mitwirkungsbefugnisse eingeräumt sind — bestehen verschiedene Befugnisse hinsichtlich derselben Kompetenzen[23].

Es gibt im Hochschulbereich eine Vielzahl intrapersonaler Funktionsträger, deren Aufgabenbereiche und Stellung innerhalb der Hierarchie der innerorganisatorischen Funktionsträger außerordentlich unterschiedlich sein können. Das HschG-NW nennt z. B. als Funktionsträger den Hochschulpräsidenten, den Rektor, das Rektorat, den Kanzler, die Prorektoren, den Senat, die Ämter der Mitglieder des Senats, den Konvent, die Ämter der Mitglieder des Konvents, die Fachbereiche, die Organe der Fachbereiche, die Ämter der Mitglieder der Fachbereichsorgane, die Betriebseinheiten, die zentralen Einrichtungen und die Leiter der zentralen Einrichtungen. Darüber hinaus können die Hochschulsatzungen die Bildung weiterer Funktionsträger, z. B. Ausschüsse und Kommissionen, vorsehen.

Wenn und soweit einem intrapersonalen Funktionsträger Wahrnehmungszuständigkeiten von der Hochschule unmittelbar (unvermittelt), d. h. ohne Einschaltung eines anderen Funktionsträgers, zugewiesen werden, wird der Funktionsträger als Organ bezeichnet[24]. Die

---

21 *Wolff*, VR II, § 72 I a 1 (S. 12/13); *Forsthoff*, S. 408; *Rupp*, Grundfragen, S. 100; *Krüger*, Staatslehre, S. 256; vgl. auch *E. W. Böckenförde*, Organ, S. 298 ff.

22 *Wolff*, VR II, § 72 I a 1 (S. 12/13).

23 Vgl. *Wolff*, VR II, § 74 I f 7 (S. 50).

24 Wir folgen insoweit der herrschenden Meinung. Vgl. *Wolff*, VR II, § 74 I f 1 α (S. 46) und § 74 I f 6 α (S. 48). — *E. W. Böckenförde*, Organ, S. 298, Fußn. 96, faßt den Organbegriff sehr viel enger und behält ihn nur solchen Funktionsträgern vor, die nicht mehr in rechtlich relevanter Weise gegliedert sind. Alle organisierten Organe i. S. der h. M. (vgl. dazu *Wolff*, VR II, § 74 I f 6 β — S. 49 —) wären also nach Böckenförde Organisationen. — Ob der Begriff der Organisation angesichts der notwendigen Differenzierung zwischen eingegliederten, unabhängigen und Gesamtorganisationen hier klarer als der Organbegriff mit seinen Untergliederungen ist, muß be-

unvermittelte Zuweisung braucht sich aber keineswegs auf alle dem Funktionsträger übertragenen Zuständigkeiten zu beziehen, sondern kann auch auf einzelne Wahrnehmungszuständigkeiten beschränkt bleiben. Die Organstellung eines Funktionsträgers ist also nicht absoluter, sondern relativer Natur. Soweit es für innerorganisatorische Streitigkeiten auf die Organstellung ankommt, ist es nicht mit der Feststellung, daß ein Funktionsträger im Gesetz als Organ bezeichnet werde, getan (vgl. z. B. § 28 HschG-NW), sondern es ist genau zu prüfen, ob der Streit wirklich um Wahrnehmungszuständigkeiten geht, die dem Funktionsträger von der Hochschule als juristischer Person unvermittelt zugewiesen sind. Nur in diesem Falle ist der Funktionsträger Organ.

Den Organen ist eine Vielzahl weiterer Funktionsträger untergeordnet. Da sie ihre Wahrnehmungszuständigkeiten aus den Wahrnehmungszuständigkeiten des Organs ableiten, sollen sie als Organteile bezeichnet werden. Organteile sind also diejenigen Funktionsträger, die nicht selbst Organ sind, aber an den Wahrnehmungszuständigkeiten des Organs teilhaben[25].

Sofern ein Organteil selbst wieder organisiert ist, seine Zuständigkeiten also auf andere Funktionsträger weiterverteilt, kann man es als Unterorgan bezeichnen[26].

Kleinstes Organteil und damit unterster Funktionsträger in der Hierarchie der Funktionsträger ist das Amt (im normativen Sinne)[27]. Amt ist somit ein auf *einen* Menschen bezogener, institutionalisierter Inbegriff von Wahrnehmungszuständigkeiten.

Ebenso wie bei den Trägern der öffentlichen Verwaltung, den juristischen Personen des öffentlichen Rechts, kann man demnach auch bei den intrapersonalen Funktionsträgern zwischen den auf die Kompetenzen und den auf die Befugnisse bezogenen Verpflichtungen (und Berechtigungen[28]) unterscheiden[29]. Die Befugnisse können dabei sowohl gegenüber Dritten (sog. Vertretungs- oder auch äußere Befug-

---

zweifelt werden. An der sachlichen Problematik ändert sich, wenn man vom Verzicht auf das Merkmal der Zurechnung einmal absieht, ohnehin nichts; auch Böckenförde stellt auf das jeweilige Vermittlungsverhältnis ab (S. 299). — Zum Verzicht auf das Merkmal der Zurechnung s. u. II. Teil, IV. Abschnitt, B. Die dort vertretene Auffassung deckt sich weitgehend mit der Konstruktion Böckenfördes.

[25] Der Organwalter ist also nicht Organteil. Mißverständlich insoweit *Hoppe*, Organstreitigkeiten, S. 215.

[26] *Wolff*, VR II, § 74 I f 6 β (S. 49).

[27] Vgl. *Wolff*, VR II, § 73 I c (S. 27/28).

[28] Zum Begriff der Berechtigungen s. o. II. Teil, II. Abschnitt, Fußn. 2.

[29] Die Kompetenzen der Organe als Zuständigkeiten (zur Unterscheidung von den Aufgaben, d. h. den Kompetenzen des Trägers) zu bezeichnen, ist wenig sinnvoll, da der Begriff der Zuständigkeit i. e. S. mit dem der Befugnis identisch ist. — Vgl. *Wolff*, VR II, § 72 I c 4 β (S. 16) und § 72 I c 2 (S. 14).

nis) als auch gegenüber anderen Funktionsträgern derselben juristischen Person (sog. Geschäftsführungs- oder auch innere Befugnis) bestehen[30]. So obliegt z. B. gem. § 30 III HschG-NW dem Rektor die gerichtliche und außergerichtliche Vertretung der Hochschule — Vertretungsbefugnis. Beispiel für eine innere Befugnis ist das dem Rektorat zustehende Auskunftsrecht gegenüber den Organen der Hochschule und der Fachbereiche sowie den Leitern der zentralen Einrichtungen (§ 31 II 7 HschG-NW). Regeln über innere Befugnisse sind auch in den Geschäftsordnungen der Organe enthalten, so z. B. wenn dem Vorsitzenden eines Kollegialorgans bestimmte „Rechte" gegenüber (anderen) kollegialen Ämtern eingeräumt werden.

Zusammenfassend kann somit festgehalten werden, daß auch bei den intrapersonalen Funktionsträgern die Kompetenz als der Gegenstand der Wahrnehmungsverpflichtung von der Befugnis als der Art, Weise und Form der Wahrnehmungsverpflichtung zu trennen ist[31, 32].

---

30 Vgl. *Wolff*, VR II, § 72 I c 2 (S. 15) und § 74 I f 7 (S. 50).

31 Welche Bedeutung dieser Trennung zukommt, muß noch geklärt werden. Vorerst soll sie jedenfalls als Arbeitshypothese beibehalten werden.

32 Bei den in dieser Arbeit zugrundegelegten organisationsrechtlichen Grundbegriffen folgen wir weitgehend der Terminologie *Wolffs* in dessen Verwaltungsrecht. — In einem früheren Werk „Organschaft und juristische Person" verwendet Wolff eine teilweise abweichende Terminologie. Da in den folgenden Erörterungen häufiger auf diese Schrift Bezug genommen wird, sind insoweit einige Klarstellungen erforderlich. Der Begriff Kompetenz bezeichnet in dieser Schrift nicht den Gegenstand der Wahrnehmungsverpflichtung, sondern die Verpflichtung selbst. (Kompetenz ist hier die unverletzbare und absolute Möglichkeit zur Einwirkung auf und Ausübung von fremden Rechten und Interessen. — Vgl. Org. II, S. 237; teilweise abweichend aber S. 272/273.) Gegenstand der so verstandenen Kompetenz ist das Geschäft oder ein Inbegriff von Geschäften (vgl. Org. II, S. 237). Wolff unterscheidet weiter zwischen materiellen Geschäften — das sind diejenigen Tatbestände, die der juristisch geeinten Vielheit zurechenbar sind — und den formellen Geschäften — das sind, zusammengefaßt unter dem Oberbegriff der Geschäftsbesorgung, die Geschäftsführung, die Vertretung und die Verfügung (vgl. Org. II, S. 272/273). Von der Kompetenz und ihrem Gegenstand, dem Geschäft, sind die den Gebrauch der Kompetenz normierenden verletzbaren und relativen organisatorischen Verpflichtungen (und Berechtigungen) (vgl. Org. II, S. 237) zu trennen, die sich sowohl auf die die materiellen als auch auf die die formellen Geschäfte beziehenden Kompetenzen erstrecken können (vgl. Org. II, S. 277). — Der in dieser Arbeit zugrundegelegte Kompetenzbegriff (Gegenstand der Wahrnehmungsverpflichtung) deckt sich somit mit dem des materiellen Geschäfts. Der von uns verwendete Begriff der Befugnis umfaßt den des formellen Geschäfts und die den Gebrauch der Kompetenz normierenden organisatorischen Verpflichtungen und Berechtigungen.

III. Abschnitt

Rechtssubjektivität intrapersonaler Funktionsträger

A. Der Begriff der Rechtssubjektivität

„Rechtssubjektivität ist die Eigenschaft eines Menschen oder eines anderen sozialen Substrats, Zuordnungssubjekt mindestens eines Rechtssatzes zu sein. Sie liegt also stets dann vor, wenn es einen oder mehrere Rechtssätze gibt, die diesem Subjekt eine Pflicht oder ein Recht zuordnen. Die Zuordnung muß nicht" — wie bei der Rechtsfähigkeit — „eine rechtstechnisch endgültige, sondern kann auch eine nur vermittelnde (vorläufige, durchgehende) zu einem Walter fremder Pflichten oder Rechte sein"[1]. Hervorstechendes Merkmal der Rechtssubjektivität ist also, daß die Zuordnung einer einzigen Pflicht oder eines einzigen Rechts ausreichend ist und daß eine rechtstechnisch endgültige Zuordnung nicht erforderlich ist.

B. Rechtstechnik und Rechtssubjektivität

Fraglich ist, ob die innerorganisatorischen Funktionsträger überhaupt Zuordnungssubjekte von Verpflichtungen und Berechtigungen sein können[2].

Das Recht ordnet bestimmte soziale Verhältnisse, indem es von den Rechtsgenossen die Einschränkung ihres freien Beliebens in der Verfolgung ihrer Interessen verlangt, soweit das zur Befriedigung objektiv wertvollerer Interessen anderer erforderlich ist[3]. Deshalb können — legt man eine rechtselementare Betrachtungsweise zugrunde — Pflichtsubjekte nur solche Wesen sein, die von Natur aus fähig sind, Gebote einzusehen und demgemäß ihren Willen zu bestimmen[4]. Entsprechend können Rechtssubjekte allein Wesen sein, die von Natur aus fähig sind, Interessen zu haben[5]. Verpflichtungen und Berechtigungen künstlicher Funktionsträger wären danach nicht möglich, da die Funktionsträger keine motivationsfähigen Wesen sind[6].

Es ist jedoch zu bedenken, daß es der Rechtsordnung bei der Ordnung der sozialen Verhältnisse freisteht, gewissen sozialen Substraten (Funk-

---

[1] So *Wolff*, VR I, § 32 III a (S. 195).

[2] Wie dies oben im II. Teil, II. Abschnitt zunächst unterstellt wurde.

[3] *Wolff*, VR I, § 32 I (S. 193); kritisch dazu *Martens*, Öffentlich als Rechtsbegriff, S. 175/176 mit Fußnote 35.

[4] *Wolff*, VR I, § 32 I (S. 193).

[5] *Wolff*, VR I, § 32 I (S. 193).

[6] Vgl. *Risken*, S. 72/73; *Becker-Birck*, S. 34; *Wolff*, VR I, § 32 I u. II (S. 193 ff.); *ders.*, Org. I, S. 131 ff.

tionsträgern) Verpflichtungen oder Berechtigungen zuzuordnen und sie damit aus Gründen zweckmäßiger Vereinfachung rechtstechnisch als Subjekte von bestimmten von der positiven Rechtsordnung aufgestellten Verpflichtungen und Berechtigungen zu behandeln[7]. Voraussetzung für eine solche rechtstechnische Abbreviation ist lediglich, daß die rechtstechnischen Verpflichtungen und Berechtigungen auf rechtselementare Pflicht- und Rechtssubjekte zurückgeführt werden können[8]. Diese rechtstechnische Betrachtungsweise untersucht mithin spezifisch juristische, d. h. vom positiven Recht typisierte Tatbestände[9], nimmt m. a. W. nicht auf natürliche Gegebenheiten, sondern auf rechtliche Normierung Bezug[10].

Auch künstliche Funktionsträger können somit rechtstechnisch Verpflichtungen und Berechtigungen haben — sie sollen im folgenden gleichfalls als Pflichten und Rechte bezeichnet werden[11] —, sofern sie von der Rechtsordnung als Subjekte von Pflichten und Rechten behandelt werden.

C. Die Problematik des Normadressaten

Mit der Anerkennung einer Rechtssubjektivität (im rechtstechnischen Sinne) der künstlichen Funktionsträger ergibt sich die Schwierigkeit, die Rechte und Pflichten, die den künstlichen Funktionsträgern zugeordnet sind und deshalb den Amtswaltern nur mittelbar, nämlich auf dem „Umweg“ über die künstlichen Funktionsträger zustehen, von den Rechten und Pflichten zu unterscheiden, die den Amtswaltern als natürlichen Personen selbst und unmittelbar zustehen, also nicht zuvor rechtstechnisch einem künstlichen Funktionsträger zugeordnet sind[12].

Die Frage, anhand welcher Kriterien eine solche Differenzierung vorgenommen werden kann, ist weitgehend ungeklärt. Sie ist jedoch hinsichtlich der subjektiven Rechte der künstlichen Funktionsträger insofern von eminenter Bedeutung, als nur die den Funktionsträgern unmittelbar zugeordneten Normen subjektive Rechte begründen können. Umgekehrt können die Amtswalter subjektive Rechte nur aufgrund von Rechtssätzen besitzen, die sie selbst unmittelbar und nicht

---

7 *Wolff*, VR I, § 32 II b (S. 194).

8 *Wolff*, VR I, § 32 II c (S. 194); *Risken*, S. 73.

9 *Wolff*, Org. I, S. 137; *Risken*, S. 73.

10 *Risken*, S. 73.

11 Vgl. *Wolff*, VR I, § 32 II d (S. 194/195); „Recht“ bedeutet jedoch nicht „subjektives Recht“, sondern ist i. S. v. Berechtigung i. w. S. zu verstehen. Vgl. oben II. Teil, I. Abschnitt mit Fußn. 3.

12 Vgl. *Bachof*, Verwaltungsakt, S. 307; *Ossenbühl*, S. 480 ff. (speziell für die Verwaltungsvorschriften); *Wolff*, Org. II, S. 278; *Rupp*, Grundfragen, S. 84/85.

erst einen künstlichen Funktionsträger als Adressaten ansprechen. Die im organisationsrechtlichen Schrifttum als unentbehrlich erkannte Trennung zwischen Amt und Person muß sich also notwendig auch auf die Problematik der subjektiven Rechte auswirken und zu einer Differenzierung zwischen den subjektiven Rechten der künstlichen Funktionsträger und denen der hinter diesen stehenden natürlichen Personen, den Amtswaltern, führen.

Bei der Ermittlung des Normadressaten[13] ist von der Überlegung auszugehen, daß die einer juristischen Person und dann intern den intrapersonalen künstlichen Funktionsträgern rechtstechnisch zugewiesenen Rechte und Pflichten letztlich von Menschen — den Amtswaltern — wahrgenommen werden[14]. Da die Amts-(Organ-)waltung eine Form der Vertretung darstellt[15], können den künstlichen Funktionsträgern folglich auch nur vertretbare Rechte und Pflichten rechtstechnisch zugewiesen werden[16]. Unvertretbare sog. höchstpersönliche Rechte und Pflichten sind stets unmittelbar den natürlichen Personen, den Amtswaltern, zugeordnet[17].

Ob ein Recht oder eine Pflicht unvertretbar ist, kann — abgesehen von den Fällen, in denen eine Vertretung durch Rechtssätze ausdrücklich ausgeschlossen ist[18] — nur aus ihrem Wesen heraus, d. h. nach Sinn und Zweck der Pflicht oder des Rechts, beurteilt werden[19,20]. Welche Rechte und Pflichten höchstpersönlicher Natur sind, läßt sich nicht allgemein sagen[21]. Die Vorstellungen über die Höchstpersönlichkeit eines Rechts oder einer Pflicht werden nämlich durch die jeweilige soziale Ordnung bestimmt und können insoweit einem Wandel unterliegen[22]. Immerhin kann man feststellen, daß immer dann, wenn es der Rechtsordnung nur auf die formale äußere Wahrnehmung eines Rechts oder einer Pflicht ankommt[23], das Recht oder die Pflicht vertretbar ist, während dann, wenn es auf den Inhalt der Wahrnehmung durch eine

---

13 Bei Personen, die überhaupt kein Amt innehaben, ist die Frage des richtigen Normadressaten unproblematisch. — Weisungen *innerhalb* der kleinsten Funktionseinheit, des Amtes, sind notwendig immer an natürliche Personen adressiert. Vgl. *Ossenbühl*, S. 482.

14 s. o. II. Teil, II. Abschnitt.

15 *Wolff*, VR I, § 35 III (S. 237); *ders.*, Org. II, S. 91 f.

16 *Wolff*, VR I, § 34 II c (S. 232) und § 35 II a 1 (S. 234).

17 Vgl. *Wolff*, Org. I, S. 203 u. 217 ff., insb. S. 218; *ders.*, Org. II, S. 117. — Zum Begriff der höchstpersönlichen Rechte und Pflichten vgl. auch *Wolff*, VR I, § 40 IV d 1 (S. 268).

18 Vgl. *Wolff*, VR I, § 35 II a 1 (S. 234).

19 *Wolff*, VR I, § 34 II c (S. 232).

20 Vgl. *Fabricius*, S. 109.

21 Vgl. *Wolff*, Org. II, S. 117; *Fabricius*, S. 109.

22 *Wolff*, Org. II, S. 117.

23 d. h. auf das Ergebnis der Wahrnehmung. Vgl. *Wolff*, Org. II, S. 117.

bestimmte Person ankommt[24], Unvertretbarkeit anzunehmen ist[25]. Die Unvertretbarkeit hängt also von der Individualität der Wahrnehmung im Einzelfall ab[26]. Wir werden hierauf noch im einzelnen zurückkommen[27].

Außer den unvertretbaren höchstpersönlichen Rechten und Pflichten sind aber auch solche Rechte und Pflichten unmittelbar den Amtswaltern zugeordnet, die mit der Amts-(Organ-)waltung stehen und fallen, die also durch die faktische Ausübung anderer Wahrnehmungszuständigkeiten bedingt sind. Sinn und Zweck der rechtstechnischen Abbreviation ist es nämlich gerade, bestimmte Rechte und Pflichten von der Person des Amtswalters und damit von der Amtswaltung selbst zu lösen[28]. Soweit Rechte und Pflichten also von der Amtswaltung selbst abhängig sind, scheidet eine rechtstechnische Zuordnung an künstliche Funktionsträger aus. Daraus folgt, daß z. B. das Recht auf Aufwandsentschädigung, welches eine Amtswaltung voraussetzt, nicht rechtstechnisch einem Funktionsträger, sondern unmittelbar dem Amtswalter zusteht[29]. Letzteres bedeutet jedoch nicht, daß Rechte auf Zuweisung von Geld- und Sachmitteln stets nur natürlichen Personen zugeordnet sind. Es ist ohne weiteres möglich, daß derartige Rechte auch künstlichen Funktionsträgern unmittelbar zustehen. Sobald jedoch eine Abhängigkeit und Wechselbeziehung zwischen dem Recht auf solche Mittel und der Amtswaltung selbst, d. h. der faktischen Wahrnehmung anderer Zuständigkeiten feststellbar sind, steht das Recht unmittelbar dem Amtswalter und nicht dem künstlichen Funktionsträger zu. Auch hierauf werden wir noch im einzelnen zurückkommen[30].

IV. Abschnitt

Rechtsfähigkeit intrapersonaler Funktionsträger

A. Begriff und Arten der Rechtsfähigkeit

Der Begriff der Rechtsfähigkeit verlangt, daß das Subjekt fähig ist, in einem System von Rechtssätzen im Verhältnis zu anderen Träger

---

24 d. h. auf die Modalität der Wahrnehmung. Vgl. *Wolff*, Org. II, S. 117.

25 *Wolff*, Org. II, S. 117.

26 *Wolff*, Org. II, S. 117; ähnlich *ders.*, Org. II, S. 278: „Sobald aber nicht nur die Kompetenz-Ausübung eines einzelnen individuellen Amtswalters, sondern die aller möglichen Amtswalter unabhängig von ihrer individuellen Verschiedenheit und ihrem Wechsel normiert wird, werden diese Berechtigungen und Verpflichtungen rechtstechnisch auf das Organ bezogen."

27 s. u. II. Teil, XIII. Abschnitt und III. Teil, IV. Abschnitt, B. - E.

28 Vgl. *Wolff*, VR II, § 72 I a 1 (S. 12/13).

29 Vgl. *Wolff*, Org. II, S. 265; *ders.*, VR II, § 73 III c 3 (S. 39).

30 s. u. II. Teil, XIII. Abschnitt und III. Teil, IV. Abschnitt, B. - E.

von Rechten oder Pflichten, m. a. W. *End*subjekt rechtstechnischer Zuordnung zu sein[1].

Da der Unterschied zwischen Rechtssubjektivität und Zurechnungsendsubjektivität ausschließlich darin besteht, daß im letzteren Falle Trägerschaft vorliegt[2], reicht es folglich für die Annahme einer Zurechnungsendsubjektivität (Rechtsfähigkeit) aus, wenn diese Zurechnungsendsubjektivität nur hinsichtlich einer Pflicht besteht; auch bei der Rechtssubjektivität ist nämlich die Zuordnung lediglich einer Pflicht ausreichend. Die endgültige Zuordnung eines subjektiven Rechts ist für den Begriff der Rechtsfähigkeit nicht erforderlich[3].

Rechtsfähigkeit setzt somit Rechtssubjektivität voraus[4]. Da sich die Frage der Rechtssubjektivität nach dem positiven Recht richtet, ist es möglich, daß ein Funktionsträger nur in bezug auf eine einzige Norm Rechtssubjekt ist[5]. Ist er gleichzeitig Träger dieser Rechte oder dieses Rechts, so kann man ihn als teilrechtsfähig bezeichnen[6]. Allerdings — die Unterscheidung zwischen Vollrechtsfähigkeit und Teilrechtsfähigkeit darf nicht dazu verleiten, die Vollrechtsfähigkeit mit einer „absoluten" Rechtsfähigkeit gleichzusetzen. Eine absolute Rechtsfähigkeit i. S. einer Innehabung aller überhaupt denkbaren Rechte und Pflichten gibt es nicht[7], denn jede individuelle Rechtsfähigkeit ist notwendig relativ[8]. Teilrechtsfähigkeit entsteht durch die Einzelzuweisung von Rechten und Pflichten, während Vollrechtsfähigkeit die Übertragung eines Gesamtkomplexes von Rechten und Pflichten bedeutet[9].

---

1 Vgl. *Friesenhahn*, Festschrift für R. Thoma, S. 38/39; *Rupp*, Grundfragen, S. 81 - 83; *Bleutge*, S. 65; *Wolff*, VR I, § 32 III b (S. 195); *ders.*, Org. I, S. 150. — Das Merkmal der Trägerschaft und Endsubjektivität (im Unterschied zur bloßen Zuordnung) wird neuerdings im Anschluß an *Bachof* (Verbände, S. 260), der die Ausführungen *Wolffs* insoweit mißversteht, nicht hinreichend beachtet. So ist es zu erklären, daß der Unterschied zwischen Rechtssubjektivität und Zurechnungsendsubjektivität (Rechtsfähigkeit) nur in einer quantitativen Verschiedenheit gesehen wird. Vgl. hierzu *Ossenbühl*, S. 165; *Hoppe*, Organstreitigkeiten, S. 167. Demgegenüber unterscheidet *Rupp*, Grundfragen, S. 82/83, der Sache nach durchaus zutreffend zwischen Zuordnung und endgültiger Zuordnung. (Die Ausführungen auf S. 82/83 sind allerdings mißverständlich.) — m. E. wird man, um das Problem der Organschaft bewältigen zu können, auch weiterhin an einer qualitativen Differenzierung festhalten müssen.

2 Auf eine quantitative Verschiedenheit kommt es auch schon deshalb nicht an, weil anderenfalls der Begriff der Teilrechtsfähigkeit überflüssig wäre. a. A. *Hoppe*, Organstreitigkeiten, S. 167, insb. Fußn. 8; ähnlich *Ossenbühl*, S. 165.

3 So mit Recht *Rupp*, Grundfragen, S. 83; *Hoppe*, Organstreitigkeiten, S. 167/168 m. w. N.

4 *Bachof*, Verbände, S. 263; *Wolff*, VR I, § 32 III b (S. 195/196).

5 *Bachof*, Verbände, S. 262/263.

6 *Bachof*, Verbände, S. 263 ff.; *Wolff*, VR I, § 32 III b 2 (S. 196); *Fabricius*, S. 61.

7 Vgl. *Fabricius*, S. 61; *Bachof*, Verbände, S. 263/264.

8 *Fabricius*, S. 61.

Da die Rechte und Pflichten verschiedenen Rechtsmaterien entstammen können, gibt es auch eine Vielzahl von Rechtsfähigkeiten nach Maßgabe der verschiedenen Rechtsmaterien[10]. Insbesondere kann man die Rechtsfähigkeit auf dem Gebiet des Privatrechts von der auf dem Gebiet des öffentlichen Rechts unterscheiden[11]. Grundsätzlich ist die eine von der anderen völlig unabhängig[12]. *Friesenhahn*[13] unterteilt z. B. die Rechtsordnung in den Zivilrechtskreis, den Strafrechtskreis, den Verwaltungsrechtskreis und den Verfassungsrechtskreis[14]. Speziell der Verwaltungsrechtskreis zerfällt in mehrere Unterkreise[15]: In einem werden die Rechtsbeziehungen zwischen dem obrigkeitlich handelnden Staat und den Bürgern bzw. den unterstaatlichen Verbänden und zwischen obrigkeitlich handelnden unterstaatlichen Verbänden und den Bürgern geordnet. In einem anderen Unterkreis werden die Rechtsbeziehungen zwischen den unterstaatlichen Verbänden (in öffentlichrechtlicher Funktion) geregelt. Im dritten Unterkreis werden schließlich jene Rechtssätze zusammengefaßt, die im Innern des Staates bzw. der unterstaatlichen Verbände gelten und die Beziehungen zwischen ihren Organen oder besser zwischen den intrapersonalen Funktionsträgern zum Gegenstand haben, soweit sie nicht staatsverfassungsrechtlicher Art sind.

Der Innenbereich der juristischen Personen und damit auch der wissenschaftlichen Hochschulen umfaßt also sowohl Rechtsbeziehungen des ersten Verwaltungsrechtsunterkreises (Beziehungen der Amtswalter) als auch Beziehungen des dritten Verwaltungsrechtsunterkreises (Beziehungen der intrapersonalen Funktionsträger). Soweit im *II. Teil dieser Arbeit* von intrapersonaler (innerorganisatorischer) Rechtsfähigkeit die Rede ist, geht es jedoch immer nur um die Rechtsbeziehungen zwischen den intrapersonalen künstlichen Funktionsträgern.

Auf die Problematik der verschiedenen Rechtskreise werden wir später noch zurückkommen.

Einige Autoren gehen davon aus, daß von (öffentlich-rechtlicher) Rechtsfähigkeit nur bei der Zuweisung von Rechten oder Pflichten der

---

9 *Wolff*, Org. I, S. 150; *Fabricius*, S. 61; *Bachof*, Verbände, S. 264. — Ob die Unterscheidung zwischen Teil- und Vollrechtsfähigkeit angesichts der Relativität jeder individuellen Rechtsfähigkeit (noch) sinnvoll ist, erscheint allerdings sehr zweifelhaft.

10 Vgl. *Bachof*, Verbände, S. 267; *Nawiasky*, S. 196.

11 *Bley*, S. 53 ff.; *Bachof*, Verbände, S. 266 ff.

12 *Bachof*, Verbände, S. 267.

13 *Friesenhahn*, Festschrift für R. Thoma, S. 37; vgl. auch *Böckenförde*, Organisationsgewalt, S. 75 ff.

14 Das Völkerrecht bleibt außer Betracht.

15 Vgl. zum folgenden *Friesenhahn*, Festschrift für R. Thoma, S. 37/38.

allgemeinen Rechtsordnung gegenüber anderen Rechtsträgern, nicht aber von solchen des Organisationsrechts gegenüber anderen Funktionsträgern (Organen) desselben Rechtsträgers gesprochen werden könne[16]. Ob nur die Zurechnungsendsubjektivität nach Maßgabe der allgemeinen Rechtsordnung als Rechtsfähigkeit oder auch die Zurechnungsendsubjektivität in bezug auf andere Rechtsmaterien und Rechtskreise als Rechtsfähigkeit bezeichnet wird, ist sachlich ohne Bedeutung, wenn nur deutlich gemacht wird, auf welchen Rechtskreis sich die Rechtsfähigkeit (Zurechnungsendsubjektivität) erstreckt. Der Streit mag daher auf sich beruhen.

B. Das Problem der sog. internen Organschaft

Die Handlungen der Organe und Organteile einer juristischen Person werden nach allgemeiner Auffassung nicht diesen selbst, sondern der juristischen Person zugerechnet[17], so daß auch die durch das organschaftliche Handeln ausgelösten Pflichten den Organen nur transitorisch zustehen[18], m. a. W. der juristischen Person endgültig zugeordnet werden[19].

Diese bloße Rechtssubjektivität (im Gegensatz zur Zurechnungsendsubjektivität) der Organe und Organteile hinsichtlich der ihnen zugeordneten Wahrnehmungszuständigkeiten wird jedoch nur verständlich, wenn man bedenkt, daß die juristische Person kraft Gesetzes im Verhältnis zu anderen juristischen Personen — nach *Friesenhahn* handelt es sich um die Rechtssubjekte des zweiten Verwaltungsrechtsunterkreises[20] — Träger dieser Verpflichtungen ist[21]. Dann können nämlich nicht gleichzeitig auch die innerorganisatorischen Funktionsträger Zurechnungsendsubjekte in diesem Rechtskreis sein. Das Merkmal der transitorischen Zurechnung kann also nur in Abhängigkeit

---

16 Vgl. hierzu *Neuner*, S. 198; *Rupp*, Grundfragen, S. 84; *Wolff*, Org. II, S. 250; *Goessl*, S. 56 f.; *Bleutge*, S. 133. — Zum Begriff der allgemeinen Rechtsordnung vgl. insbesondere *Wolff*, Org. I, S. 368, 431 und 433; *ders.*, Org. II, S. 238, 249, 250, 253 und 279. — Unzweifelhaft sind also die Rechte und Pflichten der Amts-(Organ-)walter solche der allgemeinen Rechtsordnung, weil sich ein Bürger (als Amtswalter) und eine juristische Person des öffentlichen Rechts gegenüberstehen. „Allgemeine Rechtsordnung" und „Innenbereich" i. S. v. Bereich des organschaftlichen Funktionsablaufes schließen sich somit nicht notwendig aus.

17 *Hoppe*, Organstreitigkeiten, S. 169.

18 *Wolff*, VR II, § 74 I f 5 (S. 47).

19 *Hoppe*, Organstreitigkeiten, S. 169; vgl. aber auch *E. W. Böckenförde*, Organ, S. 304/305.

20 *Friesenhahn*, Festschrift für R. Thoma, S. 37/38.

21 *Bachof*, Verbände, S. 267; *Wolff*, VR I, § 34 I b 2 (S. 230); *Huber*, S. 184 (speziell für Körperschaften).

von der Bezugsordnung, auf die jeweils abgestellt wird, beurteilt werden[22]. Daraus folgt, daß die Funktionsträger des Innenbereiches nicht mehr als Subjekte transitorischer Zurechnung angesehen werden können, sondern Zurechnungsendsubjektivität hinsichtlich der ihnen zugeordneten Wahrnehmungszuständigkeiten besitzen, wenn man nicht mehr auf die Ebene der juristischen Personen, sondern auf den innerorganisatorischen Rechtskreis abstellt[23].

Demgegenüber vertritt *Wolff*[24] die Auffassung, daß eine Zurechnungsendsubjektivität der innerorganisatorischen Funktionsträger nur hinsichtlich der organisatorischen Verpflichtungen (und Berechtigungen) aus dem Amt, welche die Ausübung des Könnens, d. h. das Dürfen und Sollen, regeln, vorliege[25]. Die Kompetenzen[26] hingegen ständen den intrapersonalen Funktionsträgern auch innerorganisatorisch nicht endgültig, sondern nur vorläufig zur Wahrnehmung zu[27]. Damit wäre — entgegen der hier vertretenen Auffassung — der Gesichtspunkt der transitorischen Zurechnung selbst dann von Bedeutung, wenn man ausschließlich auf den innerorganisatorischen Bereich abstellt. Man könnte dann von interner Organschaft sprechen[28].

Ob die von Wolff durchgeführte Differenzierung zwischen Befugnis und Kompetenz in diesem Zusammenhang eine unterschiedliche Beurteilung hinsichtlich der Zurechnungsendsubjektivität rechtfertigt, bedarf allerdings näherer Prüfung.

Es ist zu bedenken, daß eine Befugnis ohne einen Gegenstand (Kompetenz), auf den sie sich bezieht, überhaupt nicht möglich ist[29]. Umgekehrt beinhaltet die auf einen Gegenstand (Kompetenz) bezogene Verpflichtung zugleich die — freilich sehr allgemeine — Verpflichtung zur

---

22 Vgl. *Wolff*, VR II, § 74 II b 1 β (S. 52). Völlig zu Recht spricht neuerdings *E. W. Böckenförde*, Organ, S. 304, von der „Relativierung des Problems der Zurechnung".

23 So neuerdings auch *E. W. Böckenförde*, Organ, S. 304/305.

24 *Wolff*, Org. II, S. 277 ff. spricht zwar nur von Organen; dasselbe muß jedoch auch für die Organteile gelten (vgl. *Wolff*, Org. II, S. 250 Fußn. 3).

25 Vgl. *Wolff*, Org. II, S. 277 ff., insb. S. 279. Die Ausführungen Wolffs an dieser Stelle gehen über die Überlegungen auf S. 248 (Org. II) hinaus, wo er die Zurechnungsendsubjektivität offenbar auf die relativen organisatorischen Berechtigungen und Verpflichtungen beschränkt wissen will. — Der Begriff der organisatorischen Berechtigungen und Verpflichtungen deckt sich in etwa mit dem der Befugnisse. Vgl. dazu II. Teil, II. Abschnitt, Fußn. 32.

26 Das sind die auf den Gegenstand bezogenen Verpflichtungen selbst. Vgl. II. Teil, II. Abschnitt, Fußn. 32.

27 Vgl. *Wolff*, Org. II, S. 247 ff., insb. S. 275.

28 *Rupp*, DVBl. 1970, 594 f. (595 a. E.).

29 So *Wolff*, VR II, § 72 I c 1 (S. 14). — Mit Zuständigkeit meint Wolff an dieser Stelle offenbar die in § 72 I c 2 (S. 14) beschriebene Befugnis, die er ja als Zuständigkeit i. e. S. bezeichnet.

Wahrnehmung, d. h. Ausübung der Kompetenz[30]. Die Gegenüberstellung von Kompetenz und Befugnis hat deshalb überhaupt nur dann einen Sinn, wenn man den Begriff der Befugnis sehr eng faßt und hierunter nur spezielle die Art, Weise und Form festlegende Befugnisse versteht. Diese speziellen Befugnisse begrenzen somit die in der auf den Gegenstand bezogenen Verpflichtung bereits notwendig enthaltene allgemeine Befugnis und damit die auf die Kompetenz bezogene Verpflichtung selbst[31]. Eine *ausschließlich* auf Sätze des Dürfens und Sollens bezogene interne Zurechnungsendsubjektivität ist somit ausgeschlossen, weil die in diesen Sätzen enthaltenen (bestimmten) Befugnisse notwendig zugleich den Gegenstand (die Kompetenz) regeln. Die Zurechnungsendsubjektivität der internen Funktionsträger besteht daher nicht nur — wie Wolff meint — hinsichtlich der Befugnisse enthaltenden Normen, sondern auch bezüglich der die Kompetenzen regelnden Rechtssätze[32]. Von transitorischer Zurechnung und interner Organschaft kann, wenn man auf die innerorganisatorische Relationsebene abstellt, also keine Rede sein[33].

Da man in der juristischen Terminologie im Anschluß an Wolff[34] das Organ als Subjekt *transitorischer* Zuständigkeiten begreift, ist dieser Begriff für den innerorganisatorischen Bereich nur bedingt verwendbar[35]. Hier bezeichnet er lediglich — also unter Verzicht auf das Merkmal der transitorischen Zurechnung — diejenigen Funktionsträger, die ihre Wahrnehmungszuständigkeiten unvermittelt von der juristischen Person zugewiesen bekommen[36]. Will man hingegen für den Organbegriff auf das Merkmal der transitorischen Zurechnung nicht verzichten, so darf man die innerorganisatorischen Funktionsträger, soweit es um ihre Zurechnungsendsubjektivität im Bereiche der Organisationsrechtsordnung geht, nicht mehr als Organe bezeichnen[37].

---

[30] So dürfen die Träger öffentlicher Verwaltung nach der Auffassung von *Wolff* (VR I, § 41 III b — S. 272) im Rahmen ihrer Zuständigkeit sie berechtigende wie auch sie verpflichtende Tatbestände selbst setzen.

[31] *Wolff*, Org. II, S. 277. — Völlig zu Recht bezeichnet deshalb *Hoppe*, Organstreitigkeiten, S. 174/175, das „Recht *aus* der Kompetenz" (Befugnis) als ein spezialisiertes „Recht *an* der Kompetenz".

[32] Ob *Wolff* jetzt in seinem Verwaltungsrecht eine andere Auffassung vertritt, wird nicht ganz klar. Vgl. einerseits VR II, § 74 I f 1 α (S. 46) und andererseits VR I, § 41 III d 1 - 3 (S. 273).

[33] Ebenso *Ewald*, Beteiligungsfähigkeit, S. 241 a. E.; ferner neuerdings auch *E. W. Böckenförde*, Organ, S. 278/279. a. A. offenbar *Hoppe*, Organstreitigkeiten, S. 173 ff. Zweifelnd *Rupp*, DVBl. 1970, 595 a. E.

[34] *Wolff*, VR II, § 74 I f (S. 45) und § 74 I f 5 (S. 47/48).

[35] Dies ist für *Böckenförde*, Organ, S. 279 ff., der Grund, den Begriff des Organs weitgehend durch den der Organisation zu ersetzen.

[36] Insofern deckt sich die hier vertretene Konzeption der Sache nach mit den neuerdings von *Böckenförde*, Organ, entwickelten Überlegungen.

In dieser Arbeit soll der Organbegriff mit der soeben beschriebenen Einschränkung beibehalten werden.

C. Zusammenfassung

Die vorstehenden Überlegungen haben gezeigt, daß die organisationsrechtlichen Wahrnehmungszuständigkeiten den innerorganisatorischen Funktionsträgern nicht nur vorläufig, sondern endgültig zustehen — Rechtsfähigkeit statt bloßer Rechtssubjektivität. Die Verpflichtungen[38] zur Wahrnehmung sind ihnen endgültig zugeordnet[39].

Daraus folgt, daß auch subjektive Rechte — vorausgesetzt die intrapersonalen Funktionsträger besitzen solche — gleichfalls den innerorganisatorischen Funktionsträgern und nicht der juristischen Person endgültig zustehen, da sie — und damit kommen wir auf den Ausgangspunkt unserer Überlegungen zurück — ebenfalls nur durch die die Zuständigkeitenverteilung vornehmenden Normen begründet werden können.

Es wird nunmehr zu klären sein, ob die Rechtsfähigkeit der innerorganisatorischen Funktionsträger nur hinsichtlich der in den Wahrnehmungszuständigkeiten enthaltenen Verpflichtungen besteht oder ob die Wahrnehmungszuständigkeiten auch subjektive Rechte enthalten.

V. Abschnitt

Die Strukturelemente des subjektiven öffentlichen Rechts

Das subjektive öffentliche Recht steht seit langem im Mittelpunkt der Auseinandersetzungen der Verwaltungsrechtslehre[1], und die Diskussion um seine Merkmale ist bis heute nicht zur Ruhe gekommen. Im Rahmen dieser Arbeit ist es nicht möglich, den damit zusammenhängenden Fragen im einzelnen nachzugehen. Wir müssen uns daher

---

[37] So mit Recht *Ewald*, Beteiligungsfähigkeit, S. 241 a. E. Die Organstellung kann also nur in Abhängigkeit von der Bezugsordnung, auf die jeweils abgestellt wird, beurteilt werden. Vgl. *Wolff*, VR II, § 74 II b 1 β (S. 52). Diese Relativität des Organbegriffs macht sich also auch im Verhältnis der allgemeinen Rechtsordnung zur Organisationsrechtsordnung bemerkbar.

[38] Ebenso natürlich auch die Berechtigungen. Vgl. dazu II. Teil, I. Abschnitt und II. Abschnitt, Fußn. 2.

[39] Insoweit, aber auch nur insoweit, sind Rechtsfähigkeit und Rechtssubjektivität der Sache nach dasselbe. Vgl. *Goessl*, S. 56.

[1] Vgl. z. B. die Untersuchungen von *R. Thoma*, S. 609 m. w. N.; *Bachof*, Subjektive Rechte, S. 291 m. w. N.; *Goessl*, S. 150; *Henke; G. Jellinek*, System; *Bühler*, Die subjektiven öffentlichen Rechte.

darauf beschränken, den eigenen Standpunkt und damit die Grundlagen der folgenden Erörterungen zu skizzieren.

Drei Voraussetzungen sind — darüber besteht im wesentlichen Einigkeit[2] — für den Nachweis eines subjektiven Rechts erforderlich:

Es muß ein zwingender Rechtssatz vorhanden sein.

Dieser muß — über eine tatsächliche Begünstigung hinaus — dazu bestimmt sein, die Individualinteressen einer bestimmten Person gegenüber einer anderen Person zu schützen[3].

Dem Begünstigten muß die Rechtsmacht verliehen sein, sich gegenüber dem Verpflichteten auf die begünstigende Rechtsfolge berufen und von diesem ein entsprechendes Verhalten verlangen zu können[4].

Als zwingende gesetzliche Bestimmungen, die eine Begünstigung der intrapersonalen Funktionsträger enthalten könnten, kommen diejenigen Normen in Betracht, die die Kompetenzen und Befugnisse (organisationsrechtlichen Wahrnehmungszuständigkeiten) der Funktionsträger festlegen.

Die genaue Umgrenzung des Umfangs der Wahrnehmungszuständigkeiten hat zur Folge, daß jede Kompetenz und Befugnis ausschließlich ist, d. h. „jede Funktionseinheit hat sich auf den zugeteilten Aufgabenkreis zu beschränken und der Befassung mit anderen als der zugewiesenen Aufgabe zu enthalten"[5]. Insofern hat die organisationsrechtliche Wahrnehmungszuständigkeit monopolartigen Charakter[6] und enthält eine tatsächliche Begünstigung des zuständigen Funktionsträgers[7].

Die Wahrnehmungszuständigkeiten können aber auch über die in dem Ausschließlichkeitsmoment enthaltene Begünstigung hinaus weitere Begünstigungen bewirken. Wird nämlich ein Funktionsträger aufgrund einer ihm zugewiesenen Wahrnehmungszuständigkeit zu einem bestimmten positiven Verhalten[8] gegenüber einem oder mehreren anderen

---

[2] Vgl. z. B. *Goessl*, S. 150; *Bleutge*, S. 95; *Hoppe*, Organstreitigkeiten, S. 134/135.

[3] *Rupp*, Grundfragen, S. 267; *Hoppe*, Organstreitigkeiten, S. 135/136; ähnlich *Wolff*, VR I, § 43 I b 2 (S. 290 ff.).

[4] Diese Definition geht auf *Bühler*, Subjektive Rechte, S. 21 zurück; *ders.*, Gedächtnisschrift für W. Jellinek, S. 274 ff.; vgl. auch *Bachof*, Subjektive Rechte, S. 292; *Bleutge*, S. 95; *Goessl*, S. 56/57; *Hoppe*, Organstreitigkeiten, S. 134 ff., jeweils m. w. N. — Zur Problematik der Rechtsmacht s. u. II. Teil, IX. Abschnitt.

[5] *Bleutge*, S. 94.

[6] *Rasch*, Die Behörde, S. 5/6.

[7] Im Ergebnis auch *Bleutge*, S. 94 ff.

[8] Ein Verhalten, das auf die Verwirklichung eines Tatbestandes zielt. Vgl. *Wolff*, VR I, § 40 III a 1 (S. 266).

bestimmten Funktionsträgern verpflichtet, so werden diese durch die ihnen gegenüber bestehende Verhaltenspflicht tatsächlich begünstigt. Als Beispiel mag die in § 29 V 5 HschG-NW enthaltene Regelung dienen, die festlegt, daß die Organe der Hochschule und der Fachbereiche und die Leiter der zentralen Einrichtungen dem Hochschulpräsidenten Auskunft zu erteilen haben[9]. Insofern wird der Hochschulpräsident tatsächlich begünstigt. Eine tatsächliche Begünstigung liegt aber auch dann vor, wenn einem Funktionsträger gesetzlich ausdrücklich eine Befugnis — ein Dürfen — gegenüber einem oder mehreren Funktionsträgern zugestanden wird. § 29 V 5 HschG-NW könnte deshalb auch so gefaßt werden: „Der Hochschulpräsident kann von den Organen der Hochschule ... Auskunft verlangen[10].“ Hier entspräche dem Dürfen des einen Funktionsträgers eine korrespondierende Verpflichtung zu positivem Tun eines oder mehrerer anderer Funktionsträger. Damit läge gleichfalls eine tatsächliche Begünstigung vor.

Ohne Bedeutung für den Nachweis eines subjektiven Rechts ist die Tatsache, daß die den Funktionsträgern mit der Kompetenz zugewiesene Befugnis zu rechtlich erheblichem Verhalten in der Regel unverzichtbar und mit einer entsprechenden Pflicht verbunden ist[11]. Zwar meint z. B. *Krüger*[12], daß wegen der fehlenden Verfügungsmacht und Wahlfreiheit des Berechtigten subjektive Rechte nicht in Betracht kommen könnten. Er übersieht indes, daß die freie Verfügbarkeit einer Rechtsposition aus dem materiellen Prinzip der Privatautonomie folgt und daher allenfalls Bedeutung für das subjektive Privatrecht hat[13].

Für das Vorliegen eines subjektiven öffentlichen Rechts kommt es somit entscheidend darauf an, ob die organisationsrechtlichen Wahrnehmungszuständigkeiten dazu bestimmt sind, Individualinteressen der intrapersonalen Funktionsträger (rechtlich) zu schützen[14].

---

9 Im Hinblick darauf, daß diese Regelung in einer den Hochschulpräsidenten betreffenden Vorschrift aufgeführt wird, wäre es gesetzestechnisch besser gewesen, nicht eine Pflicht der anderen Funktionsträger, sondern ein „Recht“ des Hochschulpräsidenten zu normieren.

10 Dieses „Verlangen-Dürfen“ bedeutet hier nicht die Innehabung eines subjektiven Rechts. Es bezeichnet vielmehr (vorerst) lediglich eine Wahrnehmungsverpflichtung, deren Inhalt in einem Dürfen besteht.

11 Vgl. *Bleutge*, S. 95/96; a. A. *Rasch*, Die Behörde, S. 5.

12 *Krüger*, Staatslehre, S. 264; ähnlich *Rasch*, Die Behörde, S. 5; wohl auch *E. W. Böckenförde*, Organ, S. 303.

13 *Bleutge*, S. 96.

14 Die von *E. W. Böckenförde*, Organ, S. 304/305, gegen die Verwendung des Begriffs „subjektives Recht“ und damit auch des Begriffs „Individualinteresse“ vorgebrachten Bedenken überzeugen nicht, da die Rechtssätze des Organisationsinternums — entgegen Böckenförde — auch die Abgrenzung verschiedener Handlungssphären bezwecken. Vgl. I. Teil, III. Abschnitt a. E.

VI. Abschnitt

Rechtlich geschützte Individualinteressen der Funktionsträger im Hochschulinnenbereich

A. Lösungsversuche in der Literatur

Die Problematik, ob und unter welchen Voraussetzungen die organisationsrechtlichen Wahrnehmungszuständigkeiten den rechtlichen Schutz von Individualinteressen intrapersonaler Funktionsträger bezwecken, wird in einigen neueren Untersuchungen ausführlich behandelt. Die Überlegungen in der Literatur betreffen allerdings nicht speziell die intrapersonalen Funktionsträger im Hochschulbereich, sondern befassen sich mit dem Organstreit im allgemeinen oder mit dem Kommunalverfassungsstreitverfahren im besonderen. Im folgenden sollen diese Lösungsvorschläge auf ihre Brauchbarkeit für die Probleme des Hochschulinnenbereiches hin untersucht werden.

I. Grundsatz der Interessenkorrespondenz

Die Rechtsordnung knüpft, indem sie Organisationen zu Rechtssubjekten im rechtstechnischen Sinne erhebt, an die von den Organisationen als sozialen Einheiten zu verfolgenden Interessen, so z. B. (gemeinsame) Interessen mehrerer Menschen, an[1]. Das Vorhandensein eines gemeinsamen Interesses schließt allerdings nicht aus, daß darüber, wie dieses Interesse am besten zu verwirklichen sei, unterschiedliche Auffassungen bestehen können. Trotz des übergeordneten gemeinsamen Interesses sind also insoweit Interessengegensätze denkbar, die sich auch in einer Gruppenbildung sichtbar „nach außen" manifestieren können.

Einer solchen Gruppenbildung kann die innere Organisation der juristischen Personen Rechnung tragen, indem sie bei der Zuweisung von Rechten und Pflichten an einen innerorganisatorischen Funktionsträger jeweils nur an die sozialen Interessen einer Gruppe anknüpft. Es wäre denkbar, daß in diesem Falle mit der Innenstruktur mehr als eine bloße Ordnungsfunktion, nämlich auch der Schutz der durch die intrapersonalen Funktionsträger jeweils vertretenen Gruppeninteressen und damit der Schutz des Funktionsbereiches selbst, bezweckt wäre. Dem Interesse der jeweiligen Gruppe entspräche dann ein Interesse des intrapersonalen Funktionsträgers (Interessenkorrespondenz).

Kisker, der das Organ als Funktionär der Interessen der Korporation begreift und deshalb nur von quasi-eigenen Interessen spricht[2], vertritt

[1] Vgl. *Wolff*, VR I, § 34 I a (S. 229). — Vgl. auch oben II. Teil, III. Abschnitt.

z. B. die Auffassung, daß die Rechtsordnung die Organe in eine Rolle einweisen könne, in der sie ihre Funktion gerade dadurch erfüllten, daß sie den von ihnen zu betreuenden Aspekt des Gesamtinteresses wie ein eigenes partikulares Interesse gegen die Beeinträchtigung durch andere Organe derselben Korporation verteidigten. In derartigen Fällen liege es nahe, aus der Rollenzuweisung auch auf die Zuweisung der Befugnis zu rollengemäßer Durchsetzung des quasi-eigenen Interesses, also auf dessen Bewehrung mit subjektiven Rechten zu schließen[3]. Dies sei u. a. dort der Fall, wo bei Organen oder Organteilen vorauszusetzen sei, daß sie für die Gemeinwohlkonzeption der von ihnen Repräsentierten wirkten[4].

Ähnlich argumentiert auch *Tsatsos,* der seine Untersuchung auf Körperschaften des öffentlichen Rechts als mitgliedschaftlich verfaßte Organisationen beschränkt[5]. Tsatsos meint, daß innerhalb der Körperschaft eine Vielzahl von Interessendifferenzierungen, die sich aus den möglicherweise unterschiedlichen faktischen Interessen der Mitglieder ergäben, entständen[6]. Dieser Besonderheit körperschaftlicher Struktur entspreche dann auch eine besondere Organstruktur[7]. Die Funktion eines Organs werde insoweit subjektiviert, als ihr gesellschaftliches Substrat in einem Sonderinteressenkreis bestehe[8].

Überträgt man diese Überlegungen, ohne sich vorerst grundsätzlich mit ihnen auseinanderzusetzen[9], auf die wissenschaftlichen Hochschulen, so fällt auf, daß die innere Struktur der Hochschulen, wenn überhaupt, so nur in geringem Umfange Gruppeninteressen Rechnung trägt.

Eine zwingende Berücksichtigung von Gruppeninteressen ist nach dem HschG-NW z. B. nur bei den Fachbereichen vorgesehen. Diese umfassen nämlich die wissenschaftlichen Einrichtungen eines oder mehrerer Fächer (vgl. § 34 I 3 HschG-NW) und repräsentieren somit die fachspezifischen Sonderinteressen der Hochschulangehörigen eines bestimmten Faches. — In zwei weiteren Fällen räumt das HschG-NW der Hochschule lediglich die Möglichkeit ein, Gruppeninteressen innerorganisatorisch Rechnung zu tragen: Nach § 24 V HschG-NW können die Studenten zum Zwecke der Mitwirkung an der Selbstverwaltung

---

[2] *Kisker,* S. 37. Vgl. dazu Bespr. *Naumann,* AöR 95 (1970), S. 624 ff.; ferner hierzu *Hoppe,* Organstreitigkeiten, S. 106 ff., S. 175, Fußn. 24 und S. 193, Fußn. 4.

[3] *Kisker,* S. 37.

[4] *Kisker,* S. 38.

[5] *Tsatsos,* S. 15; vgl. dazu *Hoppe,* Organstreitigkeiten, S. 115/116.

[6] *Tsatsos,* S. 20.

[7] *Tsatsos,* S. 28.

[8] *Tsatsos,* S. 44.

[9] Dies soll weiter unten geschehen.

der Hochschule körperschaftlich organisiert werden[10]. Ferner steht es im Belieben der Hochschule[11] zu bestimmen, daß die Mitglieder der Kollegialorgane — die Kollegialorgane müssen gem. § 24 II 1 HschG-NW (mindestens) aus Hochschullehrern, wissenschaftlichen Mitarbeitern und Studenten gebildet werden — in einer Wahl getrennt nach Gruppen gewählt werden. Die Ämter der Organmitglieder spiegeln dann also spezifische Gruppeninteressen wider. Wenn die Hochschule allerdings eine volle Integration der Gruppen durchführt, mit der Folge, daß die Vertreter in den Organen nicht Vertreter von Gruppierungen, sondern der gesamten Hochschule sind und folglich auch von allen Hochschulangehörigen gewählt werden müssen[12], kann von einer Berücksichtigung spezifischer Gruppeninteressen nicht gesprochen werden.

Abgesehen von dem beschränkten Anwendungsbereich der von *Kisker* und *Tsatsos* entwickelten Lösungsvorschläge bestehen aber auch grundsätzliche Bedenken gegen die von den beiden Autoren angewandte Methode.

Der Begriff des subjektiven öffentlichen Rechts und damit des Individualinteresses beruht — wir werden darauf noch zurückkommen[13] — auf dem Interessenantagonismus Mensch — Staat, setzt also eine Interessenpluralität zwischen öffentlichen und individuellen menschlichen Interessen voraus. Da alle künstlichen Funktionsträger des Hochschulinnenbereiches öffentliche Interessen wahrnehmen, kann insoweit von einem Interessenantagonismus Mensch - Staat nicht gesprochen werden; gleichwohl erscheint es denkbar, daß auch innerhalb des Organisationsinternums der Hochschule Interessengegensätze mit einer dem Verhältnis Mensch — Staat vergleichbaren Interessenlage vorhanden sind, die die Entwicklung eines subjektiven öffentlichen Rechts der intrapersonalen Funktionsträger ermöglichen. *Kisker* und *Tsatsos* versuchen den Nachweis der Interessenpluralität dadurch zu erbringen, daß sie auf die unterschiedlichen faktischen Interessen der von den intrapersonalen Funktionsträgern repräsentierten individuellen Personen zurückgreifen. Diese Methode erscheint jedoch unhaltbar. Begründet man nämlich einerseits die Rechts- und Pflichtensubjektivität der intrapersonalen Funktionsträger, indem man eine rechtstechnische Betrachtungsweise zugrundelegt[14], so kann man nicht andererseits bei der Problematik der Individualinteressen dieser künstlichen

---

[10] Ob man von vorgegebenen Interessen der Studenten sprechen kann, erscheint dennoch zweifelhaft. Vgl. *Reinhardt*, Festgabe für H. Gerber, S. 166 u. 170.

[11] Vgl. § 25 I HschG-NW.

[12] Vgl. *Besch*, Komm. a) zu § 24 V HschG-NW (S. 80).

[13] Vgl. im einzelnen unten B. dieses Abschnittes.

[14] So verfahren auch *Kisker* und *Tsatsos*.

Subjekte wieder auf eine rechtselementare Betrachtungsweise abstellen. Genau so aber verfahren Kisker und Tsatsos, wenn sie insoweit die faktischen Interessen der repräsentierten Personen bzw. der Mitglieder berücksichtigen[15]. Will man mit der Rechts- und Pflichtensubjektivität der künstlichen Funktionsträger Ernst machen, so kann auch der Nachweis der Interessenpluralität im innerorganisatorischen Bereich nur mit Hilfe der Rechtstechnik geführt werden. Der von Kisker und Tsatsos vorgeschlagene Rückgriff auf das soziale Substrat stellt diese rechtstechnische Rechts- und Pflichtensubjektivität jedoch gerade wieder in Frage.

II. Kontrastorgane im Hochschulbereich

Kisker vertritt darüber hinaus die Auffassung, daß bei Organen, die nach der Rechtsordnung als Gegenüber anderer Organe im politischen Kräftespiel erscheinen — sog. Kontrastorgane —, auf subjektive Rechte zu schließen sei[16]. Wo Organe in ein System von „Checks and Balances" hineingestellt würden, sei der Wille des Organs zur Verteidigung seines subjektiven Organstatus Voraussetzung für die Sicherung des systemimmanenten Gleichgewichts[17].

Ähnlich argumentiert auch *Tsatsos:* Auch in dem Falle, in dem die Korrespondenz zwischen Organ und Interessenkreis nicht immer sichtbar sei, stellten die Auseinandersetzungen zwischen den Körperschaftsorganen nicht nur einen Meinungsstreit darüber dar, was das Recht und das Interesse des Gesamtverbandes in einer bestimmten Situation fordere, sondern spiegelten zugleich einen Interessengegensatz wider[18]. Das ergebe sich schon daraus, daß wegen der Mitwirkungsrechte aller Verbandsmitglieder unterschiedliche gesellschaftspolitische Bezogenheiten die körperschaftsinterne Haltung der Personen bestimmen könnten, die an der Willensbildung der Organe mitwirkten[19]. Je politischer die Aufgaben seien, die der Körperschaft übertragen würden, und je stärker die Verfassung der Körperschaft den körperschaftsinternen Zusammenhängen Rechnung trage, desto mehr lägen der körperschaftsinternen Willensbildung echte Interessengegensätze zugrunde[20]. Das Vorhandensein eines gemeinsamen Interesses der Gesamtkörperschaft stehe dem nicht im Wege[21]. Ähnlich wie Kisker geht also auch Tsatsos von der Existenz sog. Kontrastorgane aus[22].

---

[15] Ähnlich *Fuß*, WissR 1972, 112/113.

[16] *Kisker*, S. 38.

[17] *Kisker*, S. 38.

[18] *Tsatsos*, S. 28.

[19] *Tsatsos*, S. 28 a. E. / 29.

[20] *Tsatsos*, S. 29.

[21] *Tsatsos*, S. 29.

[22] *Tsatsos*, S. 31; vgl. dazu auch *Hoppe*, Organstreitigkeiten, S. 116.

Diesen von *Kisker* entwickelten und von *Tsatsos* fortgeführten Überlegungen ist allgemein entgegenzuhalten, daß sie genaue Kriterien für die Frage, wann Interessengegensätze vorliegen und wann nicht, vermissen lassen[23]. Führt man die von den beiden Autoren entwickelten Gedanken auf ihren Kern zurück, so soll letzten Endes ausschlaggebend sein, ob die von der Körperschaft wahrgenommenen Aufgaben politischer Natur sind[24]. Insofern liegt offenbar die Auffassung zugrunde, daß zwischen politischer und politisch freier Staatstätigkeit unterschieden werden könnte.

Heute ist die Vorstellung, daß die Verwaltung eigentlich mit Politik nichts zu tun habe, wissenschaftlich aber durchaus überholt[25]. Es ist deutlich geworden, daß ihre Tätigkeit weit über den Gesetzesvollzug hinausgeht und starke Auswirkungen auf die Regelung politischer Kräfte hat[26]. Speziell für die Hochschulen ist darauf hinzuweisen, daß sie für viele Berufe kraft der vorgeschriebenen Ausbildungsgänge und Prüfungsordnungen das Monopol der Entscheidung über die Berufszulassung haben und damit die akademischen Prüfungsgremien objektiv eine gesellschaftspolitisch erhebliche Macht innehaben[27].

Da eine Unterscheidung zwischen politischen und unpolitischen Aufgaben im Hochschulbereich kaum möglich ist, ist auch die Differenzierung zwischen Kontrastorganen und sonstigen Organen nicht geeignet, Interessengegensätze im Hochschulinnenbereich nachzuweisen.

In einem anderen Zusammenhang ist die Differenzierung zwischen Politischem und Unpolitischem allerdings angebracht, nämlich bei der Frage, welche Motivation der inneren Hochschulstruktur nach dem HschG-NW zugrundeliegt. Hier kann man in der Tat zweifeln, ob es insoweit nur um vom Sachprinzip geprägte Überlegungen oder auch um politische Formprinzipien, die nicht durch ein bestimmtes Sachprinzip und den von ihm ausgehenden Zwang präjudiziert sind[28], geht. Hierauf wird sogleich zurückzukommen sein.

III. Prinzip der repräsentativen Demokratie

Andere Autoren haben versucht, Interessengegensätze und damit Individualinteressen aus dem Prinzip der repräsentativen Demokratie herzuleiten[29]. Dabei liegt folgender Gedankengang — allerdings be-

---

[23] So auch *Hoppe*, Organstreitigkeiten, S. 107/108 und S. 116.
[24] So ausdrücklich *Tsatsos*, S. 29; ähnlich *Kisker*, S. 38.
[25] *Lehmbruch*, S. 150; *Sacher*, S. 40/41.
[26] *Lehmbruch*, S. 150; *Sacher*, S. 40/41.
[27] *Denninger*, S. 69. a. A. *H. H. Klein*, Demokratisierung, S. 21, der die Hauptaufgabe der Hochschule in einer auf Erkenntnis ausgerichteten unpolitischen Wissenschaft sieht.
[28] Vgl. *H. H. Klein*, Demokratisierung, S. 15.

zogen auf den Kommunalbereich — zugrunde: Das Prinzip der repräsentativen Demokratie bedeute, daß einzelne Personen Rechte und Interessen von Staatsbürgergruppen wahrnähmen und durch die Wahl damit betraut würden[30]. Damit gleichlaufend verdichteten sich die Einzelinteressen der Staatsbürger zu dem vom Ratsmitglied vertretenen Gemeininteresse, das wiederum auf dem „verfassungsmäßig" vorgeschriebenen Weg zu einem das Gemeinwohl verwirklichenden Gemeindewillen führe[31]. Insofern nehme das einzelne Organmitglied als Willensträger im eigenen Namen fremde Interessen wahr. Die Interessen der Organmitglieder könne man daher als „formelle" Interessen bezeichnen[32]. Den Gemeindeorganen und Organmitgliedern stehe somit ein durch die repräsentative Demokratie begründetes Individualinteresse an der rechtmäßigen Verwaltungstätigkeit zu[33]. Das politische Formprinzip der repräsentativen Demokratie sei im übrigen in Art. 28 I 2 GG grundgesetzlich vorgeschrieben[34].

Selbst wenn diese Überlegungen im Ansatz zutreffend wären[35], könnten sie außerhalb des kommunalen Bereiches kaum Geltung beanspruchen. Speziell im Hochschulbereich müßte man nämlich feststellen können, daß die innere Struktur der Hochschule nicht nur einer optimalen Organisation des Sachbereiches Forschung, Lehre und Studium dient — das Prinzip der optimalen Organisation um der optimalen Wahrnehmung der übertragenen Aufgaben willen liegt jeder Verwaltungsorganisation zugrunde —, sondern daß darüber hinaus die Verwirklichung des Grundsatzes der repräsentativen Demokratie bezweckt ist. Versteht man unter repräsentativer Demokratie ein politisches Formprinzip, das nicht durch ein bestimmtes Sachprinzip und den von ihm ausgehenden Zwang präjudiziert ist und für das es deshalb auch eines speziellen Sachverstandes nicht bedarf[36], so kann die Frage, ob das HschG-NW die Verwirklichung dieses Prinzips bezweckt, nur negativ beantwortet werden. Zum einen fehlt eine ausdrückliche Regelung, wie sie Art. 28 I 2 GG für die Gemeinden enthält[37]. Zum anderen

---

[29] *Deng*, S. 145 ff. Vgl. dazu *Hoppe*, Organstreitigkeiten, S. 109; *Bleutge*, S. 105 ff. (vgl. dazu *Hoppe*, DVBl. 1971, 434); ähnlich auch *Ewald*, Beteiligungsfähigkeit, S. 242.

[30] *Deng*, S. 145/146.

[31] *Deng*, S. 146.

[32] *Deng*, S. 146.

[33] *Deng*, S. 147.

[34] *Bleutge*, S. 105.

[35] Auch hier werden — methodisch unzulässig — rechtselementare und rechtstechnische Betrachtungsweise miteinander verquickt. Vgl. II. Teil, VI. Abschnitt, A., I. a. E.

[36] So *H. H. Klein*, Demokratisierung, S. 15.

[37] Eine analoge Anwendung des Art. 28 I 2 GG ist nicht möglich. Vgl. dazu *H. H. Klein*, Demokratisierung, S. 18/19.

ergibt sich aus § 24 III HschG-NW, der für die zahlenmäßige Zusammensetzung der Organe sowie die Art der Mitwirkung ihrer Mitglieder u. a. auf die Aufgaben der Organe und die Funktion der Hochschulangehörigen in der Hochschule abstellt, daß für die innere Struktur der Hochschule allein Zweckmäßigkeitserwägungen, also am Sachprinzip orientierte Überlegungen, maßgebend sind[38]. Man mag die Regelungen des HschG-NW als im weitesten Sinne demokratisch bezeichnen[39], mit einer gesetzlich verankerten repräsentativen Demokratie an den Hochschulen in NW haben sie jedoch nichts zu tun.

Aus alledem folgt, daß das Prinzip der repräsentativen Demokratie für den Nachweis von Interessengegensätzen und damit als Grundlage für die Entwicklung subjektiver Rechte künstlicher Funktionsträger im Hochschulinnenbereich nicht geeignet ist.

IV. Prinzip der Gewaltentrennung

Bleutge[40] meint, daß auch das Prinzip der Gewaltentrennung (im Kommunalbereich) für die Begründung von Individualinteressen herangezogen werden könne: Wenn die Kompetenzen bestimmter Gebilde — z. B. der Gemeinden — als subjektive Rechte ausgestaltet würden, so sei damit die Bildung unabhängiger Entscheidungszentren bezweckt, welche dem Staat mit einer gewissen Selbständigkeit gegenüber- und im Grenzfall auch entgegentreten sollten[41]. Die Subjektivierung von Kompetenzen diene einem maßgeblichen Strukturprinzip der modernen Demokratie, nämlich dem Grundsatz der Gewaltenteilung[42]. Dieses Prinzip liege sowohl bei der Dezentralisation der Staatsgewalt als auch bei dem verfassungsrechtlich gesicherten Prinzip des Föderalismus und der Zuständigkeitsabgrenzung der obersten Staatsorgane zugrunde[43].

Bezüglich der kommunalen Verfassungsorgane hält Bleutge einen Vergleich mit den Staatsverfassungsorganen für möglich[44]: Zwar sei im kommunalen Bereich keine strenge organisatorische Gewaltenteilung in Gesetzgebung, Verwaltung und Rechtsprechung möglich[45], jedoch sei die dem Gewaltenteilungsprinzip zugrundeliegende Konzeption, daß um der Freiheit des Bürgers willen nicht alle Macht in einer

---

[38] So auch *Gieseke*, in *Besch*, Komm. zum HschG-NW, S. 34/35.

[39] Ebd., S. 34.

[40] *Bleutge*, S. 103 ff.

[41] *Bleutge*, S. 97/98.

[42] *Bleutge*, S. 98.

[43] *Bleutge*, S. 99/100.

[44] *Bleutge*, S. 102.

[45] *Bleutge*, S. 103.

Hand vereinigt sei, auch für die Gemeinde als Bestandteil der vollziehenden Gewalt gültig[46]. Die Aufspaltung der gemeindlichen Hoheitsgewalt bezwecke zur Verhütung einer freiheitsgefährdenden Machtkumulation die Bildung unabhängiger Funktionsträger. Da innerhalb der Körperschaft ein gemeinsames Koordinationsorgan fehle, sei die organisatorische Stellung der Gemeindeorgane mit derjenigen oberster Bundesorgane vergleichbar[47].

Bei dem Grundsatz der Gewaltentrennung, der nach Bleutge einem Strukturprinzip der modernen Demokratie entspricht[48], handelt es sich, ebenso wie bei dem Grundsatz der repräsentativen Demokratie, um ein politisches Formprinzip. Dafür, daß dieses Prinzip in der zugrundeliegenden Konzeption — Machtverteilung um der Freiheit des Bürgers willen[49] — auch im kommunalen Bereich gilt, kann sich Bleutge wiederum auf Art. 28 I 2 GG berufen. Diese Vorschrift bestimmt nämlich, daß auch im Kommunalbereich eine Volksvertretung gebildet werden muß, und bezweckt daher u. a. eine Machtverteilung im Interesse der Bürgerfreiheit. Eine dem Art. 28 I 2 GG entsprechende Norm fehlt jedoch für den Hochschulbereich. Wie schon hervorgehoben wurde, geht es hier nicht um die Verwirklichung sachfreier politischer Prinzipien, sondern um die optimale Wahrnehmung bestimmter Sachkompetenzen. Letzten Endes kann also aus den gleichen Gründen, die zur Ablehnung des Prinzips der repräsentativen Demokratie im Hochschulbereich geführt haben, auch nicht auf den Grundsatz der Gewaltentrennung rekurriert werden, um Interessengegensätze und damit subjektive Rechte künstlicher Funktionsträger im Hochschulinnenbereich nachzuweisen.

B. Eigener Lösungsansatz

Der Begriff des Individualinteresses ist — das ergibt sich schon aus der Wortbedeutung — auf den Menschen als Individuum zugeschnitten und beruht auf dem Interessenantagonismus Mensch — Staat. Diese durch ein bestimmtes Menschenbild geprägte, gewissermaßen ursprüngliche Interessenpluralität fehlt jedoch innerhalb des organisatorischen Gesamtaufbaues des Staates, da alle Funktionsträger letztlich öffentliche Interessen[50] wahrnehmen und ihre Existenz einem staatlichen Akt verdanken[51].

---

[46] *Bleutge*, S. 103.

[47] *Bleutge*, S. 105.

[48] *Bleutge*, S. 98.

[49] *Bleutge*, S. 103.

[50] Zur Unterscheidung zwischen öffentlichen und staatlichen Interessen vgl. *Martens*, Öffentlich als Rechtsbegriff, S. 179 ff., insb. S. 185.

[51] *Bleutge*, S. 97; die Problematik der Rechtsstellung der Kirchen wird hier ausgeklammert.

Eigene Interessen der Funktionsträger, die den öffentlichen Interessen entgegenständen, sind demnach — so wird weitgehend angenommen[52] — ausgeschlossen. In der Tat erscheint der Hinweis auf das von den künstlichen Funktionsträgern wahrzunehmende öffentliche Interesse zunächst als Barriere auf dem Wege zur Anerkennung von Individualinteressen der intrapersonalen Funktionsträger. Bei näherem Zusehen zeigt sich jedoch, daß trotz des allumfassenden öffentlichen Interesses auch innerhalb der staatlichen Organisation faktisch Interessenkollisionen hinsichtlich der Art, Weise und Form der Wahrnehmung der öffentlichen Interessen vorhanden sind. Weil nämlich die öffentlichen Interessen von einer Vielzahl von Funktionsträgern wahrgenommen werden, können sich zwischen diesen Funktionsträgern Meinungsverschiedenheiten über den Umfang der jeweils wahrzunehmenden Zuständigkeiten ergeben. Der Hinweis auf das übergreifende öffentliche Interesse vermag an diesem Befund nichts zu ändern. Fraglich ist nur, ob und unter welchen Voraussetzungen diese Interessengegensätze eine Basis für den Nachweis von „Individualinteressen" abgeben können.

Der bei der Verwendung der Begriffe „subjektives öffentliches Recht" und „Individualinteresse" gemeinhin vorausgesetzte Interessenpluralismus — die Interessen des einzelnen Menschen auf der einen und die öffentlichen Interessen auf der anderen Seite — erhält seinen Inhalt durch den Zweck, die menschliche Freiheitssphäre gegen Eingriffe der staatlichen Gewalt zu schützen[53]. Der durch die Grundrechte statuierten Freiheit des Menschen entspricht ein diesbezügliches Interesse des einzelnen Menschen an dieser Freiheit. Der aus dem Freiheitsgedanken folgende Interessenantagonismus gibt mithin den Nährboden für das subjektive öffentliche Recht im herkömmlichen Sinne ab[54]. Das subjektive öffentliche Recht schafft diesen Interessenpluralismus nicht erst, sondern es setzt ihn bereits voraus.

Rückt man das Element der Freiheit vom Staate in den Mittelpunkt der Überlegungen, so liegt es nicht fern zu fragen, ob auch innerhalb des organisatorischen Gesamtaufbaus des Staates eine (wenn auch vielleicht beschränkte) Freiheit vom Staate möglich ist.

Und in der Tat — immer dann, wenn ein intrapersonaler Funktionsträger bei der Wahrnehmung der ihm zugewiesenen Aufgaben kraft Gesetzes den Weisungen anderer Funktionsträger des intra-

---

[52] Vgl. hierzu *Bleutge*, S. 96; *Hoppe*, Organstreitigkeiten, S. 173 f.; *Forsthoff*, S. 420 ff.

[53] Vgl. BVerfG NJW 1967, 1412 = BVerfGE 21, 362 f.; ferner *Bettermann*, NJW 1969, 1324.

[54] Ob und inwieweit darüber hinaus auch Leistungsrechte gegenüber dem Staate diesen Interessenantagonismus prägen, mag hier dahingestellt bleiben.

personalen Bereiches nicht völlig unterworfen ist, wird ihm gesetzlich ein gewisser Freiheitsraum zugestanden. Diese Unabhängigkeit von anderen Funktionsträgern kann man durchaus als Freiheit vom Staate begreifen; es liegt nämlich auf der Grundlage des Freiheitsgedankens eine dem aus dem Mensch-Staat-Verhältnis folgenden Interessenantagonismus ähnliche Interessenpluralität vor, die Voraussetzung für die Existenz subjektiver öffentlicher Rechte ist[55, 56].

Geht man deshalb davon aus, daß künstliche Funktionsträger des Innenbereiches, wenn und soweit sie bei der Wahrnehmung ihrer Aufgaben von den Weisungen anderer Funktionsträger (des Innenbereiches) — zumindest in beschränktem Umfange[57] — unabhängig sind, Individualinteressen besitzen, so ist nunmehr zu fragen, worauf diese Interessen gerichtet sind. Die intrapersonalen Funktionsträger sind Zurechnungsendsubjekte der ihnen zugewiesenen Wahrnehmungszuständigkeiten. Ihre Funktion und ihr Zweck erschöpfen sich in der Wahrnehmung dieser Zuständigkeiten. Daraus folgt, daß die Individualinteressen der weisungsunabhängigen Funktionsträger darauf gerichtet sind, die ihnen zugewiesenen Zuständigkeiten selbst (und ungestört) wahrzunehmen[58]. Andere Interessen kommen darüber hinaus nur dann in Betracht, wenn die Gesetze insoweit eindeutige Regelungen enthalten[59].

Mit der Anerkennung von Individualinteressen künstlicher intrapersonaler Funktionsträger ist das Problem der intrapersonalen subjektiven Rechte allerdings erst zum Teil geklärt. Für die Existenz subjektiver Rechte ist nämlich noch der Nachweis erforderlich, daß die organisationsrechtlichen Wahrnehmungszuständigkeiten (auch) den rechtlichen Schutz der Individualinteressen bezwecken[60]. Aufschluß hierüber kann nur eine Untersuchung der den organisationsrechtlichen Wahrnehmungszuständigkeiten dieser Funktionsträger zugrundeliegenden Interessenwertung bringen[61].

Wie bereits an anderer Stelle gesagt wurde[62], hat jede Wahrnehmungszuständigkeit monopolartigen Charakter und enthält eine

[55] Auch *Becker-Birck* ist der Ansicht, daß zwischen der Weisungsunabhängigkeit und der Problematik der subjektiven öffentlichen Rechte Zusammenhänge bestehen. Vgl. Becker-Birck, S. 51/52.

[56] Ähnliche Überlegungen stellt *Bettermann* (NJW 1969, 1321 ff.) für die juristischen Personen des öffentlichen Rechts bezüglich der Frage der Grundrechtsträgerschaft an. Nach Bettermann kommt es entscheidend auf das Vorliegen eines Subjektionsverhältnisses an (vgl. Bettermann, S. 1324).

[57] Der Begriff der Weisungsunabhängigkeit soll später noch im einzelnen geklärt werden.

[58] Vgl. *Wolff*, VR I, § 40 III a 2 (S. 266).

[59] Damit sind die positiven subjektiven öffentlichen Rechte angesprochen.

[60] s. o. II. Teil, V. Abschnitt.

[61] Vgl. *Bachof*, Subjektive Rechte, S. 297.

[62] Vgl. II. Teil, V. Abschnitt.

tatsächliche Begünstigung des zuständigen Funktionsträgers. Indem alle Funktionsträger außer diesem einen von der Wahrnehmung dieser Zuständigkeiten ausgeschlossen werden, wird der Funktionsbereich dieses Funktionsträgers rechtlich geschützt. Dieser Schutz ist auch keineswegs nur zufällig, sondern beabsichtigt, denn die organisationsrechtlichen Wahrnehmungszuständigkeiten sollen ja gerade die verschiedenen Funktionsbereiche voneinander abgrenzen. Die Frage, die bei den subjektiven öffentlichen Rechten des Bürgers immer wieder auftaucht, ob nämlich ein Rechtssatz nicht nur dem Gemeininteresse, sondern auch dem Schutz von Individualinteressen dient, stellt sich bei den intrapersonalen Funktionsträgern wegen der den Wahrnehmungszuständigkeiten von vornherein immanenten Schutzfunktion nicht.

Unsere Überlegungen können wir nunmehr dahingehend zusammenfassen, daß das Maß der Weisungsunabhängigkeit für das Vorliegen rechtlich geschützter Individualinteressen der intrapersonalen Funktionsträger entscheidend ist. Wir werden hierauf noch im einzelnen zurückkommen.

Dabei kann allerdings nicht geleugnet werden, daß die hier angenommene Akzessorietät zwischen Individualinteresse und Weisungsunabhängigkeit im Bereiche der intrapersonalen Funktionsträger in Rechtsprechung und Literatur noch keine größere Anerkennung gefunden hat, wenngleich es an Versuchen, diese Akzessorietät zu begründen, nicht gefehlt hat[63]. Andererseits hat sich zur Frage der subjektiven öffentlichen Rechte und damit der rechtlich geschützten Individualinteressen der juristischen Personen des öffentlichen Rechts eine gefestigte Meinung herausgebildet[64], wobei das Problembewußtsein hinsichtlich der dogmatischen Grundlagen allerdings weitgehend fehlt.

In den folgenden Untersuchungen soll es deshalb darum gehen, festzustellen, welche Bedeutung der Weisungsunabhängigkeit bei den juristischen Personen des öffentlichen Rechts für die Frage der rechtlich geschützten Individualinteressen nach herrschender Meinung zukommt. Möglicherweise lassen sich von hier aus dann Rückschlüsse auf die entsprechende Problematik bei den intrapersonalen Funktionsträgern ziehen.

---

[63] Daß die Weisungsunabhängigkeit für subjektive Rechte der Funktionsträger des Innenbereiches von Bedeutung sein könnte, wurde in der Literatur schon gelegentlich angenommen. Vgl. *Maunz / Dürig*, Art. 19 IV Rdnr. 16, Fußn. 2; *Becker-Birck*, S. 51 ff.; *Kisker*, S. 42 ff.; *Menger*, VerwArch 49 (1958), 178 ff. (184); *ders.*, VerwArch 55 (1964), 275 ff. (287).

[64] Dabei geht es darum, ob und wann sich die juristischen Personen gegen Maßnahmen der Aufsichtsbehörden zur Wehr setzen können.

VII. Abschnitt

Rechtlich geschützte Individualinteressen der juristischen Personen des öffentlichen Rechts

A. Rechtlich geschützte Individualinteressen und Selbstverwaltung

Bei einem Überblick über den Stand der Meinungen in Rechtsprechung und Literatur fällt auf, daß die Problematik der rechtlich geschützten Individualinteressen der juristischen Personen des öffentlichen Rechts fast ausschließlich für die Gemeinden und Gemeindeverbände diskutiert wird.

Die Gemeindeordnungen enthalten überwiegend Vorschriften, die bestimmen, daß die Gemeinden sich gegen Aufsichtsmaßnahmen (der Rechtsaufsicht) im weisungsfreien Bereich zur Wehr setzen können[1]. Da nach einhelliger Auffassung die weisungsfrei zu erledigenden Aufgaben Selbstverwaltungsangelegenheiten sind, wird durch diese Vorschriften den Gemeinden ein Klagerecht bei Eingriffen in ihren Selbstverwaltungsbereich eingeräumt. Zweifelhaft ist allerdings, ob man aus der gesetzlich vorgesehenen Klagemöglichkeit auf vorgelagerte rechtlich geschützte Individualinteressen und damit auf subjektive Rechte schließen kann. Immerhin könnte man den Klageklauseln lediglich prozessualen Charakter beimessen und sie als gesetzliche Vorschriften i. S. des § 42 II VwGO begreifen, so daß sie gerade eine Freistellung vom Erfordernis der Geltendmachung einer Rechtsverletzung enthielten. — Eine abschließende Stellungnahme hierzu ist jedoch nicht erforderlich, da sich rechtlich geschützte Individualinteressen der Gemeinden und Gemeindeverbände nach allgemeiner Auffassung jedenfalls aus Art. 28 II GG herleiten lassen. Art. 28 II GG enthält nach h. M.[2] nämlich nicht nur eine sog. institutionelle Garantie der Selbstverwaltung, sondern auch eine subjektive Rechtsstellungsgarantie. Daraus wird gefolgert, daß den Gemeinden und Gemeindeverbänden bei Eingriffen,

---

1 So z. B. § 112 Gemeindeordnung NW: „Maßnahmen der Aufsichtsbehörde können unmittelbar mit der Klage im Verwaltungsstreitverfahren angefochten werden." Vgl. ferner *Jesch*, DÖV 1960, 741 ff.

2 *Jesch*, DÖV 1960, 745; *Linden*, S. 71; *Scheuner*, S. 100; *Bleutge*, S. 97 mit Anm. 23; *Pagenkopf*, S. 430; *Rupp*, Grundfragen, S. 101 ff.; *H. H. Klein*, DV 1968, 160; *Stern*, Bonner Kommentar, Art. 28 GG, Rdnr. 174 ff.; wohl auch BVerwGE 19, 121 ff. (122/123); ähnlich VGH Mannheim DVBl. 1964, 154 ff. (155). — Die Frage, ob Art. 28 II GG den Gemeinden ein echtes Grundrecht und damit ein subjektives Recht auf Selbstverwaltung gewährt, ist umstritten. Vgl. die Nachweise bei *Maunz / Dürig*, Art. 19 III, GG, Rdn. 38 und Art. 28 GG, Rdnr. 28. Damit hängt die vom BVerfG (NJW 1967, 1411 = BVerfGE 21, 362) verneinte Frage zusammen, ob die Grundrechte innerhalb der hoheitlichen staatlichen Organisation gelten. Vgl. *Bettermann*, NJW 1969, 1321 ff.

z. B. der Aufsichtsbehörde, in den ihnen garantierten Selbstverwaltungsbereich subjektive (Abwehr-)Rechte und damit rechtlich geschützte Individualinteressen zuständen. — Gleichgültig also, ob man allein auf Art. 28 II GG rekurriert oder auch die in den Gemeindeordnungen enthaltenen Vorschriften heranzieht — festzuhalten ist, daß im Ergebnis nach allgemeiner Auffassung rechtlich geschützte Individualinteressen der Gemeinden und Gemeindeverbände bezüglich der Wahrnehmung ihrer Selbstverwaltungsangelegenheiten vorliegen[3].

Versucht man, diese Überlegungen auf alle juristischen Personen des öffentlichen Rechts zu übertragen, so sieht man sich mit der Tatsache konfrontiert, daß gesetzliche Klauseln, die — ähnlich wie in den Gemeindeordnungen — den Weg zu den Verwaltungsgerichten eröffnen, i. d. R. nicht vorhanden sind. Es bleibt noch der Rückgriff auf verfassungsrechtliche Garantien: Art. 71 I 2 der Verfassung von Baden-Württemberg und Art. 44 der Verfassung von Niedersachsen enthalten eine allen Körperschaften des öffentlichen Rechts zustehende Selbstverwaltungsgarantie. Ebenso sind in den Landesverfassungen durchweg Bestimmungen über das Selbstverwaltungsrecht speziell der Hochschulen enthalten[4]. Soweit solche verfassungsrechtlichen Garantien vorhanden sind, besitzen die juristischen Personen bei Eingriffen in ihren Selbstverwaltungsbereich subjektive Rechte und damit rechtlich geschützte Individualinteressen. Bei der Mehrzahl der juristischen Personen fehlen solche Garantien jedoch.

Gleichwohl steht die h. M. — ohne nähere Begründung — auf dem Standpunkt, daß sich alle (rechtsfähigen) Körperschaften und Anstalten des öffentlichen Rechts gegen Eingriffe der Aufsichtsbehörde in ihren Selbstverwaltungsbereich zur Wehr setzen könnten, also insoweit rechtlich geschützte Individualinteressen besäßen[5]. Dabei mag die Überlegung im Vordergrund stehen, daß auch die Gemeinden sich gegen solche Eingriffe wehren können; übersehen wird nur, daß für die Be-

[3] Vgl. *Wolff*, VR II, § 77 II h (S. 106/107) und § 86 IX d (S. 209); *Bachof*, Verwaltungsakt, S. 313; *Eyermann / Fröhler*, § 42 Rdnr. 53 a; *Redeker / v. Oertzen*, § 42 Rdnr. 33; *Schunck / De Clerck*, § 42, S. 231; *Jesch*, DÖV 1960, 739 ff.; *Rupp*, Grundfragen, S. 102; *H. H. Klein*, DV 1968, 145 ff.; *Bachof*, Verfassungsrecht, Bd. 1, S. 306 f.; *Stern*, Bonner Kommentar, Art. 28 GG, Rdnr. 174 ff.; BVerwGE 19, 121 ff. (122/123); VGH Mannheim DVBl. 1964, 154 f. (155); vgl. auch OVG Münster DÖV 1970, 607 ff.; ferner *Ule*, Verwaltungsgerichtsbarkeit, § 42 IV 5 (S. 165).

[4] Vgl. *Lynker*, S. 61/62. Vgl. z. B. Art. 16 I LVerf-NW; zu den subjektiven Rechten der Hochschulen vgl. *Thieme*, Hochschulrecht, S. 98; *Deumeland*, Komm. zu § 49 HschG-NW; *Kluge*, S. 255; *Waibel*, Rechtsprechung, S. 117/118; a. A. wohl nur *Köttgen*, S. 201.

[5] *Eyermann / Fröhler*, § 42 Rdnr. 53 a; *Redeker / v. Oertzen*, § 42 Rdnr. 33; *Klinger*, § 42 E I 3 c (S. 190); *Fröhler*, Handwerkskammern, S. 92; *Lynker*, S. 117/118; VG Minden DVBl. 1972, 801 ff. — Diese Feststellung wird meist in einem kurzen Zusatz im Anschluß an die Erörterung der gemeinderechtlichen Problematik getroffen.

gründung rechtlich geschützter Individualinteressen bei den Gemeinden Gesichtspunkte herangezogen werden können, die bei der Mehrzahl der sonstigen juristischen Personen des öffentlichen Rechts nicht zum Tragen kommen. Ob sich die h. M. dieser Unterschiede bewußt ist, muß allerdings bezweifelt werden.

Hier gilt es jedenfalls festzuhalten, daß nach h. M. rechtlich geschützte Individualinteressen (und damit subjektive Rechte) vorliegen, wenn und soweit den juristischen Personen des öffentlichen Rechts ein Aufgabenbereich zur Selbstverwaltung zusteht[6].

B. Selbstverwaltung, Eigenverantwortlichkeit und eigene Angelegenheiten

Der Begriff „Selbstverwaltung" kann politisch oder rechtlich verstanden werden. Um politische Selbstverwaltung handelt es sich, wenn Aufgaben öffentlicher Verwaltung durch unbesoldete, ehrenamtlich tätige Personen aus der Bevölkerung erledigt werden im Gegensatz zur Wahrnehmung durch berufsmäßig angestellte Beamte und Fachkräfte[7]. Wegen der schwierigen juristischen Erfaßbarkeit des politischen Selbstverwaltungsbegriffes wird heute unter Selbstverwaltung fast nur noch die Selbstverwaltung im Rechtssinne verstanden[8].

Für die Abgrenzung des Selbstverwaltungsbereiches von dem der sonstigen Verwaltung könnte ausschlaggebend sein, ob der Staat seinen Einfluß auch auf die Zweckmäßigkeit der Gesetzesausführung durch die juristische Person geltend machen kann. Dies ist sowohl durch Weisungen als auch durch Genehmigungsvorbehalte möglich. Gegen dieses Abgrenzungskriterium spricht jedoch, daß *jede* Verwaltungstätigkeit, also auch die Selbstverwaltung, Genehmigungsvorbehalten unterliegen kann[9]. Die Überwachung der Zweckmäßigkeit des Verwaltungshandelns kann deshalb nicht als maßgebliches Unterscheidungskriterium herangezogen werden[10]. — Auch der Gesichtspunkt der Entscheidungsfreiheit[11] bei der Wahrnehmung der Aufgaben hilft für die

---

[6] Interessant ist, daß die subjektiven Rechte nur mit Blick auf Maßnahmen der Aufsichtsbehörde, also für das Subordinationsverhältnis, erörtert werden. Es spricht jedoch nichts dagegen, subjektive Rechte auch im Verhältnis der juristischen Personen zueinander (Koordinationsverhältnis) anzuerkennen. Vgl. *Goessl*, S. 115.

[7] So die Definition von *Wolff*, VR II, § 84 IV a (S. 170).

[8] *Wolff*, VR II, § 84 IV b (S. 170).

[9] Vgl. *H. H. Klein*, DV 1968, 151.

[10] Vgl. *H. H. Klein*, DV 1968, 151.

[11] Gemeint ist hier die tatsächliche Entscheidungsfreiheit im Gegensatz zur gesetzlich verankerten Entscheidungsfreiheit. Vgl. *H. H. Klein*, DV 1968, 151.

Unterscheidung der Selbstverwaltung von der sonstigen Verwaltung nicht weiter, denn diese Freiheit besteht auch dort, wo zwar kraft Gesetzes Weisungen möglich sind, die Aufsichtsbehörde von ihrem Weisungsrecht aber keinen Gebrauch macht[12]. Nach überwiegender Meinung kommt es deshalb für die Frage, ob eine Selbstverwaltungsangelegenheit vorliegt, darauf an, ob die Angelegenheit eigenverantwortlich erledigt wird[13].

In der Literatur findet sich die Auffassung, daß Selbstverwaltung über das Merkmal der Eigenverantwortlichkeit hinaus auch voraussetze, daß der juristischen Person eigene Angelegenheiten zugewiesen seien[14]. Dabei werden den eigenen Angelegenheiten vornehmlich bei den Gemeinden und Gemeindeverbänden die sog. fremden Angelegenheiten gegenübergestellt[15]. Hinsichtlich der eigenen Angelegenheiten sei die Gemeinde Rechtsträger im Bereich der allgemeinen Rechtsordnung, während sie bei der Wahrnehmung fremder Angelegenheiten als Organ tätig werde, also nicht Endsubjekt, sondern nur Durchgangssubjekt der Zurechnung sei[16]. — Fraglich ist, wann eigene im Gegensatz zu fremden Angelegenheiten vorliegen.

Es wäre denkbar, daß den juristischen Personen des öffentlichen Rechts eigene Angelegenheiten originär, d. h. „von Natur aus", zuständen[17]. Diese Möglichkeit wird hauptsächlich für den Bereich der Körperschaften, insbesondere der Gemeinden und Gemeindeverbände, erörtert. Dabei versucht man, den Begriff der natürlichen Aufgaben historisch zu belegen[18]. Teilweise wird behauptet, die Gemeinden selbst

---

12 *H. H. Klein*, DV 1968, 151.

13 Vgl. *Jesch*, DÖV 1960, 739; *Forsthoff*, S. 443 ff.; *H. H. Klein*, DV 1968, 151/152 m. w. N. in Fußn. 34; *Gönnenwein*, Gedächtnisschrift für W. Jellinek, S. 511; *Fröhler*, Handwerkskammern, S. 8; ähnlich *Eyermann / Fröhler*, § 42 Rdnr. 53 und 53 a; *Wolff*, VR II, § 84 IV b 2 α (S. 172); vgl. auch schon *Bernatzik*, AöR 5 (1890), S. 169 ff. (303).

14 So *Gönnenwein*, Gedächtnisschrift für W. Jellinek, S. 515/516 für die Gemeinden; *Wolff*, VR II, § 84 IV b 1 (S. 171).

15 Nach *Forsthoff*, S. 445 Fußn. 2, sind dies solche, die dem Verwaltungsträger über die eigenen Angelegenheiten hinaus aufgetragen werden.

16 Es wird zunehmend die Frage gestellt, ob die sog. Auftragsangelegenheiten überhaupt fremde Angelegenheiten sind. Würde man dies verneinen, so wären die Gemeinden aus ihrer Organrolle völlig ausgeschieden und hätten nur noch eigene Angelegenheiten wahrzunehmen. Vgl. hierzu *Rupp*, Grundfragen, S. 101 ff. m. w. N.; *Wolff*, VR II, § 74 II b 1 (S. 51). Umstritten ist insbesondere die Einordnung der sog. Pflichtaufgaben nach Weisung. Vgl. hierzu *Jesch*, DÖV 1960, 739 ff. Die gleiche Problematik wird im Hinblick auf Art. 83, 84 und 85 GG für die Ausführung der Bundesgesetze durch die Länder im Auftrage des Bundes erörtert. Vgl. hierzu *Görg*, DÖV 1961, 41 ff. (43); *F. Klein*, Gemeinschaftsaufgaben, S. 152; *Rupp*, Grundfragen, S. 90, Fußn. 201 und S. 101, Fußn. 237; *Wolff*, VR II, § 74 I f 5 (S. 48) und § 74 II b 1 (S. 51).

17 Vgl. hierzu und zum folgenden *Lynker*, S. 48 ff.

18 *Lynker*, S. 49.

seien natürliche Gebilde und älter als der Staat[19]. Auch wird angenommen, es gebe einen geschichtlich gewachsenen Begriff der ursprünglich eigenen Aufgaben der Selbstverwaltungskörperschaften[20]. Ferner ist die Auffassung anzutreffen, daß sich ein natürliches Recht der Gemeinden aus den Verfassungen der Länder oder sogar aus Art. 28 GG ergebe[21].

Es kann hier nicht der Ort sein, sich mit diesen Ansichten im einzelnen auseinanderzusetzen. Im Ergebnis wird man jedenfalls mit *Lynker* ein natürliches Recht der Gemeinden ablehnen müssen, weil die meisten Gemeinden der Neuzeit durch einen staatlichen Akt gegründet worden sind[22] und im Hinblick auf den Inhaltswandel des Selbstverwaltungsbegriffs von einem geschichtlich einheitlich gewachsenen Begriff der eigenen Angelegenheiten kaum gesprochen werden kann[23]. Im übrigen könnte unter Berufung auf sog. natürliche Aufgaben der Begriff der eigenen Angelegenheiten allenfalls bei den Gemeinden und Gemeindeverbänden und vielleicht bei den Hochschulen[24], nicht aber bei der Mehrzahl der juristischen Personen des öffentlichen Rechts erklärt werden[25].

Wolff vertritt die Auffassung, eigene Angelegenheiten seien diejenigen, um deren Versehung willen der Verwaltungsträger gebildet worden sei, sowie seine Existenzaufgaben[26]. Es spreche deshalb eine Vermutung dafür, daß alle einer juristischen Person zugewiesenen Aufgaben eigene Angelegenheiten seien[27].

Versucht man mit Hilfe der *Wolff*schen Formel die eigenen von den fremden Angelegenheiten abzugrenzen, so sieht man sich vor unüberwindbare Schwierigkeiten gestellt. Die Definition Wolffs ist nämlich viel zu unbestimmt, als daß sie eine saubere Trennung ermöglichte. So muß denn auch Wolff selbst zur näheren Bestimmung auf bestimmte Indizien zurückgreifen. In der Regel — so stellt er fest — könne man am fachlichen Weisungsrecht erkennen, ob eine Angelegenheit rechtstechnisch eine eigene oder eine fremde sei[28]. — Ob dem so gekennzeichneten Begriff der eigenen Angelegenheiten neben dem Gesichtspunkt

[19] Vgl. die Übersicht bei *Peters*, S. 21, Anm. 3.

[20] *Linkelmann*, S. 26.

[21] Vgl. *Lynker*, S. 51.

[22] *Lynker*, S. 49.

[23] *Lynker*, S. 50/51; ferner *Bleutge*, S. 97 m. w. N.

[24] Vgl. hierzu BVerfG NJW 1967, 1411 ff. (1413) = BVerfGE 21, 362 f.

[25] Vgl. hierzu *Lynker*, S. 50 und 52.

[26] So *Wolff*, VR II, § 84 IV b 1 (S. 171); ähnlich *Forsthoff*, S. 445, Fußn. 2: als eigen habe das zu gelten, was dem Verwaltungsträger von Hause aus und seiner Bestimmung nach zukomme.

[27] *Lynker*, S. 117; *Huber*, S. 189.

[28] *Wolff*, VR II, § 74 II b 1 (S. 52).

der Eigenverantwortlichkeit noch eine eigenständige Funktion als Wesensmerkmal der Selbstverwaltung zukommt, ist allerdings fraglich. Wir werden hierauf sogleich zurückkommen.

C. Eigenverantwortlichkeit und Weisungsunabhängigkeit

Bedenkt man, daß alle künstlichen Funktionsträger aufgrund der Aufgliederung und Untergliederung der öffentlichen Verwaltung in ein System von Funktionsträgern hineingestellt sind, so kann die Frage, ob die Aufgaben eines Funktionsträgers von diesem eigenverantwortlich wahrgenommen werden, nur anhand der Stellung des Funktionsträgers innerhalb des Systems bei der Wahrnehmung der Aufgaben beurteilt werden. Ausschlaggebend ist insoweit das Maß der Abhängigkeit von anderen Funktionsträgern, welches sich in der Weisungsgebundenheit oder Weisungsungebundenheit eines Funktionsträgers manifestiert. Ob und inwieweit ein Funktionsträger des Außenbereiches weisungsgebunden ist, ergibt sich aus dem Umfang der Aufsicht, der der betreffende Funktionsträger bei der Wahrnehmung einer Aufgabe unterliegt.

Wolff meint, eigene Verantwortung erfordere außerdem eine wenigstens teilweise Finanzierung durch selbst aufgebrachte Mittel[29]. Hiergegen spricht jedoch, daß z. B. den Hochschulen, die nach einhelliger Auffassung (wenigstens einen Teil ihrer) Aufgaben eigenverantwortlich wahrnehmen, in zunehmendem Maße die Beitragshoheit entzogen wird[30]. Man wird deshalb zwar davon ausgehen können, daß ein Verwaltungsträger, der eigenverantwortlich tätig wird, i. d. R. auch die Beitragshoheit besitzt; andererseits kann aber die Finanzierung durch eigene Mittel nicht als ein dem Begriff der Eigenverantwortlichkeit immanentes Merkmal angesehen werden.

Einige Autoren gehen davon aus, daß zur Eigenverantwortlichkeit (Selbstverwaltung) auch die Befugnis gehöre, in öffentlich-rechtlichen Satzungen objektives Recht setzen zu können (Autonomie)[31]. — Dagegen spricht zunächst, daß Selbst*verwaltung* und Rechtssetzung auseinanderzuhalten sind[32]; das Satzungsrecht bedarf einer staatlichen Ermächtigung[33]. Darüber hinaus ist zu bedenken, daß das Satzungs-

[29] *Wolff*, VR II, § 84 IV b 2 β (S. 172).

[30] Vgl. *Wolff*, VR II, § 84 IV b 2 β (S. 172); *Besch*, Komm. c) zu § 24 V HschG-NW (S. 81); ferner Hochschulgebührengesetz NW v. 5. 5. 1970 (GV.NW. S. 313).

[31] So z. B. *Wolff*, VR II, § 84 IV b 4 (S. 173); vgl. ferner hierzu *Forsthoff*, S. 446 f.

[32] *Forsthoff*, S. 446.

[33] Vgl. *Wolff*, VR II, § 86 VII c (S. 196) und § 98 II b 1 (S. 325); ähnlich *Forsthoff*, S. 446; a. A. *H. H. Klein*, DV 1968, 148.

recht auch in den Ländern, deren Gemeindeordnungen streng zwischen Selbstverwaltungsangelegenheiten, die unstrittig eigenverantwortlich wahrgenommen werden, und übertragenen Angelegenheiten unterscheiden, nicht auf den Selbstverwaltungsbereich beschränkt ist[34]. Aus diesem Grunde kommt der Gesichtspunkt der Autonomie (Satzungsgewalt) als brauchbares Kriterium für die Abgrenzung der Aufgaben, die eigenverantwortlich wahrgenommen werden, von sonstigen (übertragenen) Aufgaben nicht in Betracht[35].

Allein entscheidend ist vielmehr das Maß der Weisungsabhängigkeit und damit der Umfang der Aufsicht[36].

Daraus ergibt sich im übrigen, daß die „eigenen Angelegenheiten" neben dem Merkmal der Eigenverantwortlichkeit keine eigenständige Bedeutung als Wesensmerkmal der Selbstverwaltung besitzen, denn für die Unterscheidung zwischen eigenen und fremden Angelegenheiten kommt es auch nach der Auffassung von *Wolff* — wie dargelegt — auf das Maß der Weisungsabhängigkeit an. Eigene Angelegenheiten und Eigenverantwortlichkeit sind der Sache nach dasselbe und werden in der Literatur überwiegend auch synonym verwendet[37].

D. Vorläufige Zusammenfassung

Wir können unsere Überlegungen nunmehr dahingehend zusammenfassen, daß es nach h. M. für den Begriff der Selbstverwaltung ausschließlich auf die eigenverantwortliche Wahrnehmung der Aufgaben ankommt. Entscheidend hierfür ist das Maß der Weisungsunabhängigkeit der juristischen Person und damit der Umfang der Aufsicht.

E. Begriff und Umfang der Aufsicht

„Aufsicht" bedeutet Beobachtung und Beeinflussung der Tätigkeit des oder der Beaufsichtigten durch Verwaltungsverordnungen, durch Verwaltungsakte oder Weisungen sowie durch tatsächliche Maßnahmen[38]. Der Umfang des Aufsichtsrechts kann unterschiedlich ausgestaltet sein[39].

---

[34] Vgl. hierzu *H. H. Klein*, DV 1968, 147 f. mit Fußn. 16; ferner auch § 24 I 2 GemO-RP.

[35] So im Ergebnis auch *H. H. Klein*, DV 1968, 147/148.

[36] So im Ergebnis: *Wolff*, VR II, § 84 IV b 2 α (S. 172) und b 5 (S. 173); *H. H. Klein*, DV 1968, 151 ff.; *Forsthoff*, S. 445; *Jesch*, DÖV 1960, 741 f.; *Fröhler*, Handwerkskammern, S. 8/9; *Lynker*, S. 60.

[37] Vgl. *Fröhler*, Handwerkskammern, S. 8; *Jesch*, DÖV 1960, 740; auch *H. H. Klein*, DV 1968, 148 f.

[38] *Wolff*, VR II, § 77 II a (S. 97).

[39] Zum folgenden vgl. *Wolff*, VR II, § 77 II c (S. 99 f.).

Die totale Aufsicht umfaßt eine Rechts- und Zweckmäßigkeits- (oder Ermessens-)Aufsicht und zeichnet sich durch ein unbeschränktes Weisungsrecht aus[40]. Entscheidendes Merkmal der totalen Aufsicht ist, daß sie sich, abgesehen vom Inhalt der besonderen, fachlichen Kompetenzwahrnehmung, auf Bestand und allgemeine Tätigkeit des beaufsichtigten Organs bezieht (allgemeine Organaufsicht)[41].

Von der totalen ist die generelle Aufsicht zu unterscheiden. Sie kann sich sowohl auf die Rechtmäßigkeit als auch auf die Zweckmäßigkeit der Maßnahmen des beaufsichtigten Organs erstrecken und wird dann Fachaufsicht genannt. Von der totalen Aufsicht unterscheidet sie sich dadurch, daß sie die allgemeine Organaufsicht nicht mit einschließt[42].

Die generelle Aufsicht kann aber auch auf die Beaufsichtigung lediglich der Rechtmäßigkeit des Tuns und Unterlassens des beaufsichtigten Organs oder Gliedes, insbesondere also der gesetzmäßigen Erfüllung seiner Kompetenzen, beschränkt sein (sog. Rechtsaufsicht)[43].

Außer der totalen und generellen gibt es die Sonderaufsicht. Sie stellt ein gesetzlich beschränktes Aufsichtsrecht dar, da sie an gesetzlich der Art nach bestimmte tatbestandliche Voraussetzungen anknüpft[44].

Schließlich ist noch die Einzelaufsicht zu nennen, die enumerativ an gesetzlich besonders vorgesehene Genehmigungs- oder Bestätigungsvorbehalte oder Ausnahmebewilligungen zugunsten der staatlichen Aufsichtsbehörde geknüpft ist[45].

Alle unterstaatlichen Träger öffentlicher Verwaltung unterliegen zumindest einer auf Rechtsaufsicht beschränkten Staatsaufsicht, welche ihre Eingliederung in den Staat und ihre Unterordnung unter die Staatsgewalt gemäß dem bestehenden Recht, insbesondere die Erfüllung ihrer öffentlich-rechtlichen Pflichten einschließlich der Gesetzmäßigkeit ihres Verhaltens, sicherstellen soll[46]. Die Rechtsaufsicht stellt sich somit als das dem Umfang nach geringste Aufsichtsrecht dar und beläßt dem beaufsichtigten Träger ein Höchstmaß an Eigenverantwortlichkeit. Nach einhelliger Auffassung sind daher solche Angelegenheiten,

---

[40] *Wolff*, VR II, § 77 II c 1 (S. 99/100).

[41] Vgl. *Wolff*, VR II, § 77 II b 4 (S. 99).

[42] *Wolff*, VR II, § 77 II c 2 α (S. 100).

[43] *Wolff*, VR II, § 77 II c 2 γ (S. 100). Die sog. politische Aufsicht kann in diesem Zusammenhang unberücksichtigt bleiben. Vgl. *Wolff*, VR II, § 77 II c 2 β (S. 100).

[44] *Wolff*, VR II, § 77 II c 3 (S. 101). So werden z. B. Pflichtaufgaben nach Weisung unter Sonderaufsicht wahrgenommen.

[45] *Wolff*, VR II, § 77 II c 4 (S. 101); Bedingungen und Auflagen bei der Hergabe besonderer Geldmittel stellen keine organisationsrechtliche Aufsicht dar. So *Wolff*, VR II, § 77 II c 5 (S. 102).

[46] So *Wolff*, VR II, § 77 II b 3 (S. 98/99).

die nur unter Rechtsaufsicht wahrgenommen werden, Selbstverwaltungsangelegenheiten[47].

Genau umgekehrt liegt es im Falle der Fachaufsicht oder gar der totalen Aufsicht. Weil sich die Aufsicht hier sowohl auf die Rechtmäßigkeit als auch auf die Zweckmäßigkeit der Maßnahmen erstreckt, liegt die eigentliche Verantwortung bei der staatlichen Aufsichtsbehörde. Von einer Eigenverantwortlichkeit der juristischen Person und damit von Selbstverwaltung kann keine Rede sein[48].

Rechtsaufsicht und Fachaufsicht bzw. totale Aufsicht sind also praktisch die Extremwerte in der Skala der Aufsichtsmöglichkeiten und Weisungsbefugnisse. Sie markieren ein Höchstmaß von Eigenverantwortlichkeit auf der einen und ein Höchstmaß von Abhängigkeit (Nicht-Verantwortlichkeit) auf der anderen Seite.

Schwieriger zu beantworten ist hingegen die Frage, ob bei Einzelaufsicht und Sonderaufsicht von Eigenverantwortlichkeit gesprochen werden kann. Sie unterscheiden sich von der Rechtsaufsicht dadurch, daß der Aufsichtsbehörde gewisse „Mitwirkungsrechte" eingeräumt sind, wobei diese Mitwirkungsrechte jedoch im Gegensatz zur Fachaufsicht gesetzlich beschränkt sind. Die Einzelaufsicht hat große Ähnlichkeiten mit der Rechtsaufsicht, da sie zum Zwecke präventiver Kontrolle i. d. R. nur aus Rechtsgründen, ggf. auch im eigenen wohlverstandenen Interesse des Beaufsichtigten, versagt werden darf. (Dabei soll allerdings nicht verkannt werden, daß die Einzelaufsicht durch die Verwendung unbestimmter Gesetzesbegriffe der Zweckmäßigkeitsaufsicht stark angenähert werden kann[49].) Weil es aber bei der Einzelaufsicht nicht um Interessen der Aufsichtsbehörde, sondern nur um Rechtmäßigkeitskontrolle und evtl. um eigene Interessen des Beaufsichtigten geht, steht die Einzelaufsicht der Rechtsaufsicht näher als der Fachaufsicht. Mit Recht geht die h. M. deshalb davon aus, daß die Funktionsträger des Außenbereiches, wenn und soweit sie bei der Wahrnehmung ihrer Aufgaben nur der Einzelaufsicht unterliegen, eigenverantwortlich handeln, so daß man insoweit von Selbstverwaltung sprechen kann[50].

Ob die juristischen Personen des öffentlichen Rechts, soweit sie der Sonderaufsicht unterstehen, eigenverantwortlich tätig werden, ist — insbesondere für die Gemeinden bei den sog. Pflichtaufgaben nach

---

[47] BVerwG DVBl. 1961, 449; BVerwG DVBl. 1965, 86; BVerwGE 16, 83; *Wolff*, VR II, § 77 II h 1 (S. 106 f.); *Jesch*, DÖV 1960, 739 ff.

[48] Vgl. *Jesch*, DÖV 1960, 739 ff.; *Wolff*, VR II, § 77 II h 1 (S. 106); *ders.*, VR I, § 46 VII b (S. 338); BVerwGE 6, 102; BVerwGE 19, 121 ff. (122/123).

[49] Vgl. zum Ganzen *Wolff*, VR II, § 77 II c 4 α (S. 101).

[50] Vgl. *Wolff*, VR II, § 77 II h 1 (S. 106/107); BVerwGE 16, 83; BVerwG DVBl. 1965, 86; *H. H. Klein*, DV 1968, 152.

Weisung — umstritten[51]. Immerhin steht der Aufsichtsbehörde — wie dargelegt — ein über die reine Rechtmäßigkeitskontrolle hinausgehendes der Fachaufsicht ähnelndes Aufsichtsrecht zu. Zunächst ist zu berücksichtigen, daß i. d. R. nicht die gesamte Tätigkeit der juristischen Personen der Sonderaufsicht unterliegt, sondern daß diese meist auf einen Aufgabenteilbereich beschränkt ist. Die Frage nach dem Umfange des Aufsichtsrechts ist deshalb für jeden Aufgabenteilbereich getrennt zu untersuchen[52]. Steht der Aufsichtsbehörde für einen Aufgabenteilbereich ein beschränktes fachliches Weisungsrecht (Sonderaufsicht) zu, so wird deutlich, daß die Verantwortlichkeit für die Wahrnehmung der Aufgaben zwar nicht in jeder Hinsicht, letzten Endes aber doch bei der Aufsichtsbehörde liegt. Zwar kann von einer „Unterwerfung unter eine a priori gegebene Befehlsgewalt der übergeordneten Behörde" keine Rede sein[53], gleichwohl liegt aber die letzte Verantwortung bei der Aufsichtsbehörde, da sie die Tätigkeit der juristischen Person im Rahmen ihrer Weisungsmöglichkeiten entscheidend beeinflussen kann. Soweit die juristischen Personen bei der Wahrnehmung eines Aufgabenteilbereiches der Sonderaufsicht unterliegen, fehlt es somit am Merkmal der eigenverantwortlichen Wahrnehmung. Es liegen insoweit keine Selbstverwaltungsangelegenheiten vor[54].

F. Ergebnis

Unsere Überlegungen können wir nunmehr so zusammenfassen: Rechtlich geschützte Individualinteressen der juristischen Personen des öffentlichen Rechts liegen vor, wenn Aufgaben (Kompetenzen und Befugnisse) in Selbstverwaltung, d. h. eigenverantwortlich, wahrgenommen werden. Von eigener Verantwortung kann man sprechen, wenn die juristische Person in bezug auf die wahrzunehmende Aufgabe der Rechtsaufsicht oder der Einzelaufsicht unterliegt. Letzten Endes kommt es also auf den Umfang des Weisungsrechtes an.

Da — wie bereits erwähnt wurde — eine strenge begriffliche Trennung zwischen Kompetenz und Befugnis nicht möglich ist[55], ist davon auszugehen — in der Rechtsprechung und Literatur werden insoweit auch keine Bedenken erhoben —, daß die Individualinteressen der juristischen Personen sowohl auf die Wahrnehmung der Kompetenzen

51 Vgl. *Jesch*, DÖV 1960, 741 ff.; ferner auch *Bachof*, Subjektive Rechte, S. 307.

52 a. A. offenbar *H. H. Klein*, DV 1968, 162, Fußn. 95 unter Berufung auf *Kunze / Schmid*, § 2 Erl. III 1.

53 Vgl. *Jesch*, DÖV 1960, 742.

54 So auch BVerwGE 6, 102; *H. H. Klein*, DV 1968, 152; a. A. *Jesch*, DÖV 1960, 742.

55 s. o. II. Teil, IV. Abschnitt, B.

(subjektives Recht *an* der Kompetenz[56]) als auch der Befugnisse (subjektives Recht *aus* der Kompetenz[57]) gerichtet sind[58, 59].

VIII. Abschnitt

Folgerungen für die Problematik der rechtlich geschützten Individualinteressen intrapersonaler Funktionsträger

Die vorstehenden Untersuchungen haben gezeigt, daß die herrschende Meinung bei den juristischen Personen des öffentlichen Rechts für den Nachweis von rechtlich geschützten Individualinteressen auf die Weisungsunabhängigkeit abstellt, während im Bereich der intrapersonalen Funktionsträger eine Akzessorietät zwischen Weisungsunabhängigkeit und rechtlich geschützten Individualinteressen weitgehend geleugnet wird. Diese unterschiedliche Behandlung der gleichen Problematik wäre nur dann gerechtfertigt, wenn die Unterschiede zwischen der Ebene der juristischen Personen und der Ebene der intrapersonalen Funktionsträger eine solche Differenzierung erforderten.

Gegen rechtlich geschützte Individualinteressen und damit gegen subjektive öffentliche Rechte künstlicher Funktionsträger im Internum der juristischen Personen des öffentlichen Rechts wird häufig vorgebracht, daß der Streit im Innenbereich um Rechtspositionen im Bereich der Organisationsrechtsordnung gehe, während Individualinteressen und subjektive öffentliche Rechte nur — wie z. B. bei den juristischen Personen — bezüglich der Rechtssätze der allgemeinen Rechtsordnung möglich seien[1, 2].

Es ist sicher nicht zu bestreiten, daß die juristischen Personen des öffentlichen Rechts Träger von Berechtigungen und Verpflichtungen nach Maßgabe der allgemeinen Rechtsordnung sind. Andererseits sind

---

56 Vgl. *Wolff*, Org. II, S. 274 ff.

57 Vgl. *Wolff*, Org. II, S. 276 a. E.

58 *Hoppe*, Organstreitigkeiten, S. 174/175, bezeichnet das Recht *aus* der Kompetenz (Befugnis) als ein spezialisiertes Recht *an* der Kompetenz.

59 Ein Recht der juristischen Personen des öffentlichen Rechts auf Beibehaltung der einmal übertragenen Kompetenzen, d. h. auf Aufrechterhaltung der einmal übertragenen Wahrnehmungszuständigkeiten, scheidet demgegenüber i. d. R. aus. Vgl. dazu *Wolff*, Org. II, S. 275; *Hoppe*, Organstreitigkeiten, S. 174, Fußn. 18.

1 Der Streit um Kompetenzen der Funktionsträger des Innenbereiches könne mit der Rechtsfigur des subjektiven Rechts nicht erfaßt werden. So *Rupp*, DVBl. 1970, 595 a. E.; vgl. auch *Wolff*, Org. II, S. 250.

2 *Wolff* stellt die organisatorische der allgemeinen Rechtsordnung gegenüber. Vgl. *Wolff*, Org. I, S. 368, 431, 433; *ders.*, Org. II, S. 238, 249, 250, 253 und 279.

sie aber auch, da sie übergeordnete Staatszwecke versehen, zugleich Subjekte organisationsrechtlicher Wahrnehmungszuständigkeiten[3]. Auch bei den juristischen Personen geht der Streit deshalb um Positionen im Bereich der Organisationsrechtsordnung.

Demgegenüber vertritt *Wolff* — er hält eine genaue Trennung zwischen Kompetenz und Befugnis für möglich — die Auffassung, daß die Kompetenzen der juristischen Personen durch die Organisationsrechtsordnung bestimmt würden, während die Befugnisse enthaltenden Rechtssätze der allgemeinen Rechtsordnung zuzurechnen seien[4]. Nur am Rande sei vermerkt, daß Wolff, wollte er den Begriff des Individualinteresses und subjektiven Rechts wirklich aus dem Bereich der Organisationsrechtsordnung verbannen, Individualinteressen der juristischen Personen konsequenterweise auch nur bezüglich ihrer Befugnisse annehmen dürfte[5]. Die Ansicht Wolffs ist jedoch wegen der schon mehrfach erwähnten wechselseitigen Abhängigkeit zwischen Kompetenz und Befugnis abzulehnen. Die Individualinteressen der juristischen Personen beziehen sich sowohl auf die Wahrnehmung ihrer Kompetenzen als auch ihrer Befugnisse.

Der Einwand, daß Individualinteressen und subjektive Rechte im Bereich der Organisationsrechtsordnung nicht möglich seien, erscheint deshalb entkräftet. Am Beispiel der juristischen Personen des öffentlichen Rechts wird vielmehr gerade deutlich, daß der Begriff des rechtlich geschützten Individualinteresses (auch) nach h. M. bei den Organisationsrechtssätzen von erheblicher Relevanz ist. Insoweit bestehen keine strukturellen Unterschiede zwischen dem intrapersonalen Bereich und der Ebene der juristischen Personen.

Es spricht deshalb nichts gegen die oben entwickelte (und von der h. M. für den Bereich der juristischen Personen einhellig gebilligte) Akzessorietät zwischen Weisungsunabhängigkeit und rechtlich geschützten Individualinteressen im intrapersonalen Bereich. Auch im Organisationsinternum der juristischen Personen des öffentlichen Rechts stehen die Funktionsträger in einem System von Abhängigkeiten, und auch dort können die Funktionsträger bei der Wahrnehmung ihrer Aufgaben den Weisungen anderer, i. d. R. übergeordneter intrapersonaler Funktionsträger unterliegen. Mag zwar die Verwendung der Begriffe Fach-, Rechts-, Sonder- und Einzelaufsicht in diesem Bereiche fehl am Platze sein, so sind die diesen Begriffen zugrundeliegenden Verhältnisse gradueller Abhängigkeiten gleichwohl auch im Innenbereich der juristischen Personen anzutreffen.

---

[3] *Wolff*, VR II, § 72 I c 4 β (S. 16).

[4] *Wolff*, Org. I, S. 433.

[5] In Org. II, S. 252, spricht *Wolff* vom „Recht auf die eigene Zuständigkeit".

Entsprechend den bei den juristischen Personen des öffentlichen Rechts angestellten Überlegungen besitzen die innerorganisatorischen Funktionsträger rechtlich geschützte Individualinteressen, wenn und soweit sie nur einer Rechtmäßigkeitskontrolle unterliegen oder wenn zugunsten eines anderen intrapersonalen Funktionsträgers aufgrund enumerativ bezeichneter gesetzlicher Tatbestände Genehmigungs- oder Bestätigungsvorbehalte sowie Ausnahmebewilligungen bestehen[6]. In diesen Fällen liegt (noch) eigenverantwortliche Wahrnehmung vor. Keine Eigenverantwortlichkeit und damit keine rechtlich geschützten Individualinteressen liegen hingegen vor, wenn und soweit ein Funktionsträger bei der Erledigung von Aufgaben einem gesetzlich beschränkten[7] oder unbeschränkten fachlichen Weisungsrecht unterliegt.

Die rechtlich geschützten Individualinteressen der intrapersonalen Funktionsträger sind sowohl auf die Wahrnehmung der Kompetenzen als auch auf die Wahrnehmung der Befugnisse gerichtet[8].

Zwar konnte in den vorstehenden Untersuchungen nachgewiesen werden, daß die intrapersonalen Funktionsträger unter bestimmten Voraussetzungen rechtlich geschützte Individualinteressen besitzen; das bedeutet jedoch nicht notwendig, daß die Verwaltungsgerichtsordnung diese Interessen auch prozessual begünstigt. Es ist eine Frage des Prozeßrechtes, ob die VwGO nur die rechtlich geschützten Individualinteressen der juristischen Personen berücksichtigt oder ob auch die rechtlich geschützten Individualinteressen und damit letztlich die subjektiven Rechte der intrapersonalen Funktionsträger klageweise durchgesetzt werden können.

Wir werden auf diese Frage im prozessualen Teil der Arbeit zurückkommen.

IX. Abschnitt

Die Problematik der Rechtsmacht bei den positiven und negativen subjektiven öffentlichen Rechten

Die Individualinteressen der intrapersonalen Funktionsträger können inhaltlich positiver oder negativer Natur sein. Dementsprechend kann man auch zwischen positiven und negativen subjektiven öffentlichen Rechten unterscheiden[1]. Im Anschluß an *Rupp* sollen unter den

---

[6] s. o. II. Teil, VII. Abschnitt, E.

[7] d. h. einem Weisungsrecht, das an der Art nach gesetzlich bestimmte tatbestandliche Voraussetzungen geknüpft ist.

[8] s. o. II. Teil, VII. Abschnitt, F.

[1] Vgl. *G. Jellinek*, System, S. 87; *Rupp*, Grundfragen, S. 153 und 262.

positiven Rechten solche, die auf Gesetzesverwirklichung und unter den negativen Rechten solche, die auf Abwehr ungesetzlicher Akte gerichtet sind, verstanden werden[2].

A. Positive subjektive öffentliche Rechte

Bei den positiven Rechten geht es also darum, „wann ein Gesetz und eine in ihm enthaltene normative Verpflichtung der Verwaltung dem einzelnen ein subjektives Erfüllungsrecht gewähren"[3]. Sofern diesbezüglich ein rechtlich geschütztes Interesse des Einzelnen feststellbar ist, steht dem Begünstigten auch die Rechtsmacht zu, sich auf die begünstigende Rechtsfolge berufen zu können[4]. Einer gesonderten Begründung der Rechtsmacht bedarf es nicht mehr[5].

B. Negative subjektive öffentliche Rechte

Die negativen Rechte zielen demgegenüber auf die Nichtverwirklichung eines Tatbestandes[6]. Bei ihnen ist zwischen dem geschützten Status — das ist ein durch Gesetz zugeordneter Bereich der Freiheit von ungesetzlichem Zwang[7] — und dem Abwehrrecht, dem Reaktionsrecht, das bei der Verletzung des Status entsteht, zu unterscheiden[8]. Eine Rechtsstellung des negativen Status gewährt ohne weiteres jedoch noch keinen Klageanspruch, sondern erst dann, wenn sie rechtswidrig beeinträchtigt bzw. verletzt ist[9].

Aus der Ausschließlichkeitswirkung der organisationsrechtlichen Wahrnehmungszuständigkeiten folgt im übrigen, daß der den Status eines anderen intrapersonalen Funktionsträgers verletzende Funktionsträger notwendig bei der Verletzung zugleich die ihm selbst zugewiesenen Zuständigkeiten überschreitet.

Ein (negativer) Status setzt nach h. M. voraus, daß ein Rechtssatz vorhanden ist, der nicht nur eine zufällige tatsächliche Begünstigung

---

2 *Rupp*, Grundfragen, S. 153.

3 *Rupp*, Grundfragen, S. 267.

4 *Bachof*, Subjektive Rechte, S. 301; *Hoppe*, Organstreitigkeiten, S. 136; *Menger / Erichsen*, VerwArch 59 (1968), 177; *Bühler*, Gedächtnisschrift für W. Jellinek, S. 282; *Rupp*, Grundfragen, S. 267 u. 269.

5 *Hoppe*, Organstreitigkeiten, S. 136.

6 *Wolff*, VR I, § 40 III a 2 (S. 266).

7 *Rupp*, Grundfragen, S. 161.

8 *Hoppe*, Organstreitigkeiten, S. 137/138; *Rupp*, Grundfragen, S. 153 f.; *G. Jellinek*, System, S. 86; *Menger*, System, S. 118.

9 Streitig ist, ob schon der Status oder erst das Reaktionsrecht das subjektive Recht darstellt. Vgl. *Hoppe*, Organstreitigkeiten, S. 138 m. w. N. — Der Streit mag hier auf sich beruhen.

enthält, sondern den Interessen des Begünstigten zu dienen bestimmt ist[10].

Darüber hinaus muß jedoch noch die Rechtsmacht vorliegen, sich auf die begünstigende Rechtsfolge berufen zu können. Voraussetzung hierfür ist, daß sich eine Sanktionsnorm finden läßt, die den Anspruch, der aus der Verletzung des Status hervorgeht, trägt[11]. Da es sich hierbei um ein zentrales Problem der subjektiven öffentlichen Rechte handelt, hat sich eine große Zahl von Untersuchungen mit dieser Frage auseinandergesetzt[12]. Im Ergebnis besteht Einigkeit darüber, daß bei der Verletzung des Status ein Reaktionsrecht existiert, das auf Beseitigung der Beeinträchtigung und Unterlassung künftiger Beeinträchtigungen geht. Umstritten ist nur die Begründung[13]. Wir können uns deshalb für den Fortgang unserer Untersuchungen auf die Feststellung beschränken, daß nach völlig einhelliger Meinung eine Sanktionsnorm vorhanden ist, aus der ein auf Beseitigung der Beeinträchtigungen und Unterlassung künftiger Beeinträchtigungen gerichteter Anspruch folgt[14]. Damit liegt auch bei den negativen subjektiven öffentlichen Rechten die Rechtsmacht vor, sich gegenüber dem Verpflichteten auf die begünstigende Rechtsfolge berufen und von diesem ein entsprechendes Verhalten verlangen zu können.

X. Abschnitt

Relative (transitive) und absolute (intransitive) subjektive öffentliche Rechte

Da ein subjektives öffentliches Recht eines intrapersonalen Funktionsträgers nicht ohne eine entsprechende Verpflichtung eines oder mehrerer anderer Funktionsträger möglich ist, ist zu fragen, welche Funktionsträger als Verpflichtungssubjekte in Betracht kommen können.

---

10 *Bachof*, Subjektive Rechte, S. 296 ff. (301); *Rupp*, Grundfragen, S. 246; *Wolff*, VR I, § 43 I b 2 (S. 290); *Hoppe*, Organstreitigkeiten, S. 137.

11 Vgl. *Hoppe*, Organstreitigkeiten, S. 137/138.

12 Insofern kann auf die ausführliche und kritische Darstellung bei *Hoppe*, Organstreitigkeiten, S. 138 ff. verwiesen werden.

13 Vgl. hierzu *Hoppe*, Organstreitigkeiten, S. 138 ff. m. w. N.; speziell zum Folgenbeseitigungsanspruch vgl. auch BVerwG NJW 1972, 269 ff.

14 Auf Art. 19 IV GG (vgl. dazu BVerfGE 27, 297 ff., insb. S. 308) kann in diesem Zusammenhang allerdings nicht abgestellt werden, da Art. 19 IV GG nur das Verhältnis Bürger-Staat betrifft. Hier geht es jedoch um subjektive Rechte intrapersonaler Funktionsträger. Vgl. auch *Hoppe*, Organstreitigkeiten, S. 155.

A. Relative (transitive) subjektive öffentliche Rechte

Verhältnismäßig einfach ist die Rechtslage dort, wo die einem Funktionsträger zugewiesene Wahrnehmungsverpflichtung ausdrücklich nur gegenüber einem bestimmten anderen Funktionsträger besteht. So haben z. B. gem. § 29 V 5 HschG-NW die Organe der Hochschule und der Fachbereiche und die Leiter der zentralen Einrichtungen dem Hochschulpräsidenten Auskünfte zu erteilen[1]. Der Hochschulpräsident seinerseits ist — so muß man hinzufügen — verpflichtet, von diesem Auskunfts-„Recht" Gebrauch zu machen. Unterstellt man, daß es sich bei diesem „Recht" um ein subjektives öffentliches Recht handelt, so liegt es auf der Hand, daß als Verpflichtungssubjekte nur die in § 29 V 5 HschG-NW genannten Funktionsträger in Betracht kommen. Da hier kraft Gesetzes von vornherein eine Wechselbeziehung zwischen dem subjektiven Recht und den Verpflichtungen gerade dieser Funktionsträger besteht, hat das subjektive Recht (ebenso natürlich auch die korrespondierenden Verpflichtungen der in § 29 V 5 HschG-NW genannten Funktionsträger) relativen (transitiven) Charakter[2].

Im übrigen sind alle positiven subjektiven öffentlichen Rechte in der Regel relativer Natur.

B. Absolute (intransitive) subjektive öffentliche Rechte

Eine solche *ausdrücklich normierte Zweiseitigkeit*[3] der organisationsrechtlichen Wahrnehmungszuständigkeiten stellt jedoch durchaus nicht die Regel dar. Durchweg bezeichnet das Gesetz nämlich nur einen, den für die Erledigung einer Aufgabe zuständigen Funktionsträger.

Aufgrund der genauen Umgrenzung des Umfangs der Wahrnehmungszuständigkeiten sind jeweils nur einer oder mehrere ganz bestimmte Funktionsträger zur Wahrnehmung verpflichtet. Alle anderen Funktionsträger des Rechtskreises, in dem die Wahrnehmungszuständigkeiten überhaupt wirken können[4], sind wegen des Grundsatzes der Gesetzmäßigkeit der Verwaltung[5] verpflichtet, die Kompetenzen und Befugnisse der zuständigen Funktionsträger zu beachten und sich auf den zugeteilten Aufgabenkreis zu beschränken[6]. Soweit dem zuständigen Funktionsträger ein subjektives Recht auf Wahrnehmung seiner Kompetenzen und Befugnisse zusteht, entspricht diesem subjektiven

---

1 Vgl. auch die Ausführungen im II. Teil, V. Abschnitt.

2 Vgl. *Goessl*, S. 58; *Wolff*, VR I, § 40 III b 1 (S. 266).

3 Vgl. hierzu *Friesenhahn*, Festschrift für R. Thoma, S. 39.

4 Vgl. hierzu *Goessl*, S. 58.

5 Daraus folgt nämlich das Verbot der Zuständigkeitsüberschreitung. Vgl. oben II. Teil, II. Abschnitt.

6 Vgl. II. Teil, V. Abschnitt; ferner *Rasch*, Die Behörde, S. 5/6.

Recht somit eine Enthaltungspflicht aller anderen Funktionsträger des betreffenden Rechtskreises.

Da diese subjektiven Rechte und die mit ihnen korrespondierenden Verpflichtungen nicht nur zwischen bestimmten Funktionsträgern, sondern innerhalb eines Rechtskreises wirken, sind sie absoluter (intransitiver) Natur[7].

Absoluten (intransitiven) Charakter haben in der Regel alle negativen subjektiven öffentlichen Rechte.

C. Der absolute Charakter der relativen (transitiven) subjektiven öffentlichen Rechte

Aus der Gegenüberstellung der Begriffe „absolut“ und „relativ“ darf allerdings nicht der Fehlschluß gezogen werden, daß das subjektive Recht eines intrapersonalen Funktionsträgers entweder nur absoluten oder nur relativen Charakter haben könne[8]. Auch die relativen subjektiven Rechte besitzen nämlich die für die absoluten Rechte allein maßgebende Ausschließlichkeitswirkung[9]; da die relative subjektive Rechte begründenden Wahrnehmungszuständigkeiten (wie überhaupt alle Wahrnehmungszuständigkeiten) nur bestimmten Funktionsträgern zugewiesen sind, darf die Wahrnehmung dieser Zuständigkeiten von anderen Funktionsträgern nicht gestört werden. Insofern sind auch die relativen subjektiven Rechte zugleich absoluter Natur[10]. — Nähme z. B. ein anderer Funktionsträger als der Hochschulpräsident das in § 29 V 5 HschG-NW normierte Auskunftsrecht für sich in Anspruch, so stände dem Hochschulpräsidenten — wiederum unterstellt, § 29 V 5 HschG-NW begründe ein subjektives Recht — ein absolutes subjektives öffentliches Recht auf Beseitigung der Störung zu.

D. Der Geltungsbereich der absoluten subjektiven öffentlichen Rechte (Rechtskreise im intrapersonalen Bereich)

Die Beschränkung der Absolutheit der subjektiven öffentlichen Rechte intrapersonaler Funktionsträger auf den Rechtskreis, in dem die subjektiven Rechte überhaupt wirken können[11], wirft die Frage auf, ob die absoluten subjektiven Rechte eines Funktionsträgers innerhalb des

---

7 *Goessl*, S. 58; *Wolff*, VR I, § 40 III b 2 (S. 266).

8 So aber wohl *Goessl*, S. 57/58.

9 s. o. II. Teil, V. Abschnitt.

10 Vgl. *Wolff*, VR I, § 40 III b 1 (S. 266).

11 Die Beschränkung ergibt sich aus der Verschiedenheit der Rechtsmaterien. Vgl. oben II. Teil, IV. Abschnitt, A.

gesamten Innenbereiches der juristischen Person zur Geltung kommen, m. a. W. ob der innerorganisatorische Rechtskreis in sich geschlossen ist oder ob er in weitere Rechtskreise unterteilt werden kann.

Diese Frage ist insofern von außerordentlich praktischer Bedeutung, als sich hier entscheidet, ob dem Organteil eines Organs gegenüber einer in die Zuständigkeiten des Organteils eingreifenden Zuständigkeitsüberschreitung seitens eines *anderen* Organs subjektive (Abwehr-) Rechte zustehen oder ob subjektive Rechte eines Organteils in der Ebene der Organe (d. h. gegenüber Organen) nicht wirksam sind mit der Folge, daß allein das Organ, dem der Organteil angehört, insoweit subjektive Rechte besitzt.

Die Unterscheidung zwischen verschiedenen Rechtskreisen und Unterkreisen und damit zwischen verschiedenen Arten der Rechtsfähigkeit beruht nach allgemeiner Auffassung darauf, daß die Rechtsnormen je nach den Rechtssubjekten, an die sie sich wenden, unterteilt werden können[12]. Dabei wird allerdings nicht ganz klar, wie man den Begriff des Rechtssubjekts in diesem Zusammenhang zu verstehen hat.

Die Verschiedenartigkeit der Rechtssubjekte könnte auf der Differenzierung zwischen Rechtssubjekten im rechtselementaren und solchen im rechtstechnischen Sinne beruhen. — Der Verfassungsrechtskreis wird z. B. dadurch gekennzeichnet, daß seine Rechtssubjekte nur solche rechtstechnischer Art sind. Gleichwohl erweist sich die Gegenüberstellung von rechtselementarer und rechtstechnischer Betrachtungsweise für die Problematik der Rechtskreise und ihrer Subjekte als unbrauchbar: Es gibt nämlich z. B. im Zivilrechtskreis sowohl Rechtssubjekte im rechtselementaren als auch im rechtstechnischen Sinne. Ebenso läßt sich die Verschiedenheit des Strafrechtskreises im Vergleich zum ersten Verwaltungsrechtsunterkreis[13] — beidemal geht es um das Verhältnis Staat — Bürger — nicht befriedigend erklären.

„Rechtssubjekt" kann deshalb — ausgehend vom Begriff der Rechtssubjektivität — nur bedeuten, daß einem Menschen oder einer Organisation Rechte oder Pflichten zugeordnet werden. Die für die Unterscheidung zwischen den Rechtskreisen maßgebliche Verschiedenartigkeit der Rechtssubjekte[14] wird also durch die Normen, die einem Menschen oder einer Organisation Rechte oder Pflichten zuweisen, überhaupt erst konstituiert. Es kommt deshalb für die Unterteilung der Rechtsordnung in Rechtskreise letztlich auf die Verschiedenartigkeit der Normen und Normmassen selbst an. Maßgebend sind insoweit die Funk-

[12] Vgl. z. B. *Friesenhahn*, Festschrift für R. Thoma, S. 37.

[13] Dieser regelt (auch) das Verhältnis zwischen dem obrigkeitlich handelnden Staat und dem Bürger. Vgl. *Friesenhahn*, Festschrift für R. Thoma, S. 37.

[14] Vgl. ebd., S. 37: „Je nach den Rechtssubjekten ..."

tion, der Charakter sowie die Art und Wirkung der Rechtsnormen[15]. Jene Normen, die ihrem Charakter, ihrer Funktion und ihrer Art und Wirkung nach gleich sind, bilden einen Rechtskreis.

So unterscheidet sich etwa der Verfassungsrechtskreis vom zweiten Verwaltungsrechtsunterkreis, der die Beziehungen zwischen unterstaatlichen Verbänden in öffentlich-rechtlicher Funktion regelt[16], dadurch, daß die Normen des Verfassungsrechtskreises die politische Grundorganisation regeln, also jenen Bereich betreffen, in dem die politischen Grundentscheidungen gefällt werden. — Der zweite Verwaltungsrechtsunterkreis wird im Gegensatz zum dritten Unterkreis, der — nach Ansicht von *Friesenhahn*[17] — die Beziehungen der nicht staatsverfassungsrechtlichen Organe im Innern des Staates bzw. der unterstaatlichen Verbände zum Gegenstand hat, dadurch gekennzeichnet, daß die unterstaatlichen Verbände als Träger der Verwaltung im Verhältnis zum Bürger gleichfalls in gewissem Umfange politische Entscheidungen fällen können und zu verantworten haben[18]. — Es zeigt sich somit, daß die staatliche Organisationsrechtsordnung nicht einen einheitlichen Rechtskreis bildet, sondern in mehrere Rechtskreise zerfällt[19].

Will man diese Erkenntnisse für den intrapersonalen Bereich nutzbar machen, so gilt es, sich die Bedeutung und den Zweck der innerorganisatorischen Wahrnehmungszuständigkeiten, nämlich das Prinzip der arbeitsteiligen Aufgabengliederung, in Erinnerung zu rufen. Dieses Prinzip liegt der gesamten pyramidenförmig aufgebauten inneren Organisation der juristischen Personen zugrunde. Die Zuständigkeiten eines Funktionsträgers werden von denen eines anderen übergeordneten Funktionsträgers, letztlich von der juristischen Person selbst, abgeleitet. Es liegen also — bildlich gesprochen — im vertikalen Aufbau der Pyramide kongruente Zuständigkeiten vor: Die Zuständigkeiten der juristischen Person umfassen die Zuständigkeiten aller innerorganisatorischen Funktionsträger, die Zuständigkeiten der Organe die ihrer Unterorgane und Ämter, die Zuständigkeiten der Unterorgane die ihrer Ämter. Daraus ergibt sich, daß die genaue Umgrenzung der Wahrnehmungszuständigkeiten der Funktionsträger in erster Linie in der Horizontalen, also im Verhältnis der Funktionsträger zueinander, die ihre Zuständigkeiten von denen desselben nächsthöheren Funktionsträgers ableiten, von Bedeutung ist.

---

15 Vgl. *Böckenförde*, Organisationsgewalt, S. 75.

16 Vgl. *Friesenhahn*, Festschrift für R. Thoma, S. 38.

17 Ebd., S. 38.

18 Natürlich nur nach Maßgabe der im Verfassungsrechtskreis getroffenen staatspolitischen Grundentscheidungen.

19 Dies ist — soweit ersichtlich — unbestritten.

Ebenso wie im Außenbereich innerhalb der staatlichen Organisationsrechtsordnung zwischen dem Verfassungsrechtskreis und dem zweiten Verwaltungsrechtsunterkreis unterschieden wird, müssen auch im intrapersonalen Bereich die verschiedenen horizontalen Relationsebenen voneinander getrennt werden. Jenen Funktionsträgern, die auf einer höheren Relationsebene stehen, kommt nämlich aufgrund ihrer umfangreicheren Wahrnehmungszuständigkeiten durchweg ein größeres politisches Gewicht zu als den untergeordneten Funktionsträgern. Darin liegt es auch begründet, daß *Friesenhahn* die Beziehungen der Organe einem besonderen Verwaltungsrechtsunterkreis zuordnet. Außer der Ebene der Organe gibt es aber noch die Ebene der Unterorgane desselben Organs und die Ebene der Ämter desselben Unterorgans[20]. Auch hier liegt der Grund für die Differenzierung in dem unterschiedlich abgestuften politischen Gewicht der Zuständigkeitswahrnehmung. Aus diesem Grunde ist es nicht nur gerechtfertigt, sondern sogar geboten, die verschiedenen (horizontalen) Relationsebenen, die wir im folgenden der herrschenden Terminologie entsprechend als Rechtskreise bezeichnen wollen, zu unterscheiden.

Zusammenfassend kann man dies so ausdrücken: Es gibt keinen in sich geschlossenen innerorganisatorischen Rechtskreis; die intrapersonalen Wahrnehmungszuständigkeiten sind vielmehr wegen ihrer unterschiedlichen Funktion, Art, Wirkung und Charakters verschiedenen innerorganisatorischen Relationsebenen (Rechtskreisen) zuzuordnen. Immer solche Funktionsträger, die ihre Wahrnehmungszuständigkeiten unvermittelt, d. h. ohne Zwischenschaltung eines anderen Funktionsträgers, von den Wahrnehmungszuständigkeiten desselben übergeordneten nächsthöheren Funktionsträgers ableiten, gehören demselben Rechtskreis an.

Hieraus folgt, daß die absoluten subjektiven Rechte (und die mit ihnen korrespondierenden Verpflichtungen) eines Funktionsträgers nur gegenüber Funktionsträgern desselben Rechtskreises wirken.

Absolute subjektive öffentliche Rechte und entsprechende Verpflichtungen zwischen Ämtern bzw. Unterorganen und Organen sind demnach ausgeschlossen. (Absolute) Mitgliedschaftsrechte eines Organteils gegenüber dem Organ können entgegen der vornehmlich in der Rechtsprechung herrschenden Auffassung nicht anerkannt werden[21].

---

[20] Dieser Gedanke klingt schon bei *Wolff* an, der von einer besonderen Relationssphäre der Ämter spricht. Vgl. *Wolff*, Org. II, S. 250, Fußn. 3.

[21] Beispiele aus der Rechtsprechung: VG Kassel, Urt. v. 16. 12. 69 (III E 162/69), unveröff., betr. Rechtsbeziehungen zwischen den Mitgliedern der Fakultätsversammlung und der Fakultät; VG Gelsenkirchen, Urt. v. 13. 1. 71 (4 K 877/70), unveröff., betr. Zulässigkeit einer Klage von Mitgliedern des Universitätsparlaments gegen das Universitätsparlament wegen Verletzung ihrer Mitgliedschaftsrechte; VG Münster, Urt. v. 25. 2. 71 (1 K 122/71),

Für die Richtigkeit der hier vertretenen Ansicht spricht auch folgende Überlegung: Nach dem Grundsatz der Funktionenverteilung werden alle Wahrnehmungszuständigkeiten eines Kollegialorgans auf die kollegialen Ämter verteilt. Bei den kollegialen Ämtern kongruenter Zuständigkeiten sind jedem Amt alle Organkompetenzen zugeordnet, so daß jedes Amt — nach Maßgabe der Geschäftsordnung gemeinsam mit den übrigen Ämtern — die Rechte und Pflichten des Organs wahrnimmt. Nähme man in Übereinstimmung mit der Rechtsprechung subjektive Rechte (Mitgliedschaftsrechte) eines Organteils gegenüber dem Gesamtorgan an, so ständen die mit dem subjektiven Recht korrespondierenden Verpflichtungen allen Ämtern, also auch dem Amt, welches ein subjektives Recht für sich in Anspruch nimmt, zu. Das subjektive Recht und die korrespondierende Verpflichtung würden in demselben Amt zusammenfallen und sich gegenseitig aufheben. — Die Auffassung, daß absolute subjektive Rechte auch zwischen Organteilen und dem Gesamtorgan möglich seien, ist deshalb abzulehnen.

Dieses Ergebnis darf allerdings nicht dahingehend mißverstanden werden, daß es grundsätzlich keine Berechtigungen oder Verpflichtungen eines Organteils gegenüber einem Organ geben könne[22]. Ausge-

---

unveröff., betr. Klage von Mitgliedern der Fachbereichskonferenz gegen die Fachbereichskonferenz wegen Verletzung von Mitgliedschaftsrechten; VG Kassel, Urt. v. 9. 11. 71 (III E 19/70), unveröff., amtl. Umdruck S. 17: „Die Mitgliedschaft hat lediglich Rechte zum Inhalt, die sich aus dem Verhältnis der Kläger“ — es handelt sich um Mitglieder der Fakultätsversammlung — „zu dem Organ, nämlich der Fakultät bzw. Fakultätsversammlung herleiten ...“ Ebenso VG Kassel, Urt. v. 8. 12. 1970 (III E 174/69), in Auszügen wiedergegeben bei *Ewald*, WissR 1971, 269 ff. (270). OVG Münster AS 27, 258: „Mit der im Kommunalverfassungsstreitverfahren erhobenen Klage können Beschlüsse ... kommunaler Vertretungskörperschaften von ihren Mitgliedern ... angefochten werden.“

Stellungnahmen in der Literatur: *Ewald*, WissR 1971, 269 ff., vertritt — ohne nähere Begründung — die Auffassung, daß zwar keine Rechtsbeziehungen zwischen einem Organ (Senat) und dem Organteil eines anderen Organs (Dekan der Fakultät) bestehen könnten (vgl. S. 273), hält aber andererseits Beziehungen zwischen dem Gesamtorgan und einem seiner Teile für möglich (vgl. S. 272). — Ähnlich auch *ders.*, WissR 1970, 35 ff. (47/48). — *Fuß*, WissR 1972, 96 ff. (123/124) ist der Ansicht, daß die Überschreitung (bzw. Nichtwahrnehmung) der einem Universitätsorgan zugewiesenen Kompetenzen den Funktionsstatus der Organmitglieder beeinträchtige. — *Hoppe*, Organstreitigkeiten, S. 120, scheint gleichfalls der Ansicht zuzuneigen, daß zwischen einem Organ und seinen Teilen Berechtigungen und Verpflichtungen (nicht aber subjektive Rechte!) möglich seien. Er definiert den „intraorganlichen Organstreit“ nämlich als einen Streit zwischen einem Gesamtorgan und Organteilen des Gesamtorgans.

Sofern subjektive Rechte vorliegen, ist die Klage nach der hier vertretenen Auffassung dementsprechend nicht gegen das Organ, sondern gegen die Ämter, die die Kompetenzen eines Amtes verletzt haben, zu richten. — Wir kommen hierauf noch im einzelnen zurück.

[22] Relative Berechtigungen und Verpflichtungen zwischen dem Organ und einem *seiner* Teile sind jedoch aus den eben genannten Gründen bei den Ämtern kongruenter Zuständigkeiten ausgeschlossen.

schlossen sind solche Rechtsbeziehungen nur insoweit, als es um die *absolute* Wirkung der organisationsrechtlichen Wahrnehmungszuständigkeiten geht. Für die *relativen* Berechtigungen und Verpflichtungen gilt dies jedoch nicht. Für den Begriff des Rechtskreises kommt es nämlich — wie gesagt — nur darauf an, daß mehrere Normen (eine Normenmasse) vorhanden sind, die in ihrer Funktion, ihrem Charakter sowie in Art und Wirkung Gemeinsamkeiten aufweisen. Da es jedoch im Belieben des Gesetzgebers steht, welche Funktion, Art, Wirkung und Charakter er einer Norm beigibt, sind subjektive Rechte relativer Natur, die in einen (bekannten) Rechtskreis nicht hineinpassen, also atypischer Natur sind, ohne weiteres möglich[23]. — Es wäre ein merkwürdiges Unterfangen, einer Erscheinung des Rechtslebens wegen der Verlegenheit, sie einem bekannten Rechtskreis zuzuordnen, die Eigenart oder gar die Existenz absprechen zu wollen[24].

XI. Abschnitt

Die Arten der Streitigkeiten zwischen intrapersonalen Funktionsträgern

Die subjektiven öffentlichen Rechte der intrapersonalen Funktionsträger sind ausschließlich auf die Wahrnehmung der ihnen zugewiesenen Kompetenzen und Befugnisse gerichtet. Dementsprechend können auch die Streitigkeiten zwischen den intrapersonalen Funktionsträgern nur um die Wahrnehmung der Kompetenzen und/oder Befugnisse gehen[1]. Die Streitigkeiten können zunächst danach unterteilt werden, ob der klagende Funktionsträger ein positives oder ein negatives subjektives öffentliches Recht für sich in Anspruch nimmt. Außerdem ist zu differenzieren, ob der Streit um das Bestehen oder Nichtbestehen einer bereits in Anspruch genommenen, d. h. tatsächlich schon ausgeübten Kompetenz oder Befugnis geht oder ob um das Bestehen oder

[23] So ist es z. B. auch im Bereiche der Kommunal- oder der Hochschulaufsicht möglich, wenngleich nicht die Regel, daß das Gesetz Beziehungen nicht nur zwischen der juristischen Person und der Aufsichtsbehörde, sondern unmittelbare Beziehungen auch zwischen den Organen der juristischen Person und der Aufsichtsbehörde normiert (sog. Organaufsicht im Gegensatz zur Verbandsaufsicht; vgl. *Bleutge*, S. 118 ff., insb. S. 119, Fußn. 20).

[24] Formulierung nach *Bachof*, Verbände, S. 274.

[1] II. Teil, VIII. Abschnitt a. E. — Hieraus ergibt sich auch eine Relativität des Rechtmäßigkeitsurteils. Nur die Rechtmäßigkeit der Wahrnehmung der Kompetenzen oder Befugnisse ist bei Streitigkeiten zwischen intrapersonalen Funktionsträgern vom Gericht zu prüfen. Vgl. hierzu auch *Hoppe*, Organstreitigkeiten, S. 190/191, dessen Ausführungen allerdings auf einem anderen theoretischen Ansatz beruhen.

Nichtbestehen einer geltend gemachten, tatsächlich aber noch nicht in Anspruch genommenen Kompetenz oder Befugnis gestritten wird. Im ersten Falle ist die Streitigkeit repressiver, im zweiten präventiver Natur[2]. Es sind also vier verschiedene Arten von Streitigkeiten zwischen intrapersonalen Funktionsträgern möglich.

Verlangt der Hochschulpräsident von einem anderen Hochschulorgan gem. § 29 V 5 HschG-NW eine Auskunft[3], und wird ihm diese Auskunft verweigert, so handelt es sich, wenn der Hochschulpräsident auf Auskunftserteilung klagt, um eine *repressive positive* Streitigkeit.

Kündigt der Hochschulpräsident an, er werde demnächst von einem Organ Auskunft verlangen, und teilt ihm das Organ daraufhin mit, es werde Informationen verweigern, so ist die Streitigkeit — bei einer Klage des Hochschulpräsidenten — *präventiver positiver* Natur.

Faßt der Fachbereich Rechtswissenschaft einen Beschluß über die Promotionsordnung des Fachbereiches Medizin und klagt dieser gegen den Beschluß, so liegt eine *repressive negative* Streitigkeit vor, denn der Fachbereich Medizin behauptet einen Eingriff in seine Kompetenzen und Befugnisse und macht ein Abwehrrecht geltend.

Teilt der Fachbereich Rechtswissenschaft mit, er werde demnächst über die Promotionsordnung des Fachbereiches Medizin beschließen, und will dieser sich gegen die beabsichtigte Beschlußfassung zur Wehr setzen, so wird um ein zukünftiges negatives subjektives öffentliches Recht gestritten. Die Streitigkeit ist *präventiver negativer* Natur.

Die Mehrzahl der Auseinandersetzungen zwischen intrapersonalen Funktionsträgern hat repressiven Charakter, wobei den negativen subjektiven Rechten eine weitaus größere Bedeutung zukommt als den (positiven) Erfüllungsrechten.

XII. Abschnitt

Subjektive öffentliche Rechte der Funktionsträger des organschaftlichen Rechtskreises im Hochschulinnenbereich

A. Organe des Hochschulinnenbereiches

Wann ein intrapersonaler Funktionsträger als Hochschulorgan angesehen werden kann, richtet sich nach den die Organisation der Hoch-

---

[2] Vgl. *Goessl*, S. 63; *Bonk*, S. 85/86.

[3] Das Verlangen nach Auskunft bedeutet die Wahrnehmung einer Kompetenz bzw. Befugnis des Hochschulpräsidenten.

schulen regelnden Hochschulgesetzen und den sie ergänzenden[1] Hochschulsatzungen[2]. Wegen der unterschiedlichen landesrechtlichen Regelungen ist allerdings eine allgemeingültige Aussage darüber, welche Funktionsträger eine Organstellung innehaben, nicht möglich. Wir wollen uns deshalb darauf beschränken, anhand der Rechtslage in Nordrhein-Westfalen einige Zweifelsfälle zu untersuchen, die auch in anderen Bundesländern immer wieder aktuell werden.

Hochschulorgan ist ein intrapersonaler Funktionsträger entsprechend den oben[3] entwickelten Überlegungen dann, wenn er intern unvermittelt Kompetenzen und Befugnisse der Hochschule als juristischer Person wahrnimmt[4]. Dafür ist allerdings nicht erforderlich, daß der Funktionsträger einen ihm eigenen (eigentümlichen) Kompetenzbereich besitzt. Häufig bestehen verschiedene Befugnisse mehrerer Funktionsträger hinsichtlich derselben Kompetenzen[5], so z. B. wenn mehrere Funktionsträger zusammenwirken[6].

I. Der relative Charakter der Organstellung im Hochschulbereich

Die Organstellung eines intrapersonalen Funktionsträgers ist — darauf wurde bereits hingewiesen[7] — nicht absoluter, sondern relativer Natur. Die Bezeichnung eines Funktionsträgers als Organ in einem Hochschulgesetz ist somit zwar ein Indiz dafür, daß der Funktionsträger auch unvermittelt Zuständigkeiten wahrnimmt, bedeutet aber nicht, daß er *alle* seine Zuständigkeiten unvermittelt wahrnimmt.

Besonders deutlich wird das bei den Zuständigkeiten des Rektors nach dem HschG-NW — dieser ist nach dem Wortlaut des § 28 II HschG-NW Organ der Hochschule —, die § 30 III HschG-NW so beschreibt:

> „Der Rektor vertritt die Hochschule gerichtlich und außergerichtlich. Er führt den Vorsitz im Rektorat und leitet dessen Geschäfte. Er entscheidet in dienstrechtlichen Angelegenheiten der an der Hochschule tätigen Beamten, Angestellten und Arbeiter, soweit nicht in Gesetzen oder Rechtsverordnungen eine andere Regelung getroffen ist. § 29 Abs. 6 gilt entsprechend."

---

[1] Vgl. z. B. § 1 V HschG-NW.

[2] Die Hochschulsatzungen enthalten überwiegend Vorschriften über die Selbstorganisation der Hochschulen. Hierzu zählen vornehmlich Regelungen, die das Zusammenwirken mehrerer intrapersonaler Funktionsträger bei der Wahrnehmung einer Aufgabe betreffen.

[3] Vgl. oben II. Teil, IV. Abschnitt, B.

[4] So verleihen z. B. die Zuständigkeiten des Senats (§ 32 II HschG-NW) und des Konvents (§ 33 II HschG-NW) dem Senat bzw. dem Konvent — völlig unproblematisch — eine Organstellung.

[5] Vgl. oben II. Teil, II. Abschnitt.

[6] Vgl. *Wolff*, VR II, § 77 V (S. 112 ff.).

[7] s. o. II. Teil, II. Abschnitt.

§ 29 VI HschG-NW lautet:

> „Er ist für die Ordnung in der Hochschule verantwortlich und übt das Hausrecht nach Maßgabe von Ordnungsvorschriften aus, die die Hochschule zur Wahrung der Ordnung in der Hochschule erläßt."

Daß es sich bei der Vertretung der Hochschule[8, 9], der Wahrnehmung von Ordnungsfunktionen und der Ausübung des Hausrechts um Zuständigkeiten der Hochschule handelt, die dem Rektor unvermittelt zur Wahrnehmung zugewiesen sind und deshalb insoweit eine Organstellung begründen, ist nicht zu bestreiten. Zweifelhaft ist dagegen, ob auch die Zuständigkeiten zum Vorsitz und zur Geschäftsleitung im Rektorat vom Rektor unvermittelt wahrgenommen werden.

In der Literatur wird dies weitgehend abgelehnt, ohne daß allerdings auf den Gesichtspunkt der vermittelten bzw. unvermittelten Wahrnehmung überhaupt eingegangen wird. „Vorsitz" und „Geschäftsleitung" seien — so wird behauptet — überhaupt keine organisationsrechtlichen Wahrnehmungszuständigkeiten; es handele sich lediglich um technische Funktionen[10]. — Diese Auffassung kann jedoch nicht richtig sein. Geht man nämlich davon aus, daß die intrapersonalen Funktionsträger ausschließlich Kompetenzen und Befugnisse wahrnehmen, deren Träger im Außenbereich die Hochschule als juristische Person ist[11], so muß es sich notwendig auch bei den „technischen Funktionen" um organisationsrechtliche Wahrnehmungszuständigkeiten handeln. Außer der Wahrnehmung von Kompetenzen und Befugnissen erfüllen die intrapersonalen Funktionsträger keine weiteren Aufgaben[12]. Bei der Beantwortung der Frage, ob „Vorsitz" und „Geschäftsleitung" dem Rektor unvermittelt von der Hochschule zugewiesen sind, ist zu berück-

---

[8] Gemeint ist die gerichtliche und rechtsgeschäftliche Vertretung. Vgl. *Besch*, Komm. zu § 29 I HschG-NW.

[9] Ob die Vertretungsmacht durch den gesetzlich festgelegten Wirkungskreis der Hochschule beschränkt wird, kann hier dahingestellt bleiben. — Vgl. zur entsprechenden Problematik im Gemeinderecht *Gönnenwein*, Gemeinderecht, S. 345 und 348 m. w. N. — Zum Begriff der Außenvertretung vgl. *Hummelbeck*, S. 22 ff.

[10] Vgl. hierzu *Bleutge*, S. 45; *Benner*, S. 17/18; *Goessl*, S. 104 und 126; *E. W. Böckenförde*, Organisationsgewalt, S. 126. Die Differenzierung zwischen rechtlichen und lediglich technischen Regelungen greift *Böckenförde* neuerdings wieder in Organ, S. 298, Fußn. 96, auf.

[11] Vgl. dazu II. Teil, II. Abschnitt.

[12] Die Differenzierung zwischen Wahrnehmungszuständigkeiten und lediglich technischen Funktionen beruht möglicherweise auf der in der Literatur anzutreffenden Qualifizierung der Organisationstätigkeit als technischer Hilfstätigkeit im Gegensatz zur materiellen Sachtätigkeit. Vgl. hierzu *Krüger*, Staatslehre, S. 926; *Böckenförde*, Organisationsgewalt, S. 38 ff., insb. S. 41. *Benner*, S. 18, betont z. B. das materielle Element als Kennzeichen der organisationsrechtlichen Wahrnehmungszuständigkeiten. — Auch die Organisationstätigkeit ist jedoch — wie *Böckenförde*, Organisationsgewalt, S. 40 ff. überzeugend nachgewiesen hat — Wahrnehmung einer (materiellen) Sachaufgabe. Alle Funktionen der intrapersonalen Funktionsträger beruhen somit auf organisationsrechtlichen Wahrnehmungszuständigkeiten.

sichtigen, daß „Vorsitz“ und „Geschäftsleitung“ der Koordinierung der Arbeit im Rektorat, m. a. W. der Selbstorganisation dieses Funktionsträgers, dienen. Die Selbstorganisation ist eine Aufgabe des Rektorats[13]. Wenn aber die Kompetenz zur Selbstorganisation insgesamt unvermittelt dem Rektorat zugewiesen ist, so sind die Zuständigkeiten zum „Vorsitz“ und zur „Geschäftsleitung“ dem Rektor notwendig vermittelt durch den Funktionsträger „Rektorat“ zugeordnet[14]. „Vorsitz“ und „Geschäftsleitung“ vermögen eine Organstellung des Rektors also nicht zu begründen[15].

Der Rektor ist somit — und darin zeigt sich gerade die Relativität der Organstellung — hinsichtlich einiger Zuständigkeiten Hochschulorgan, hinsichtlich anderer aber nur Organteil.

II. Hochschulorgane und Organe der staatlichen Aufsichtsbehörde

In den Hochschulgesetzen finden sich durchweg Vorschriften, die vorsehen, daß ein intrapersonaler Funktionsträger die Rechtmäßigkeit des Handelns der übrigen Funktionsträger zu überwachen hat. Die Kontrolle der Rechtmäßigkeit der Tätigkeit der Hochschule ist aber auch eine Aufgabe der staatlichen Hochschulaufsicht. Es kann deshalb zweifelhaft sein, ob der mit der Überwachung betraute intrapersonale Funktionsträger als Organ der Hochschule oder als Organ der staatlichen Aufsichtsbehörde tätig wird. Dafür kommt es darauf an, ob und inwieweit die Rechtmäßigkeitskontrolle eine Zuständigkeit der Hochschule als juristischer Person darstellt, die unvermittelt diesem intrapersonalen Funktionsträger zugewiesen ist.

Die Hochschule ist aufgrund des Prinzips der Gesetzmäßigkeit der Verwaltung verpflichtet, ihre Kompetenzen und Befugnisse in rechtmäßiger Weise wahrzunehmen. Sie hat also (auch) selbst für ein rechtmäßiges Handeln ihrer intrapersonalen Funktionsträger Sorge zu tragen[16] und kann deshalb einen intrapersonalen Funktionsträger mit der Überwachung der Tätigkeit der übrigen Funktionsträger betrauen. Allein die Zuweisung von Kontrollfunktionen reicht somit nicht aus, um einen intrapersonalen Funktionsträger insoweit als Organ der staatlichen Aufsichtsbehörde zu qualifizieren.

---

[13] Sog. innere Organisationsgewalt; vgl. *Wolff*, VR II, § 73 III b 1 (S. 130). — In der Regel wird dies in der Hochschulsatzung festgelegt. Art. 28 VI VerfRUB lautet z. B.: „Das Rektorat gibt sich eine Geschäftsordnung, die der Bestätigung durch den Senat bedarf.“

[14] Die Geschäftsordnung des Rektorats hat allerdings entsprechend der Regelung des Hochschulgesetzes dem Rektor „Vorsitz“ und „Geschäftsleitung“ zu übertragen.

[15] Im Ergebnis ebenso *Bleutge*, S. 45; a. A. offenbar *Bonk*, S. 64/65.

[16] Vgl. II. Teil, II. Abschnitt.

Maßgebliches Kriterium für die Differenzierung zwischen aufsichtsbehördlicher und körperschaftsinterner Rechtskontrolle kann deshalb nur die unterschiedliche Intensität der Aufsichtsmittel sein. Charakteristikum der staatlichen Rechtsaufsicht ist die Befugnis zur Aufhebung von Beschlüssen und sonstigen Maßnahmen der intrapersonalen Funktionsträger des Hochschulbereiches — sog. Verwerfungskompetenz[17]. Ist der zur Rechtmäßigkeitskontrolle berufene intrapersonale Funktionsträger zu solchen „endgültigen" Entscheidungen befugt, spricht dies für die Funktion als Organ der staatlichen Aufsichtsbehörde. Haben die dem Funktionsträger zugewiesenen Befugnisse hingegen nur vorläufigen, aufschiebenden Charakter, so wird man eine körperschaftsinterne Rechtskontrolle annehmen müssen.

Für eine Funktion als staatliches Aufsichtsorgan spricht ferner, wenn die dem kontrollierenden Funktionsträger zugewiesenen Zuständigkeiten gesetzessystematisch im Zusammenhang mit der Staatsaufsicht geregelt sind.

Überträgt man diese allgemeinen Grundsätze z. B. auf die Rechtslage in Nordrhein-Westfalen, so ergibt sich, daß der Hochschulpräsident bei der Wahrnehmung von Kontrollfunktionen[18] nicht als Organ der staatlichen Rechtsaufsicht tätig wird, sondern unvermittelt Zuständigkeiten der Hochschule als juristischer Person wahrnimmt; seine Befugnisse sind nämlich nur vorläufiger, aufschiebender Natur, und die Hochschulaufsicht wird erst an anderer Stelle im Gesetz behandelt[19]. Der Hochschulpräsident wird also insoweit als Hochschulorgan tätig[20].

III. Hochschulorgane und extern rechtsfähige Funktionsträger des Hochschulbereiches

Hochschulorgan kann ein Funktionsträger des Hochschulbereiches nur sein, soweit er intern unvermittelt Kompetenzen und Befugnisse

[17] Vgl. z. B. § 49 I HschG-NW.

[18] § 29 V 1 - 4 HschG-NW (entsprechend § 31 II 3 - 6 HschG-NW für das Rektorat im Falle der Rektoratsverfassung) lautet: „Er wirkt darauf hin, daß die Organe und Einrichtungen der Hochschule ihre Aufgaben wahrnehmen und die Angehörigen der Hochschule ihre Pflichten erfüllen. Er hat Beschlüsse oder Maßnahmen der anderen Organe der Hochschule und der Fachbereiche, die das geltende Recht verletzen, zu beanstanden. Die Beanstandung hat aufschiebende Wirkung. Wird keine Abhilfe geschaffen, so hat er den zuständigen Minister zu unterrichten; in dringenden Fällen kann der Hochschulpräsident vorläufige Maßnahmen treffen."

[19] Nämlich in § 49 HschG-NW.

[20] Im Ergebnis ebenso (für die entsprechende Problematik im Gemeinderecht) *Bleutge*, S. 43/44 m. w. N. — a. A. VG Gelsenkirchen, Beschl. v. 30. 10. 1970 (4 L 295/70), unveröff., für die Befugnis zu vorläufigen Maßnahmen gem. § 29 V 4 HschG-NW; ähnlich *Deumeland*, Komm. zu § 29 und § 31 HschG-NW. — Vgl. zu dieser Problematik auch OVG Berlin in NJW 1972, 2099 ff. (2100).

wahrnimmt, deren Träger extern[21] die Hochschule als juristische Person ist[22]. Eine Funktion als Hochschulorgan kommt also m. a. W. insoweit nicht in Betracht, als ein Funktionsträger extern selbst Träger organisationsrechtlicher Wahrnehmungszuständigkeiten ist[23]. Die Abgrenzung zwischen externer Trägerschaft und interner Organstellung bereitet vornehmlich bei der Studentenschaft und bei den Fachbereichen (bzw. Fakultäten oder Abteilungen) Schwierigkeiten.

Sowohl die Studentenschaft[24] als auch die Fachbereiche nehmen hochschulbezogene Aufgaben wahr, die (anderen) Organen der Hochschule nicht zugewiesen sind. Es liegt deshalb nahe, diese Funktionsträger ebenfalls als Hochschulorgane zu qualifizieren. Eine Organstellung würde hingegen ausscheiden, wenn die Studentenschaft und die Fachbereiche aufgrund einer Verleihung der Rechtsfähigkeit juristische Personen des öffentlichen Rechts[25] wären oder wenn sich eine externe (Teil-)Rechtsfähigkeit aufgrund anderer Kriterien nachweisen ließe.

Soweit das Gesetz einem Funktionsträger die Rechtsfähigkeit ausdrücklich zuerkennt, ist damit zwar in erster Linie die privat-rechtliche Rechtsfähigkeit gemeint[26]; es besteht jedoch Einigkeit darüber, daß das Gesetz dabei zugleich die (externe) Trägerschaft in bezug auf öffentlich-rechtliche Rechte und Pflichten zum Ausdruck bringen will[27, 28]. Eine ausdrückliche Verleihung der Rechtsfähigkeit an die Studentenschaft und die Fachbereiche muß jedoch in eindeutigen Formulierungen zum Ausdruck kommen[29]. Eine Ausstattung mit Rechtsfähigkeit ist deshalb sicherlich dann anzunehmen, wenn das Gesetz

---

[21] d. h. im ersten und zweiten Verwaltungsrechtsunterkreis. — Vgl. II. Teil, IV. Abschnitt, A.

[22] Nach herrschender Auffassung besitzen die juristischen Personen des öffentlichen Rechts die Vollrechtsfähigkeit. — Vgl. dazu neuerdings *E. W. Böckenförde*, Organ, S. 304/305.

[23] Sei es, daß es sich um eine Vollrechtsfähigkeit, sei es, daß es sich um eine Teilrechtsfähigkeit handelt. Vgl. dazu II. Teil, IV. Abschnitt, A.

[24] Vgl. dazu den Aufgabenkatalog bei *Schmitt-Glaeser*, S. 6/7.

[25] „Juristische Person" ist der Oberbegriff für die rechtsfähigen Körperschaften, Anstalten und Stiftungen des öffentlichen Rechts. — Juristische Person ist also jede Organisation, der durch abstrakten oder konkreten Staatsakt Rechtsfähigkeit verliehen ist. Vgl. *Wolff*, VR I, § 32 III c 1 β (S. 196); *Fröhler*, Handwerkskammern, S. 6; *Lynker*, S. 40 ff .

[26] *Bachof*, Verbände, S. 267; vgl. auch neuerdings *E. W. Böckenförde*, Organ, S. 304/305.

[27] *Bachof*, Verbände, S. 267; *Wolff*, VR I, § 34 I b 2 (S. 230); *Huber*, S. 184 (speziell für die Körperschaften).

[28] Das bedeutet allerdings nicht, daß die privat-rechtliche Rechtsfähigkeit Bedingung jeder (externen) Rechtsfähigkeit ist. Vgl. *Bachof*, Verbände, S. 266/267; ferner *Böckenförde*, Organ, S. 304/305.

[29] Vgl. *Bachof*, Verbände, S. 252.

von „Rechtsfähigkeit“[30], „eigener Rechtspersönlichkeit“ oder „juristischer Person“ spricht[31]. Fraglich ist dagegen, ob mit den in den Hochschulgesetzen anzutreffenden Bezeichnungen „Glied“, „Gliedkörperschaft“ oder „Teilkörperschaft“[32] die Verleihung der Rechtsfähigkeit zum Ausdruck gebracht werden soll. Einen solchen Willen des Gesetzgebers wird man nur dann unterstellen können, wenn sich mit diesen Begriffen in der herrschenden organisationsrechtlichen Terminologie die Ausstattung einer Organisation mit externer Rechtsfähigkeit verbindet[33].

In der organisationsrechtlichen Literatur definiert *Wolff*[34] „Glied“ als eine rechtsfähige organisatorische Einheit, also „solche Personen, denen durch organisatorischen Rechtssatz die Zuständigkeit eingeräumt ist, Angelegenheiten einer anderen Juristischen Person in eigenem Namen, unter eigener Verantwortung und in *eigener* rechtstechnischer *Trägerschaft* wahrzunehmen ...“[35]. Mit dem Begriff „Glied“ scheint also eine externe Rechtsfähigkeit verknüpft zu sein. — Hiergegen spricht jedoch, daß Wolff an anderer Stelle gerade in bezug auf die Studentenschaft von einem nicht-rechtsfähigen Glied spricht[36]. „Nichtrechtsfähigkeit“ und „Glied“ i. S. der obigen Definition schließen sich jedoch aus. — Wenn demgegenüber *Schmitt-Glaeser*[37] meint, unter einem nicht-rechtsfähigen Glied könne man eine von ihrem Träger im Innen- *und* Außenverhältnis unterschiedene eigenständige organisatorische Verwaltungsganzheit ohne rechtstechnisch endgültige Zurechnung der wahrgenommenen Angelegenheiten verstehen, so ist darauf hinzuweisen, daß man von einer Eigenständigkeit im Außenverhältnis kaum sprechen kann, wenn ein Funktionsträger Zuständigkeiten lediglich transitorisch wahrnimmt. — Wegen dieser Widersprüchlichkeiten bleibt somit nur festzustellen, daß sich eine bestimmte Auffassung zur Bedeutung des Begriffes „Glied“ im Hinblick auf die

---

[30] So z. B. für die Studentenschaften § 47 HschG-Bad.-Württ. vom 19. 3. 1968 und § 55 II UniG-Hmbg. vom 25. 4. 1969.

[31] Vgl. *Bachof*, Verbände, S. 252.

[32] So z. B. für die Studentenschaft § 26 II HschG-Hess. vom 12. 5. 1970. Vgl. hierzu auch *Thieme*, Hochschulrecht, S. 334 ff.; ferner OVG Münster NJW 1968, 1901 ff. (1902 r. Sp. o.); *Waibel*, Rechtsprechung, S. 137 ff. m. w. N. — Zu den Fachbereichen vgl. *Thieme*, Hochschulrecht, S. 188; *Wolff*, VR II, § 93 III f 5 (S. 285); *Neuner*, S. 208 und S. 231.

[33] Man darf insoweit unterstellen, daß der Gesetzgeber eindeutige und gebräuchliche Formulierungen wählt, wenn er die Verleihung der Rechtsfähigkeit zum Ausdruck bringen will.

[34] Es handelt sich — soweit ersichtlich — um die einzige Definition des Begriffes „Glied“.

[35] *Wolff*, VR II, § 74 II a (S. 51); kritisch dazu *E. W. Böckenförde*, Organ, S. 280 f.

[36] *Wolff*, VR II, § 93 III f 7 (S. 285).

[37] *Schmitt-Glaeser*, S. 26.

Verleihung externer Rechtsfähigkeit noch nicht gebildet hat. Dementsprechend kann man auch nicht davon ausgehen, daß die Hochschulgesetze insoweit eine bestimmte Auffassung zum Ausdruck bringen wollen[38].

Dasselbe hat auch für solche Formulierungen zu gelten, die die Studentenschaft und die Fachbereiche als „Teil" der Hochschule bezeichnen. Der Begriff „Teil" ist organisationsrechtlich nämlich völlig ungebräuchlich.

So bleibt noch zu klären, ob die Verwendung des Begriffes „Körperschaft" in Gesetzen auf eine Verleihung der Rechtsfähigkeit hindeutet. Dies wird man angesichts des in der Literatur herrschenden Streites darüber, ob man unter „Körperschaft" jeden mitgliedschaftlich organisierten Verband oder nur einen solchen mit Rechtsfähigkeit zu verstehen hat, kaum annehmen können. Sofern der Landesgesetzgeber hier nicht eindeutig Stellung bezogen hat[39], kann man aus der Verwendung des Begriffes „Körperschaft" also nicht auf die Verleihung der Rechtsfähigkeit schließen[40].

Auch soweit die Studentenschaft und die Fachbereiche keine juristischen Personen sind, bleibt allerdings noch die Möglichkeit einer externen Teilrechtsfähigkeit[41].

Die Studentenschaften und die Fachbereiche sind bei der Durchführung der ihnen zugewiesenen Aufgaben weitgehend selbständig und unterliegen innerhalb der Hochschule in der Regel nur einer Rechtmäßigkeitskontrolle. Allerdings wird man aus dieser Selbständigkeit und der damit durchweg verbundenen Weisungsunabhängigkeit noch nicht auf eine externe Teilrechtsfähigkeit schließen können, da auch Hochschulorgane weisungsunabhängig sein können[42].

---

[38] Hinsichtlich der Problematik der externen Rechtsfähigkeit hat der Begriff „Glied" somit neutralen Charakter. So mit Recht *Hoffmann-Becking*, DVBl. 1972, 304.

[39] § 18 LOG-NW lautet z. B.: „Körperschaften des öffentlichen Rechts mit eigener Rechtspersönlichkeit (Körperschaften) können nur durch Gesetz oder auf Grund eines Gesetzes errichtet werden."

[40] Angesichts der eindeutigen Formulierung in § 18 LOG-NW („Körperschaften") dürfte die vorsichtige Formulierung in § 24 V HschG-NW „daß die Studenten ... körperschaftlich organisiert werden" kaum auf die Verleihung einer externen Rechtsfähigkeit hindeuten. § 24 V HschG-NW will nur besagen, daß ein Studentenverband mit eigener Organisation gebildet werden kann. — So auch *Besch*, Komm. zu § 24 V HschG-NW (S. 83).

[41] *Bartsch*, S. 212 ff., insb. S. 218, bezeichnet die Studentenschaft unabhängig von einer ausdrücklichen Verleihung der externen Rechtsfähigkeit als juristische Person, sofern überhaupt eine externe (Teil-)Rechtsfähigkeit nachweisbar ist.

[42] Vgl. *Rupp*, Grundfragen, S. 98; *Wolff*, VR II, § 75 I f 1 (S. 65); vgl. auch unten B. dieses Abschnitts.

Für die Frage, ob eine externe Rechtsträgerschaft vorliegt, ist vielmehr darauf abzustellen, ob die der Studentenschaft und den Fachbereichen zugewiesenen Aufgaben allein diesen Funktionsträgern oder auch der Hochschule als Gesamtorganisation zugeordnet sind[43]. Indiz für eine externe (Teil-)Rechtsfähigkeit ist insoweit auch die Einräumung der Satzungs-, Beitrags- und Etathoheit[44].

Sind die Studentenschaft und die Fachbereiche nach den vorstehenden Überlegungen juristische Personen oder extern teilrechtsfähig, so kommt insoweit eine Funktion als Hochschulorgan nicht in Betracht. Fehlt es hingegen an einer externen Rechtsfähigkeit, so haben die Studentenschaft und die Fachbereiche, da ihnen i. d. R. ihre Zuständigkeiten unvermittelt zugewiesen sind, die Stellung von Hochschulorganen[45].

Überträgt man diese allgemeinen Überlegungen speziell auf die Rechtslage in Nordrhein-Westfalen, so ergibt sich folgendes: Die Studenten können nach § 24 V HschG-NW (nur) zum Zwecke der Mitwirkung an der Selbstverwaltung der Hochschule körperschaftlich[46] organisiert werden. Die Studentenschaft nimmt also eine Aufgabe der Selbstorganisation wahr, die als Existenzaufgabe[47] eine Angelegenheit der gesamten Hochschule darstellt. Außerdem besitzt die Studentenschaft weder eine Beitrags- noch eine Finanzhoheit[48]. Die Studentenschaft ist deshalb nicht extern rechtsfähig, sondern ein Organ der Hochschule. — Die Fachbereiche nehmen ihre Aufgaben „unbeschadet der Gesamtverantwortung der Hochschule" wahr[49]. Daraus folgt, daß die Zuständigkeiten der Fachbereiche nicht ihnen allein, sondern (auch) der Hochschule insgesamt zugeordnet sind. Auch kann von einer eigenen Finanzhoheit der Fachbereiche keine Rede sein, weil nach § 46 II Nr. 3 HschG-NW Mittelzuweisungen an die Fachbereiche von vornherein mit Auflagen oder Bindungen vorgenommen werden können. Die Fachbereiche sind deshalb ebenfalls Hochschulorgane[50].

---

43 Vgl. *Neuner*, S. 205 m. w. N.

44 Vgl. *Hoffmann-Becking*, DVBl. 1972, 303/304; *Bartsch*, S. 212 ff. (217/218).

45 Zur Organstellung der Studentenschaft vergleiche auch *Schmitt-Glaeser*, S. 26 ff.

46 Zu diesem Gesichtspunkt s. o. Fußn. 40.

47 s. o. II. Teil, II. Abschnitt.

48 Vgl. *Besch*, Komm. c) zu § 24 V HschG-NW.

49 Vgl. § 34 II 1 HschG-NW.

50 Ebenso wohl auch *Hoffmann-Becking*, DVBl. 1972, 304; *Deumeland*, Komm. zu § 34 HschG-NW. — a. A. *Besch*, Komm. zu § 34 I HschG-NW und Vorbem. zu § 28 HschG-NW, der darauf hinweist, daß das Gesetz die Fachbereiche nicht als Hochschulorgane bezeichne. Entgegen Besch kommt es jedoch nicht auf die Bezeichnung, sondern allein auf die wahre organisationsrechtliche Stellung an. — Die Fachbereichsorgane sind also in Wahrheit (nur) Unterorgane der Hochschule.

B. Die Weisungsunabhängigkeit der Hochschulorgane

Die innerorganisatorischen Funktionsträger unterliegen, wenn und soweit sie eine Organstellung innehaben, — jedenfalls nach dem HschG-NW — weder einem beschränkten[51] noch einem unbeschränkten fachlichen Weisungsrecht anderer intrapersonaler Funktionsträger[52].

Es ist allerdings zu prüfen, ob die Hochschulsatzungen, die die Hochschulen nach § 1 V HschG-NW zur Erfüllung ihrer Aufgaben im Rahmen des HschG-NW erlassen können, solche Weisungsbefugnisse begründen dürften. — Der Gesetzgeber bezweckte mit dem Erlaß des HschG-NW u. a., die Aufgabenverteilung innerhalb der Hochschule, d. h. innerhalb der Organe und im Verhältnis der Organe zueinander, für die Hochschulen verbindlich und einheitlich festzulegen. Diese Funktionenverteilung würde unterlaufen, wenn die Organe einem beschränkten oder unbeschränkten fachlichen Weisungsrecht anderer Organe unterworfen würden. Die Verantwortlichkeit der Organe würde durch solche Weisungsrechte wesentlich verändert werden. Aus diesem Grunde widerspräche ein durch die Hochschulsatzungen begründetes unbeschränktes oder beschränktes fachliches Weisungsrecht intrapersonaler Funktionsträger gegenüber den Hochschulorganen dem HschG-NW. Die Hochschulsatzungen dürfen deshalb solche Weisungsrechte nicht vorsehen. Demgegenüber können die Hochschulsatzungen ohne weiteres interne Kontrollbefugnisse hinsichtlich der Rechtmäßigkeit der Zuständigkeitswahrnehmung oder auch Genehmigungs- oder Bestätigungsvorbehalte sowie Ausnahmebewilligungen aufgrund enumerativ aufgezählter gesetzlicher Tatbestände begründen[53], denn dadurch wird die durch das HschG-NW vorgesehene Funktionenverteilung nicht berührt[54].

Da nach der in Nordrhein-Westfalen bestehenden Rechtslage also keine beschränkten oder unbeschränkten fachlichen Weisungsrechte intrapersonaler Funktionsträger gegenüber Hochschulorganen möglich sind, sind die intrapersonalen Funktionsträger als Organe Träger sub-

---

[51] Entsprechend die Sonderaufsicht bei den juristischen Personen.

[52] Die Hochschulen in NW nehmen nur noch Selbstverwaltungsaufgaben wahr. Weisungsbefugnisse in den früheren staatlichen Angelegenheiten scheiden aus. — a. A. *Besch*, Vorbem. zu den §§ 48, 49, jedoch ohne überzeugende Begründung. Anders noch die 1. Aufl. — Vgl. auch unten IV. Teil, III. Abschnitt, D. mit Fußn. 73.

[53] Die Bedeutung solcher Vorbehalte und Ausnahmebewilligungen ist im Hochschulbereich erheblich. Vgl. z. B. die Art. 24 IV, 28 VI, 40 I und 40 IX der VerfRUB v. 25. 6. 69.

[54] Das HschG-NW selbst hat im übrigen in § 29 V bzw. § 31 II schon solche Kontrollrechte verankert. — Vgl. auch oben II. Teil, XII. Abschnitt, A. II., Fußn. 18.

jektiver Rechte, die auf die Wahrnehmung ihrer organschaftlichen Kompetenzen und Befugnisse gerichtet sind.

C. Positive relative subjektive öffentliche Rechte der Organe

I. Die Rechtslage nach dem HschG-NW[55]

Das HschG-NW hat die Aufgaben und Funktionen der Organe sehr zurückhaltend beschrieben[56]. Es ist deshalb nicht verwunderlich, daß die Vorschriften des HschG-NW nur wenige positive relative subjektive Rechte begründen.

Wie oben erörtert[57], sind positive relative subjektive öffentliche Rechte anzunehmen, wenn den Organen Befugnisse zu positivem Tun („Dürfen") ausdrücklich gegenüber bestimmten anderen Funktionsträgern zugestanden werden, oder umgekehrt, wenn andere Funktionsträger zu einem bestimmten positiven Tun („Sollen") gegenüber einem Organ verpflichtet sind[58].

Möglicherweise enthält § 29 V HschG-NW, der die Aufgaben des Hochschulpräsidenten festlegt (entsprechend § 31 II HschG-NW für das Rektorat), solche positiven relativen subjektiven Rechte[59]. — Die in Satz 1 niedergelegte Befugnis, auf die Aufgabenwahrnehmung hinzuwirken, würde dem Hochschulpräsidenten[60] nur dann ein subjektives Erfüllungsrecht (Recht auf Wahrnehmung der Aufgaben durch die anderen Organe) gewähren, wenn die Verpflichtung der Organe gerade gegenüber dem Hochschulpräsidenten bestände. Insofern enthält § 29 V 1 HschG-NW jedoch keine Anhaltspunkte. Gegen ein subjektives Recht „auf Wahrnehmung" dürfte auch die zurückhaltende Formulierung „wirkt darauf hin" sprechen, die der Erkenntnis Rechnung trägt, „daß ein Mehr eine Überforderung des Hochschulpräsidenten wäre"[61]. Ein positives relatives subjektives Recht des Hochschulpräsidenten kommt deshalb insoweit nicht in Betracht.

Auch die in § 29 V 2 u. 3 HschG-NW begründete Befugnis zur Beanstandung mit aufschiebender Wirkung enthält kein positives relatives

---

55 Die im folgenden erwähnten Zuständigkeiten sind den Funktionsträgern unvermittelt von der Hochschule zugewiesen und begründen somit eine Organstellung.

56 Vgl. *Gieseke*, in *Besch*, Komm. zum HschG-NW, S. 30; ferner z. B. *Besch*, Komm. zu § 33 II HschG-NW.

57 s. o. II. Teil, IX. Abschnitt.

58 s. o. II. Teil, IX. Abschnitt.

59 § 29 V 1 - 4 HschG-NW ist wiedergegeben im II. Teil, XII. Abschnitt, A., II., Fußn. 18. § 29 V 5 HschG-NW findet sich im II. Teil, X. Abschnitt, A.

60 Die folgenden Ausführungen gelten für die Aufgaben des Rektorats entsprechend.

61 *Besch*, Komm. zu § 29 V HschG-NW.

subjektives Recht. Es fehlt nämlich an korrespondierenden Verpflichtungen der Organe der Hochschule und der Fachbereiche zu positivem Tun[62]. Die rechtliche Bedeutung der Beanstandung liegt allein in der aufschiebenden Wirkung; diese aber wird unmittelbar durch die Beanstandung selbst ausgelöst. Bestimmte Verpflichtungen der anderen Funktionsträger sind mit der Beanstandung nicht verbunden.

Durchaus zweifelhaft ist die Rechtslage dagegen hinsichtlich der in § 29 V 4, 2. Hs. HschG-NW vorgesehenen Befugnis des Hochschulpräsidenten zu vorläufigen Maßnahmen. § 29 V 4, 2. Hs. HschG-NW enthält praktisch eine subsidiäre Notkompetenz des Hochschulpräsidenten. Macht der Hochschulpräsident von seiner Befugnis zu vorläufigen Maßnahmen Gebrauch, so sind die anderen nach dem HschG-NW an sich zuständigen Funktionsträger (vorübergehend) insoweit an der Wahrnehmung ihrer Kompetenzen und Befugnisse gehindert. Sie sind m. a. W. verpflichtet, die Wahrnehmung der Notkompetenz des Hochschulpräsidenten zu beachten und nicht zu stören. Diese Verpflichtung aber ist keine solche zu einem bestimmten positiven Tun, wie sie für ein positives relatives subjektives Recht notwendig ist, sondern eine Verpflichtung, die auf die Nichtverwirklichung eines Tatbestandes zielt. Eine weitergehende Befugnis des Hochschulpräsidenten, etwa zur Erteilung von Weisungen, die die Organe zu befolgen hätten, kann auch bei extensiver Interpretation des § 29 V 4, 2. Hs. HschG-NW nicht angenommen werden. Mit der Befugnis zu vorläufigen Maßnahmen ist somit ein positives relatives subjektives Recht des Hochschulpräsidenten nicht verbunden.

§ 29 V 5 HschG-NW verpflichtet verschiedene Funktionsträger, dem Hochschulpräsidenten Auskunft zu erteilen. Es besteht insoweit eine Wechselbeziehung zwischen der Befugnis des Hochschulpräsidenten, Auskunft verlangen zu können, und der positiven Verpflichtung der in § 29 V 5 genannten Funktionsträger. Insofern statuiert § 29 V 5 HschG-NW ein positives relatives subjektives Recht des Hochschulpräsidenten auf Auskunftserteilung gegenüber den Organen der Hochschule und der Fachbereiche sowie den Leitern der zentralen Einrichtungen.

Problematisch ist, ob durch § 46 II Nr. 1 HschG-NW oder § 46 II Nr. 3 HschG-NW subjektive Erfüllungsrechte der Fachbereiche begründet werden. § 46 II Nr. 1 - 3 HschG-NW, der die Bewirtschaftung des Hochschulhaushalts betrifft, lautet:

„(2) Dabei[63] sind unbeschadet der allgemein geltenden haushaltsrechtlichen Vorschriften die folgenden Grundsätze zu beachten:

[62] Die Verpflichtung, der Beanstandung nicht zuwider zu handeln, ist keine Verpflichtung zu *positivem* Tun.

[63] d. h. bei der Ausführung des Haushaltsplanes auf der Grundlage der Ausstattungspläne. Vgl. § 46 I HschG-NW.

1. Soweit Stellen und Mittel innerhalb der Hochschule verteilt werden, sind sie den Fachbereichen oder den zentralen Einrichtungen zuzuweisen.
2. Bei der Verteilung ist für Fälle eines während eines Rechnungsjahres eintretenden dringenden, nicht vorhersehbaren Bedarfs eine ausreichende zentrale Reserve an Stellen und Mitteln zu bilden.
3. Die Zuweisungen an die Fachbereiche sind, erforderlichenfalls mit entsprechenden Auflagen oder Bindungen, so vorzunehmen, daß der Bedarf bestehender Betriebseinheiten sowie der Grundbedarf für den Aufgabenbereich der einzelnen Hochschullehrer in dem erforderlichen Umfang zur Verfügung stehen und die Finanzierung von wissenschaftlichen Vorhaben, die sich über längere Zeit erstrecken, nach Maßgabe der Möglichkeiten der Hochschule sichergestellt wird. Darüber hinaus können Zuweisungen für einen innerhalb eines Fachbereichs auszugleichenden weiteren Bedarf vorgenommen werden."

Gem. § 39 II HschG-NW ist der Kanzler Sachbearbeiter des Haushalts, wobei er allerdings unter der Verantwortung des Hochschulpräsidenten (bzw. des Rektors) tätig wird. § 46 II HschG-NW enthält also letztlich eine Verpflichtung des Hochschulpräsidenten (bzw. Rektors), diejenigen Stellen und Mittel, die nicht zentral bewirtschaftet werden[64], den Fachbereichen (oder den zentralen Einrichtungen) zuzuweisen. Diese Verpflichtung zu positivem Tun stellt eine rechtlich bezweckte Begünstigung der Fachbereiche dar, so daß diesen insoweit ein positives relatives subjektives öffentliches Recht zusteht. Dabei ist allerdings zu beachten, daß die Verpflichtung und dementsprechend das subjektive Recht nur nach Maßgabe des Haushaltsplanes und der allgemein geltenden haushaltsrechtlichen Vorschriften bestehen. Praktisch bedeutet das, daß die Fachbereiche ein subjektives Recht auf Zuweisung der für sie im Haushaltsplan vorgesehenen Stellen und Mittel besitzen, sofern diese tatsächlich vorhanden und verfügbar sind[65]. — § 46 II Nr. 3 HschG-NW verpflichtet den Hochschulpräsidenten ferner, die Zuweisungen an die Fachbereiche in bestimmter Weise aufzugliedern. Diese Aufgliederung soll dazu beitragen, daß die Fachbereiche durch die Verteilung von Stellung und Mitteln nicht unnötig belastet werden[66]. Sofern nicht sichergestellt ist, daß die Stellen und Mittel von den Fachbereichen freiwillig entsprechend der Aufgliederung verteilt werden, sind Auflagen und Bindungen möglich. Da die Verpflichtung des Hochschulpräsidenten zur Aufgliederung der Stellen und Mittel eine Begünstigung der Fachbereiche bezweckt, steht diesen ein positives relatives subjektives Recht auf Aufgliederung der Zuweisungen zu.

---

[64] Vgl. § 46 II Nr. 2 HschG-NW und hierzu *Besch*, Komm. a) zu § 46 II Nr. 2 HschG-NW.

[65] Eine Nichtverfügbarkeit könnte sich z. B. aufgrund einer haushaltswirtschaftlichen Sperre ergeben. Vgl. § 41 LHO-NW i. V. m. § 105 I Nr. 2 LHO-NW.

[66] *Besch*, Komm. c) zu § 46 II HschG-NW.

Ob § 46 II Nr. 3 HschG-NW darüber hinaus noch subjektive Rechte der Betriebseinheiten und der Ämter der Hochschullehrer begründet, wird später zu erörtern sein[67].

II. Weitere typische positive relative subjektive öffentliche Rechte der Hochschulorgane

Gem. § 26 I HschG-NW sind Mitglieder von Organen in der Ausübung ihres Stimmrechts an Weisungen und Aufträge des sie entsendenden Organs nicht gebunden[68]. Aus der Tatsache, daß diese Vorschrift die Weisungsungebundenheit ausdrücklich auf die Ausübung des Stimmrechts beschränkt, folgt, daß die Hochschul*satzungen* relative positive subjektive Rechte der entsendenden Organe[69] insoweit konstituieren können, als es nicht um die Ausübung des Stimmrechtes geht[70]. So kann das entsendende Organ aufgrund der Hochschulsatzung z. B. ein relatives positives subjektives Recht auf Abgabe von Erklärungen oder auf Wiedergabe bestimmter Auffassungen besitzen[71].

Problematisch ist allerdings, wer Adressat der mit den relativen positiven subjektiven Rechten korrespondierenden Verpflichtungen ist. Der Wortlaut des § 26 I HschG-NW ist insoweit wenig aufschlußreich, da sich die Unterscheidung zwischen Amt und Amtswalter in der Gesetzessprache weitgehend noch nicht durchgesetzt hat. Die Frage, ob als Verpflichtungssubjekt unmittelbar das Amt oder der Amtswalter in Betracht kommt[72], kann deshalb nur anhand der oben entwickelten Kriterien beurteilt werden[73]. Entscheidend ist, ob die Verpflichtung z. B. zur Abgabe von Erklärungen oder zur Wiedergabe der Auffassung des entsendenden Organs höchstpersönlicher Natur ist. In diesem Falle ist der Amtswalter der unmittelbare Adressat. — Der Sinn und Zweck der besprochenen relativen subjektiven öffentlichen Rechte besteht darin, dem entsendenden Organ über das entsandte Mitglied Einfluß

---

[67] Vgl. dazu unten II. Teil, XIII. Abschnitt, C., I.

[68] § 26 I HschG-NW gilt also nicht nur für Hochschulorgane i. S. des Hochschulgesetzes, sondern nach Sinn und Zweck der Vorschrift für alle kollegial organisierten Funktionsträger des Hochschulbereiches.

[69] Um einen Fall der Entsendung handelt es sich z. B., wenn dem Senat Mitglieder angehören müssen, die von den Fachbereichsversammlungen zu wählen sind. Das gleiche gilt, wenn mit der Ausübung eines Amtes die Ausübung eines anderen Amtes „automatisch" verbunden ist; Art. 23 I VerfRUB: „Mitglieder des Senats sind die Dekane der Abteilungen und die Mitglieder des Rektorats."

[70] Das sog. imperative Mandat wird durch § 26 I HschG-NW nicht ganz untersagt, sondern nur eingeschränkt. So *Besch*, Komm. zu § 26 I HschG-NW; a. A. *Deumeland*, Komm. zu § 26 I HschG-NW.

[71] *Besch*, Komm. zu § 26 I HschG-NW.

[72] Vgl. dazu II. Teil, III. Abschnitt, C.

[73] s. o. II. Teil, III. Abschnitt, C.

auf die Willensbildung in dem anderen Organ zu verschaffen. Das entsandte Mitglied ist sozusagen das „Sprachrohr“ des entsendenden Organs und „vollzieht“ dessen Beschlüsse. Insofern kommt es also nicht auf die Individualität des jeweiligen Amts- und Organwalters, sondern nur auf das Ergebnis, nämlich die Kundgabe der Auffassung des entsendenden Organs, an[74]. Die Modalität der Wahrnehmung der Verpflichtung ist demgegenüber nicht von Bedeutung. Die Verpflichtung ist deshalb vertretbar und damit nicht höchstpersönlicher Natur. Aus diesem Grunde ist nicht unmittelbar der Amtswalter, sondern unmittelbar das Amt (und der Amtswalter erst mittelbar) Adressat der Verpflichtung. Das relative positive subjektive öffentliche Recht des entsendenden Organs richtet sich also gegen das kollegiale Amt des entsandten Organ-(Amts-)walters.

Bestimmungen, die ähnlich wie § 29 V 5 HschG-NW eine Pflicht zur Rechenschaftslegung und Berichterstattung normieren, finden sich auch in den Hochschulsatzungen. Art. 17 II VerfRUB[75] lautet z. B.:

„Das Rektorat ist dem Universitätsparlament über seine Amtsführung berichts- und rechenschaftspflichtig.“

Ähnliche Regelungen finden sich auch in Art. 24 V und Art. 29 IV VerfRUB. Da in diesen Vorschriften ein Funktionsträger zu einem bestimmten positiven Verhalten gegenüber einem Hochschulorgan verpflichtet wird, steht diesem ein korrespondierendes positives relatives subjektives Recht zu.

Problematisch ist, ob ein solches positives relatives subjektives Recht auch vorliegt, wenn einem Organ ein Antragsrecht bei den Sitzungen eines anderen Funktionsträgers eingeräumt ist. So heißt es z. B. in Art. 24 II VerfRUB:

„Der Senat hat ein Antragsrecht im Universitätsparlament.“

Ein subjektives Recht würde zunächst eine korrespondierende Verpflichtung zu positivem Tun eines anderen Funktionsträgers voraussetzen.

Es ist zu berücksichtigen, daß die Beratung und Beschlußfassung bei Kollegialorganen nach einem genau festgelegten Verfahren durchgeführt wird: Anträge müssen in die Tagesordnung aufgenommen werden, Anträge während der Sitzung sind grundsätzlich erst nach Erteilung des Wortes zulässig usw. Die Antragsbefugnis des Senats wird also nur infolge eines positiven Tuns — Aufnahme in die Tagesordnung,

---

[74] Vgl. hierzu und zum folgenden oben II. Teil, III. Abschnitt, C.

[75] Da die Verfassung der Ruhr-Universität Bochum noch vor dem Inkrafttreten des HschG-NW wirksam wurde, divergieren die Bezeichnungen für die Organe teilweise. An den Sachproblemen ändert sich hierdurch jedoch nichts.

Erteilung des Wortes usw. — wirksam. Insofern korrespondieren mit der Antragsbefugnis also durchaus Verpflichtungen zu positivem Tun, so daß nach Art. 24 II VerfRUB dem Senat ein relatives positives subjektives Recht zusteht. Fraglich ist nur, welcher Funktionsträger als Subjekt der mit diesem Recht korrespondierenden Verpflichtungen in Betracht kommt. Es ist nämlich zu bedenken, daß die Kollegialorgane die Befugnisse, die sich auf die Vorbereitung und Durchführung von Sitzungen beziehen, i. d. R. einem Vorsitzenden oder Vorstand übertragen haben. Das subjektive Recht könnte also entweder gegen das Kollegialorgan selbst oder gegen den Vorstand bzw. Vorsitzenden gerichtet sein. Während das HschG-NW in § 29 V 5 hinsichtlich des Auskunftsrechts des Hochschulpräsidenten die verpflichteten Funktionsträger aufzählt, fehlt eine ähnlich eindeutige Regelung in Art. 24 II VerfRUB. Die Frage, welcher Funktionsträger hier Verpflichtungssubjekt ist, kann deshalb nur im Wege der Auslegung nach Sinn und Zweck der Vorschrift beantwortet werden. Der Vorsitzende bzw. Vorstand erhält seine Befugnisse i. d. R. aufgrund der Geschäftsordnung, die das Kollegialorgan sich zum Zwecke der Selbstorganisation gegeben hat. Insofern leitet der Vorsitzende bzw. Vorstand seine Zuständigkeiten von denen des Kollegialorgans ab. Daraus folgt notwendig, daß die Verpflichtung gegenüber dem Senat auch dem Funktionsträger „Universitätsparlament" obliegt.

Zu klären ist allerdings noch, ob das subjektive Recht des Senats nur gegenüber dem Universitätsparlament oder auch gegenüber dem Vorstand bzw. Vorsitzenden besteht. Es ist wiederum davon auszugehen, daß die Kollegialorgane des Hochschulinnenbereiches durchweg befugt sind, ihr internes Verfahren in einer „Geschäftsordnung"[76] selbst zu bestimmen (sog. innere Organisationsgewalt[77]). So lautet z. B. Art. 21 VIII VerfRUB:

> „Das Nähere regelt eine Geschäftsordnung des Universitätsparlaments, die sich das Universitätsparlament gibt[78]."

Wenn aber die Selbstorganisation nach der Hochschulsatzung dem Organ selbst vorbehalten ist, die Hochschulsatzung m. a. W. keine Regelung über die innere Organisation des Organs enthält, können durch diese Satzung auch keine subjektiven Rechte eines Organs (Senat) gegenüber dem Vorsitzenden bzw. Vorstand eines anderen Organs begründet werden. Die Vorschriften der Hochschulsatzung entfalten ihre rechtlichen Wirkungen nämlich unabhängig davon, welcher Funktionsträger organintern zuständig ist. Nach Sinn und

---

[76] Zum Charakter der Geschäftsordnung vgl. *Ossenbühl*, S. 279 ff.

[77] Vgl. *Wolff*, VR II, § 78 III b 1 (S. 130).

[78] Es kann auch die Bestätigung der Geschäftsordnung durch ein anderes Organ vorgeschrieben sein. Vgl. Art. 28 VI VerfRUB, wiedergegeben im II. Teil, XII. Abschnitt, A., I., Fußn. 13.

Zweck des Art. 24 II VerfRUB bestehen deshalb relative positive subjektive Rechte des Senats nur gegenüber dem Funktionsträger Universitätsparlament[79].

Dieselben Erwägungen kommen übrigens auch bei Art. 28 III 2 VerfRUB zum Zuge[80]:

> „Das Rektorat ist zu den Sitzungen (sc. der Organe) unter Angabe der Tagesordnung einzuladen."

Positive relative subjektive Rechte des Rektorats bestehen nach Sinn und Zweck der Vorschrift also nur gegenüber den Organen, nicht aber gegenüber den Organteilen.

Positive relative subjektive Rechte begründen ferner solche Vorschriften, die die Weiterleitung oder Zuleitung von Beschlüssen betreffen, z. B. Art. 21 V 1 VerfRUB:

> „Wird die Zustimmung des Universitätsparlaments in Beschlußangelegenheiten, die der Genehmigung durch den Kultusminister unterliegen, auch nach zweimaliger Beratung und Beschlußfassung verweigert, so kann die betroffene Abteilung die Weiterleitung an den Kultusminister ohne Zustimmung des Universitätsparlaments verlangen."

Ebenso auch Art. 24 III 1 VerfRUB:

> „Die Beschlüsse des Universitätsparlaments sind dem Senat zuzuleiten."

Hier werden nämlich Funktionsträger zu einem bestimmten positiven Tun (Zuleitung, Weiterleitung) gegenüber einem bestimmten Organ verpflichtet, so daß dieses insoweit auch korrespondierende subjektive Rechte besitzt.

Während die bisher besprochenen Vorschriften ihrem Wortlaut nach eindeutig eine Wechselbeziehung zwischen den Befugnissen des Organs und korrespondierenden Verpflichtungen anderer Funktionsträger herstellen, ist dies bei Regelungen, die vorsehen, daß der Beschluß eines Organs der Zustimmung oder Bestätigung usw. eines anderen Funktionsträgers bedarf, oder die einen Funktionsträger zur Ausführung und zum Vollzug der Beschlüsse eines Organs verpflichten, durchaus zweifelhaft. Art. 28 VI VerfRUB bestimmt z. B.:

> „Das Rektorat gibt sich eine Geschäftsordnung, die der Bestätigung durch den Senat bedarf."

Art. 24 IV VerfRUB lautet:

> „Beschlüsse des Universitätsparlaments, die nur mit Genehmigung des Kultusministers wirksam werden, bedürfen der Zustimmung des Senats."

---

[79] Anders wäre es, wenn die Hochschulsatzung selbst für jedes Organ einen Vorsitzenden vorschreiben und diesem die organisatorischen Befugnisse zuweisen würde. Dann könnte die Hochschulsatzung auch positive relative subjektive Rechte gegenüber dem Vorsitzenden enthalten.

[80] Art. 28 VerfRUB regelt nach seiner Überschrift die Aufgaben und Zuständigkeiten des Rektorats.

Art. 28 II 1 VerfRUB:

„Das Rektorat bereitet die Beschlüsse des Senats und des Universitätsparlaments vor und führt sie aus."

Dem Wortlaut dieser Normen ist zur Frage einer Wechselbeziehung nichts zu entnehmen. Andererseits ist die Annahme eines Korrespondenzverhältnisses nicht sehr abwegig, weil die genannten Vorschriften das Verhältnis mehrerer Funktionsträger zueinander, also ihr Zusammenwirken, regeln. Ob eine solche Wechselbeziehung und damit positive relative subjektive Rechte vorliegen, kann deshalb nur im Wege der Auslegung dieser Regelungen beurteilt werden.

Die Hochschulsatzungen enthalten durchweg keine Bestimmungen darüber, unter welchen Voraussetzungen eine Zustimmung (Bestätigung) zu erteilen oder zu versagen ist. Im Hinblick darauf, daß die interne Rechtmäßigkeitskontrolle von Beschlüssen und Maßnahmen i. d. R. bei einem Organ monopolisiert ist[81], kann es bei Zustimmungs- und Bestätigungsvorbehalten zugunsten anderer Funktionsträger nicht (nur) um eine Rechtmäßigkeitskontrolle gehen; es können also auch Gesichtspunkte der Zweckmäßigkeit bei der Erteilung oder Versagung der Zustimmung bzw. Bestätigung berücksichtigt werden[82]. Dabei lassen sich — wenn man von der organschaftlichen Treuepflicht einmal absieht[83] — genaue Kriterien für die Ablehnung und Erteilung der Bestätigung bzw. Zustimmung nicht finden. Die angeführten Vorschriften begründen deshalb keine Verpflichtung zur Bestätigung oder Zustimmung, sondern nur die Verpflichtung, die Frage der Bestätigung bzw. Zustimmung nach pflichtgemäßem, an den Belangen der Hochschule ausgerichtetem Beurteilungsermessen[84] zu prüfen und dann entweder zuzustimmen oder abzulehnen. Die Verpflichtung zur Prüfung und Entscheidung ergibt sich dabei aus dem Prinzip der Gesetzmäßigkeit der Verwaltung, welches die Funktionsträger zur Wahrnehmung ihrer Zuständigkeiten verpflichtet. *Diese* Verpflichtung zu positivem Tun ist jedoch allen Wahrnehmungszuständigkeiten immanent und kann ein *relatives positives* subjektives Recht nicht begründen. Ein über diese Verpflichtung hinausgehendes bestimmtes positives Tun gegenüber einem Organ wird jedoch nicht vorgeschrieben. Es fehlt deshalb an der für die Annahme eines positiven relativen subjektiven öffentlichen Rechts notwendigen Wechselbeziehung.

---

81 Vgl. § 29 V HschG-NW, wiedergegeben im II. Teil, X. Abschnitt, A. und XII. Abschnitt, A., II., Fußn. 18.

82 Zur entsprechenden Problematik bei den Rundfunkorganen vgl. *Stern / Bethge*, S. 46 ff.

83 Vgl. hierzu II. Teil, II. Abschnitt; ferner auch *Stern / Bethge*, S. 50 ff.

84 Vgl. *Stern / Bethge*, S. 51.

Etwas anderes gilt jedoch hinsichtlich der in Art. 28 II 1 VerfRUB enthaltenen Verpflichtung des Rektorats zur Ausführung der Beschlüsse des Senats und des Universitätsparlaments. Da dem Rektorat nämlich in Art. 28 II 2 VerfRUB die Verpflichtung zur Beanstandung von Beschlüssen, die es für rechtswidrig hält[85], aufgegeben ist, ist das Rektorat verpflichtet, einen Beschluß, den es nicht beanstandet, auch auszuführen. Die Verpflichtung zur Ausführung steht also lediglich unter dem Vorbehalt der Beanstandung. Im Gegensatz zur Zustimmung und Bestätigung wird das Organ durch die Verpflichtung zur Ausführung von Beschlüssen zu einem ganz bestimmten positiven Tun gezwungen[86]. Da erst durch dieses positive Tun die Beschlüsse nach außen wirksam werden, werden Senat und Universitätsparlament insofern tatsächlich begünstigt. Diese Begünstigung ist auch bezweckt. Damit liegen die für die Anerkennung eines relativen positiven subjektiven Rechts notwendigen Voraussetzungen vor[87]. Dem Senat und dem Universitätsparlament stehen somit subjektive Rechte auf Ausführung ihrer Beschlüsse zu[88], es sei denn, es liege eine rechtmäßige Beanstandung vor. — Um einen Streit um das subjektive Recht auf Vollzug der Beschlüsse handelt es sich z. B., wenn das Vollzugsorgan bei der gerichtlichen oder außergerichtlichen Vertretung von den Beschlüssen des hochschulintern zuständigen Organs abweicht und dieses hiergegen vorgehen will.

Die vorstehenden Überlegungen haben insgesamt deutlich gemacht, daß es ein *allgemeines* relatives *positives* subjektives öffentliches Recht der Organe darauf, daß andere Funktionsträger die ihnen zugewiesenen Zuständigkeiten tatsächlich wahrnehmen, nicht gibt. Ein subjektives Recht, welches sich gegen das Unterlassen der Zuständigkeitswahrnehmung richtet, ist nur dort anzuerkennen, wo dem unterlassenden Funktionsträger ein bestimmtes Verhalten gegenüber einem anderen Organ vorgeschrieben wird.

D. Negative absolute subjektive öffentliche Rechte der Organe

Für die negativen absoluten subjektiven öffentlichen Rechte kommt es, wie bereits ausgeführt wurde[89], darauf an, daß dem Organ eine Rechtsstellung des negativen Status zusteht. Dafür ist erforderlich, daß ein Rechtssatz den Schutz der Individualinteressen eines tatsächlich begünstigten Organs bezweckt[90]. — Alle einem Organ zugewiesenen

85 Vgl. hierzu unten II. Teil, XII. Abschnitt, D.
86 Allerdings vorbehaltlich einer Beanstandung.
87 Vgl. oben II. Teil, V. Abschnitt und IX. Abschnitt.
88 Ebenso (für den Kommunalbereich) *Bleutge*, S. 198.
89 Vgl. II. Teil, IX. Abschnitt.
90 s. o. II. Teil, IX. Abschnitt, B.

Wahrnehmungszuständigkeiten bezwecken den Schutz der Individualinteressen des zuständigen Organs und geben seinen negativen Status ab[91]. Dabei kann es sich um Wahrnehmungszuständigkeiten aufgrund des HschG-NW oder um solche aufgrund der Hochschulsatzung handeln.

Die Organe besitzen somit[92] bei Beeinträchtigungen ihres Status einen Anspruch auf Beseitigung der Beeinträchtigung und unter bestimmten Voraussetzungen[93] auch einen Anspruch auf Unterlassung künftiger Beeinträchtigungen. Diese Ansprüche bestehen jedoch nur gegenüber Beeinträchtigungen durch (andere) Funktionsträger des organschaftlichen Rechtskreises[94].

Ein allgemeines negatives absolutes subjektives Recht[95] eines jeden Organs im Verhältnis zu allen übrigen Organen darauf, daß diese nur von den ihnen zugewiesenen Wahrnehmungszuständigkeiten Gebrauch machen, gibt es jedoch nicht. Es ist vielmehr erforderlich, daß das (klagende) Organ durch die Zuständigkeitsüberschreitung eines anderen Organs in seinem Status beeinträchtigt wird[96]. Dies ist insbesondere im Hinblick auf die Streitigkeiten um das sog. politische Mandat der Studentenschaften zu beachten, bei denen die Gerichte gern zu einer allzu großzügigen Betrachtungsweise neigen, wenn es um die Frage der im Streite befindlichen subjektiven Rechte geht.

Häufigster Fall einer Auseinandersetzung zwischen zwei Organen um ein negatives subjektives Recht ist der Streit um eine Beanstandung oder um die Durchführung vorläufiger Maßnahmen (vgl. § 29 V 2 - 4 HschG-NW[97]). Die aufschiebende Wirkung der Beanstandung bewirkt, daß der Vollzug, wenn nicht gar die Wirksamkeit[98] der beanstandeten Maßnahme oder des beanstandeten Beschlusses gehemmt wird. Die Beanstandung bedeutet also einen Eingriff in den Bereich der dem Organ zugewiesenen Wahrnehmungszuständigkeiten und damit in seinen Status, es sei denn, die Beanstandung wäre rechtmäßig.

---

[91] Die Organe sind hinsichtlich aller ihnen zur Wahrnehmung übertragenen Zuständigkeiten rechtsfähig. Vgl. hierzu II. Teil, IV. Abschnitt, C.

[92] Zur Frage der Rechtsmacht s. o. II. Teil, IX. Abschnitt.

[93] Vgl. hierzu *Bonk*, S. 87, Fußn. 1; zur vorbeugenden Unterlassungsklage siehe auch *Haug*, DÖV 1967, 86 ff.

[94] s. o. II. Teil, X. Abschnitt, D.

[95] Positive relative subjektive öffentliche Rechte scheiden ohnehin aus. Vgl. in diesem Abschnitt C., II. a. E.

[96] Eine andere, später noch zu behandelnde Frage ist allerdings, ob trotz des Fehlens eines subjektiven Rechts ein Organ im Wege der Prozeßstandschaft gegen ein anderes Organ vorgehen kann.

[97] Die Vorschrift ist im II. Teil, XII. Abschnitt, A., II., Fußn. 18 wiedergegeben.

[98] Die Frage, ob es sich bei der aufschiebenden Wirkung nur um eine Vollzugs- oder auch um eine Wirksamkeitshemmung handelt, ist umstritten. Vgl. hierzu die entsprechende Problematik bei § 80 I 1 VwGO.

Bei der Frage der Rechtmäßigkeit der Beanstandung ist zu unterscheiden:

Sieht die insoweit maßgebende Vorschrift eine Pflicht zur Beanstandung vor, wenn das Kontrollorgan den Beschluß eines anderen Organs *für rechtswidrig hält*[99], so kommt es für die Rechtmäßigkeit der Beanstandung nur auf die (subjektive) Auffassung des Kontrollorgans an[100]. Ein subjektives Abwehrrecht des betroffenen Organs kommt deshalb nur dann in Betracht, wenn das Kontrollorgan nicht aufgrund seiner Überzeugung von der Rechtswidrigkeit des Beschlusses, sondern aufgrund anderer Erwägungen beanstandet hat.

Das HschG-NW stellt demgegenüber für die Frage der Rechtmäßigkeit der Beanstandung auf die *objektive Rechtswidrigkeit* der beanstandeten Maßnahme bzw. des beanstandeten Beschlusses ab, vgl. § 29 V 2 HschG-NW[101]. Ein Abwehrrecht des betroffenen Organs kommt somit immer dann in Betracht, wenn die Beanstandung rechtswidrig, d. h. die beanstandete Maßnahme rechtmäßig ist. Nach dem Wortlaut des § 29 V 2 HschG-NW besitzt der Hochschulpräsident die Beanstandungsbefugnis nicht nur gegenüber anderen Hochschulorganen — dazu zählen nach Auffassung des Gesetzes die Fachbereiche allerdings nicht —, sondern auch gegenüber den Fachbereichsorganen, die nach der hier vertretenen Ansicht nicht Hochschulorgane, sondern nur Unterorgane, also Organteile sind[102]. Sinn und Zweck des § 29 V 2 HschG-NW ist es, dem Hochschulpräsidenten eine Beanstandungsbefugnis gegenüber den hochschulintern höchsten Funktionsträgern einzuräumen; da nämlich diesen Funktionsträgern das Verhalten der ihnen untergeordneten Funktionsträger zugerechnet wird, kann auf diese Weise mittelbar jede rechtswidrige Maßnahme irgendeines intrapersonalen Funktionsträgers beanstandet werden. Weil das HschG-NW die Fachbereiche trotz ihrer organisationsrechtlichen Organstellung nicht als Hochschulorgane auffaßt[103, 104], mußte es notwendig das Beanstandungsrecht des Hochschulpräsidenten auf die Fachbereichsorgane ausdehnen. Wie bereits dargelegt wurde, sind die Fachbereiche jedoch selbst Hochschulorgane[105]. Da ihnen somit das Verhalten der Fachbereichsorgane zugerechnet wird, muß sich das Beanstandungsrecht des Hochschulpräsidenten nach Sinn und Zweck der Vorschrift auch gegen die Fachbereiche richten. Mittelbar werden durch diese Beanstandungsbefugnis natürlich auch die Beschlüsse und Maßnahmen der Fach-

---

[99] So Art. 28 II 2 VerfRUB.

[100] Vgl. auch *Bleutge*, S. 189 m. w. N.

[101] Vgl. II. Teil, XII. Abschnitt, A., II., Fußn. 18.

[102] s. o. II. Teil, XII. Abschnitt, A., III., Fußn. 50.

[103] s. o. II. Teil, XII. Abschnitt, A., III. a. E.

[104] Vgl. dazu II. Teil, XII. Abschnitt, A., III., Fußn. 50.

[105] s. o. II. Teil, XII. Abschnitt, A., III. a. E.

bereichsorgane erfaßt. Ein unmittelbares Beanstandungsrecht des Hochschulpräsidenten gegenüber den Fachbereichsorganen kann — entgegen dem Wortlaut des § 29 V 2 HschG-NW — nach Sinn und Zweck der Vorschrift nicht anerkannt werden. Subjektive Abwehrrechte stehen deshalb den Fachbereichen selbst, nicht aber den Fachbereichsorganen zu.

Eine Befugnis des Hochschulpräsidenten zu vorläufigen Maßnahmen setzt nach dem Wortlaut des § 29 V 4 HschG-NW voraus, daß trotz der Beanstandung das betroffene Organ keine Abhilfe schafft und daß ein dringender Fall vorliegt[106]. Wegen des engen Zusammenhangs der Befugnis zu vorläufigen Maßnahmen mit dem Beanstandungsrecht bedeutet jede vorläufige Maßnahme nicht nur — wie bei der Beanstandung — eine Hemmung, sondern einen — wenn auch vorläufigen — positiv gestaltenden Eingriff in den Zuständigkeitsbereich des betroffenen Organs. Gegen diese Beeinträchtigung steht dem Organ ein Abwehrrecht zur Verfügung, wenn entweder überhaupt keine vorherige Beanstandung erfolgt ist, die Beanstandung rechtswidrig ist, Abhilfe geschaffen worden ist oder gar kein dringender Fall vorliegt, schließlich aber auch dann, wenn die Maßnahmen keinen vorläufigen, sondern endgültigen Charakter haben[107].

Abgesehen von den vorstehend behandelten typischen Fallkonstellationen liegen negative absolute subjektive öffentliche Rechte eines Organs gegenüber einem anderen Funktionsträger des organschaftlichen Rechtskreises immer dann vor, wenn dieser rechtswidrig in den Zuständigkeitsbereich des Organs eingreift.

XIII. Abschnitt

Subjektive öffentliche Rechte der Funktionsträger der intraorganschaftlichen Rechtskreise im Hochschulinnenbereich

A. Die intraorganschaftlichen Rechtskreise und ihre Funktionsträger

Wie oben[1] festgestellt wurde, gehören immer solche intrapersonalen Funktionsträger demselben Rechtskreis an, die ihre Wahrnehmungs-

---

[106] Vgl. dazu *Besch*, Komm. zu § 29 V HschG-NW.

[107] So z. B. dann, wenn das Kontrollorgan außer der Beanstandung der von einem Organ erlassenen Wahlordnung zugleich anordnet, daß die Wahl unverzüglich nach der alten Wahlordnung durchgeführt werden solle. Vgl. VG Gelsenkirchen, Beschl. v. 30. 10. 1970 (4 L 295/70), unveröff.

[1] s. o. II. Teil, X. Abschnitt, D.

zuständigkeiten unvermittelt von den Zuständigkeiten desselben übergeordneten Funktionsträgers ableiten.

Die Hochschulgesetze — auch das HschG-NW — beschränken sich im wesentlichen darauf, die Organstruktur der Hochschulen, d. h. das Verhältnis der Organe zueinander, nicht aber deren innere Organisation, zu regeln. Dies bleibt vielmehr den Hochschulsatzungen und den Geschäftsordnungen, die sich die Organe selbst geben, vorbehalten.

Die Satzungen und Geschäftsordnungen werden durch eine Vielzahl von Verwaltungsvorschriften ergänzt, die die Zuständigkeitsverteilung auf den untersten Verwaltungsebenen regeln. Es ist deshalb kaum möglich und im Hinblick auf die noch zu behandelnde Frage der Weisungsunabhängigkeit auch gar nicht erforderlich, alle denkbaren intrapersonalen Rechtskreise und ihre Funktionsträger systematisch zu erfassen. Für die Problematik der subjektiven Rechte sind letztlich nur einige wenige Rechtskreise relevant.

Die Wahrnehmungsverpflichtungen der Organe können sich auf die Hauptaufgaben, auf die Existenzaufgaben oder auf beide beziehen[2]. Auch die intraorganschaftlichen Funktionsträger nehmen deshalb Hauptaufgaben und/oder Existenzaufgaben wahr. Die Wahrnehmungszuständigkeiten eines Organs können intern auf einen oder auf mehrere Funktionsträger verteilt werden.

Bei den sog. monokratischen Organen[3], z. B. dem Organ „Hochschulpräsident", werden *alle* Wahrnehmungszuständigkeiten intern von *einem* Amt wahrgenommen. Organ und Amt fallen also zusammen[4]. Diesem Amt des leitenden Amtswalters i. e. S. sind in der Regel weitere Ämter untergeordnet; sie sind jedoch den Weisungen des leitenden Amtes und seines Amtswalters unterworfen[5]. Die Rechtskreise innerhalb der monokratischen Organe sind wegen dieser Weisungsabhängigkeit für die Problematik der subjektiven Rechte ohne Bedeutung. Sie bleiben deshalb außer Betracht.

Soweit die Organzuständigkeiten intern mehreren Funktionsträgern zugewiesen sind, ist zu differenzieren:

Werden die Hauptaufgaben eines Organs *insgesamt* auf mehrere Ämter verteilt — Ämter kongruenter Zuständigkeiten — und werden diese Aufgaben somit von mehreren gleichberechtigten Amtswaltern gemeinsam aufgrund besonderer Verfahrensregeln wahrgenommen[6], so bezeichnet man das Organ als Kollegialorgan[7]. Kollegialorgane sind

---

2 Zu dieser Unterscheidung s. o. II. Teil, II. Abschnitt.

3 *Wolff*, VR II, § 75 II b 1 (S. 68).

4 Vgl. *Wolff*, VR II, § 74 I f 6 α (S. 48).

5 *Wolff*, VR II, § 75 II b 1 (S. 68).

6 Vgl. *Wolff*, VR II, § 75 III d (S. 73 f.).

7 *Wolff*, VR II, § 75 III a (S. 69).

z. B. der Konvent, der Senat und das Rektorat. Allerdings — die Verwendung der Begriffe „kongruente Zuständigkeiten“ und „Gleichberechtigung“ besagt nicht, daß *alle* Organzuständigkeiten von allen Ämtern gemeinsam wahrgenommen werden[8]. Sie bezieht sich — und das wird meistens übersehen — ausschließlich auf die Wahrnehmung der Hauptaufgaben und auch dort nur auf die gemeinsame Beschlußfassung[9]. Neben den Ämtern kongruenter Zuständigkeiten gibt es nämlich auch bei den Kollegialorganen intern Funktionsträger, denen Kompetenzen und Befugnisse zur ausschließlichen und alleinigen Wahrnehmung zugewiesen sind: Dem Vorstand und dem Vorsitzenden eines Kollegialorgans obliegen überwiegend Aufgaben der Selbstorganisation des Organs[10], z. B. die Koordination der Beratung, die Leitung der Sitzungen und die Veröffentlichung der Beschlüsse. Auch die Vertretung des Organs erfolgt in der Regel durch den Vorsitzenden oder den Vorstand. Schließlich kann die Vorbereitung von Sitzungen oder der Entwurf der Tagesordnung sowie die Erledigung besonderer Aufgaben mit abschließender Berichterstattung besonderen Ausschüssen vorbehalten sein. Die Zuständigkeiten des Vorsitzenden, des Vorstandes oder der Ausschüsse, bei denen es sich überwiegend um Existenzaufgaben[11] handelt, sind diesen Funktionsträgern unvermittelt vom Organ zugewiesen worden[12].

Bei den sog. Kollegialorganen werden die Organzuständigkeiten also sowohl den kollegialen Ämtern kongruenter Zuständigkeiten als auch den Funktionsträgern „Der Vorsitzende“, „Vorstand“ oder „Ausschuß“ unvermittelt übertragen. Daraus folgt, daß *alle* diese Funktionsträger, nicht also etwa nur die kollegialen Ämter kongruenter Zuständigkeiten, demselben intraorganschaftlichen Rechtskreis angehören.

Im Gegensatz zu den Kollegialorganen, bei denen die Hauptaufgaben gemeinsam von den kollegialen Ämtern wahrgenommen werden, können

---

8 Mißverständlich insoweit *Wolff*, VR II, § 75 III a (S. 69).

9 Der Fall, daß Beschlußgegenstände zur abschließenden Erledigung einem Ausschuß überwiesen werden, soll hier außer Betracht bleiben. (Vgl. aber Art. 21 VII VerfRUB.)

10 Es brauchen jedoch nicht notwendig alle die Selbstorganisation betreffenden Aufgaben in den Zuständigkeitsbereich des Vorstandes oder des Vorsitzenden zu fallen. So fällt z. B. der Beschluß der Geschäftsordnung selbst (das Organ gibt sich eine Geschäftsordnung!) in den Zuständigkeitsbereich der kollegialen Ämter. Auch steht dem Ämterkollegium häufig das Entscheidungsrecht zu, wenn ein Amt einer Entscheidung des Vorsitzenden oder des Vorstandes widerspricht. So bestimmt z. B. § 11 V der GeschO des UP der RUB: „Nichtmitgliedern kann der Vorsitzende auf Antrag eines Mitgliedes Rederecht gewähren; widerspricht ein Mitglied, so ist über den Widerspruch abzustimmen.“

11 Vgl. II. Teil, II. Abschnitt.

12 Daß i. d. R. das Ämterkollegium die Geschäftsordnung, die dem Vorsitzenden seine Zuständigkeiten zuweist, beschließt, darf nicht zu der verfehlten Annahme führen, daß die Zuständigkeiten unmittelbar vom Ämterkollegium abgeleitet seien.

die Hauptaufgaben ebenso wie auch die Existenzaufgaben eines Organs intern auf mehrere in der Wahrnehmung der Zuständigkeiten selbständige Funktionsträger übertragen werden, die selbst wieder monokratisch oder kollegialisch organisiert sein können.

So werden die Hauptaufgaben der Studentenschaft — Studentenschaft als Hochschulorgan — intern i. d. R. auf das Studentenparlament, auf den allgemeinen Studentenausschuß (ASTA) und auf den Vorsitzenden der Studentenschaft übertragen. Die Funktionsträger Studentenparlament und ASTA sind kollegial organisiert, während es sich bei dem Vorsitzenden um ein monokratisch organisiertes Unterorgan handelt. Das Amt des Vorsitzenden sowie die Funktionsträger ASTA und Studentenparlament sind, da sie unvermittelt Zuständigkeiten der Studentenschaft wahrnehmen, demselben Rechtskreis zuzurechnen. Die Ämter der Mitglieder des ASTA und die des Studentenparlaments bilden zwei weitere untergeordnete Rechtskreise, denn sie nehmen Zuständigkeiten des ASTA bzw. des Studentenparlaments unvermittelt wahr.

Ähnlich liegt es bei den Fachbereichen — Fachbereiche als Hochschulorgane —, die nach den Hochschulgesetzen durch eigene Organe handeln[13]. Diese Organe (bezogen auf die gesamte Hochschule handelt es sich um Unterorgane[14]) — sie sind entweder monokratischer Natur wie z. B. der Dekan oder haben kollegialischen Charakter wie z. B. die Fachbereichsversammlung — gehören demselben Rechtskreis an. Die Ämter der kollegialen Funktionsträger bilden dann einen weiteren Rechtskreis.

Fraglich und im Hinblick auf subjektive Rechte besonders aktuell ist, welche organisationsrechtliche Stellung dem Aufgabenbereich des einzelnen Hochschullehrers in Forschung und Lehre zukommt, m. a. W. welchem Rechtskreis die Aufgabenbereiche zugerechnet werden können. — Auszugehen ist von der Überlegung, daß der Hochschullehrer Walter eines ihm übertragenen Amtes ist, also die in einem bestimmten Funktionsträger zusammengefaßten Zuständigkeiten wahrzunehmen hat[15]. Diese Trennung von Amt und Person besteht unabhängig davon, ob das Amt in den einschlägigen Hochschulgesetzen als Lehrstuhl bezeichnet wird oder nicht[16]. Die Wahrnehmungszuständigkeiten werden

[13] Vgl. z. B. § 36 HschG-NW.

[14] Siehe oben II. Teil, XII. Abschnitt, A., III., Fußn. 50.

[15] § 7 II HschG-NW: „Die Aufgaben der Hochschullehrer in Forschung und Lehre und in weiteren Aufgabenbereichen der Hochschule ergeben sich aus dem übertragenen Amt ...“

[16] Das HschG-NW verzichtet auf den Begriff des Lehrstuhls. — Nach herkömmlichem Verständnis bezeichnet der Begriff Lehrstuhl einerseits die Planstelle im staatlichen Stellenplan der Hochschule, in die der Hochschullehrer in seiner Eigenschaft als Beamter eingewiesen wurde, und zum anderen die Stelle in der akademischen Korporation, also das Lehrgebiet

durch die genaue Bezeichnung des Fachgebietes bestimmt, z. B. Lehrstuhl für Steuerrecht oder Professor für deutsche Rechtsgeschichte[17].

Die Aufgaben der Fachbereiche[18] lassen sich ganz grob der Sache nach in zwei Bereiche unterteilen: Die Forschungs- und Lehrtätigkeit als solche einerseits und organisatorische Aufgaben[19] andererseits (z. B. die Koordination von Forschung und Lehre oder die Verteilung der Finanzmittel; auch die Heranbildung des wissenschaftlichen Nachwuchses wird man zu den organisatorischen Aufgaben rechnen können). Versteht man unter Forschungs- und Lehrtätigkeit die Suche nach Wahrheit und deren Mitteilung[20], so wird deutlich, daß diese nicht mit Beschlüssen der Kollegialorgane durchgeführt werden kann. Es kann deshalb keinem Zweifel unterliegen, daß die Verpflichtung zur reinen Forschungs- und Lehrtätigkeit vom Fachbereich als Hochschulorgan unmittelbar auf die Ämter der Hochschullehrer übertragen wird[21]. Daraus darf jedoch nicht umgekehrt gefolgert werden, daß *alle* organisatorischen Zuständigkeiten den Fachbereichsorganen zur Wahrnehmung zugewiesen seien. Dabei würde nämlich übersehen, daß jede Forschungs- und Lehrtätigkeit ein Mindestmaß an Organisation erfordert: Das beginnt bei der Frage, ob zu einer Lehrveranstaltung begleitende Skripten herausgegeben werden sollen, und endet bei der Festlegung des Bewertungsmaßstabes für schriftliche Seminar- und Übungsarbeiten. Diese Organisationstätigkeit ist im Begriff der Forschungs- und Lehrtätigkeit notwendig von vornherein enthalten. Daraus

---

(vgl. *Thieme*, Hochschulrecht, S. 258; *Reinhardt*, Festschrift für Felgenträger, S. 181/182, Fußn. 1). Von diesem „einfachen" Lehrstuhl wird der sog. institutionalisierte Lehrstuhl unterschieden, der einen wissenschaftlichen Arbeitsverband mit wissenschaftlichen und technischen Hilfskräften kennzeichnet (vgl. *Gerber*, II, S. 83, Anm. 135). Die Verwendung des Merkmals der Institutionalisierung ist allerdings mißverständlich, denn auch der „einfache" Lehrstuhl, d. h. das Amt des Hochschullehrers, ist — das ist ja gerade das Wesensmerkmal des Amtsbegriffes — institutionalisiert.

17 Die Ämter der Hochschullehrer können kongruente Zuständigkeiten aufweisen, so z. B. dann, wenn mehrere Lehrstühle für öffentliches Recht vorhanden sind.

18 So lautet z. B. § 34 II HschG-NW: „Den Fachbereichen obliegt — unbeschadet der Gesamtverantwortung der Hochschule — die Pflege der Wissenschaft in Forschung und Lehre und die Wahrnehmung der innerhalb der Fachbereiche zu erfüllenden weiteren Aufgaben. Die Fachbereiche haben die Vollständigkeit des Lehrangebots zu gewährleisten. Sie sorgen für die Heranbildung des wissenschaftlichen Nachwuchses. Sie übernehmen Aufgaben, die bisher von Fakultäten, Abteilungen, Instituten, Seminaren, Kliniken und anderen derartigen Einrichtungen der Hochschule wahrgenommen wurden."

19 Das BVerfG unterscheidet bei den organisatorischen Aufgaben weitergehend zwischen den wissenschaftsrelevanten und den wissenschaftsirrelevanten Aufgaben. Vgl. BVerfG NJW 1973, 1176 ff. (1179).

20 Vgl. *Waibel*, Rechtsprechung, S. 39.

21 Vgl. *Kimminich*, Festgabe für H. Gerber, S. 127; *Wolff*, Rechtsgestalt, S. 16.

ergibt sich aber zugleich auch, daß diese organisatorischen Maßnahmen auf den durch die Bezeichnung des Fachgebietes abgesteckten Zuständigkeitsbereich beschränkt sind. Alle organisatorischen Maßnahmen, die über diesen Bereich hinaus wirken sollen, die m. a.W. über-individuellen Charakter[22] haben, fallen demnach in die Zuständigkeiten der Fachbereichsorgane. Hierzu gehören z. B. die Gewährleistung der Vollständigkeit des Lehrangebots und die Heranbildung des wissenschaftlichen Nachwuchses (vgl. § 34 II HschG-NW)[23]. Aus den vorstehenden Überlegungen folgt, daß die Ämter der Hochschullehrer, weil sie ihre Wahrnehmungszuständigkeiten unvermittelt aus denen des Fachbereichs ableiten, demselben intraorganschaftlichen Rechtskreis angehören wie die sog. Fachbereichsorgane, die ebenfalls ihre Zuständigkeiten unvermittelt vom Fachbereich zugewiesen bekommen[24].

B. Die Weisungsunabhängigkeit der intraorganschaftlichen Funktionsträger

Bei den kollegialen Ämtern der kollegial organisierten Hochschulorgane[25] ist zu differenzieren:

Im Verhältnis der kollegialen Ämter eines intrapersonalen Funktionsträgers zueinander bestehen keine Weisungsrechte, weil die Ämter kongruente Zuständigkeiten wahrnehmen[26]. — Dagegen können einzelne kollegiale Ämter[27] den Weisungen anderer intrapersonaler Funktionsträger unterworfen sein, wenn sie gem. § 26 I HschG-NW i. V. m. den einschlägigen Vorschriften der Hochschulsatzungen z. B. zur Abgabe von Erklärungen verpflichtet sind[28]. Übt nämlich der entsendende Funktionsträger sein relatives positives Recht aus, so führt dies insofern zu einer Konkretisierung der in den Geschäftsordnungen der Organe enthaltenen Befugnis der kollegialen Ämter zur Stellungnahme zu Anträgen und Tagesordnungspunkten[29], als die Ämter verpflichtet sind,

---

22 So *Wolff*, Rechtsgestalt, S. 16.

23 Vgl. auch die vom BVerfG (NJW 1973, 1176 ff., insb. 1179) angeführten Beispiele.

24 Subjektive Rechte negativer Art der Ämter der Hochschullehrer gegenüber den sog. Fachbereichsorganen sind deshalb nicht ausgeschlossen.

25 z. B. Senat und Konvent.

26 Vgl. *Wolff*, VR II, § 75 III b 5 (S. 73).

27 Nicht der Amtswalter, sondern das Amt ist unmittelbares Verpflichtungssubjekt. Vgl. II. Teil, XII. Abschnitt, C., II.

28 s. o. II. Teil, XII. Abschnitt, C.,II.

29 Die Befugnis, zur Tagesordnung und Anträgen Stellung zu nehmen, ist unmittelbar dem kollegialen Amt und nicht dem Amtswalter zugeordnet: Die einzelne Stellungnahme wird zwar inhaltlich durch die Individualität des jeweiligen Amts- und Organwalters geprägt; bei der in der Geschäftsordnung enthaltenen Befugnis geht es jedoch nicht um die Argumentation des einzelnen Amts- und Organwalters, sondern um die äußere formale

nicht nur ihre eigene[30], sondern auch die Auffassung des entsendenden Funktionsträgers wiederzugeben[31]. Da den kollegialen Ämtern aber die Möglichkeit bleibt, auch ihre eigene Auffassung darzulegen, kann keine Rede davon sein, daß die kollegialen Ämter bei der Wahrnehmung ihrer Befugnis zur Stellungnahme einem gesetzlich beschränkten oder unbeschränkten Weisungsrecht unterliegen.

Die Funktionsträger, die vorwiegend Existenzaufgaben wahrnehmen, z. B. Vorstand und Vorsitzender, sind Weisungen anderer intrapersonaler Funktionsträger i. d. R. nicht unterworfen. Ausschüsse dagegen können, sofern ihnen nicht nur organisatorische Aufgaben zur alleinigen Wahrnehmung, sondern auch eine vorbereitende Tätigkeit sachlicher Art im Hinblick auf die Wahrnehmung der Hauptaufgaben durch die kollegialen Ämter (z. B. die Beratung eines Gegenstandes oder die Ausarbeitung einer Beschlußvorlage) übertragen ist, einem Weisungsrecht der kollegialen Ämter unterliegen. Soweit dies nicht der Fall ist, nehmen die Ausschüsse wie auch die anderen genannten Funktionsträger ihre Aufgaben eigenverantwortlich wahr und besitzen deshalb rechtlich geschützte Individualinteressen[32].

Hingegen sehen die Hochschulgesetze und Satzungen z. B. bei den Studentenschaften und den Fachbereichen, also bei Hochschulorganen, die ihre Zuständigkeiten nicht auf kollegiale Ämter zur gemeinsamen Wahrnehmung verteilen, sondern intern auch die Hauptaufgaben verschiedenen Funktionsträgern zur alleinigen Wahrnehmung zuweisen, häufig Weisungsbefugnisse eines Organteils (Unterorgans) gegenüber anderen internen Funktionsträgern vor.

Weisungsbefugnisse der Fachbereichsorgane gegenüber den Ämtern der Hochschullehrer könnten sich z. B. aus § 23 S. 2 und 3 HschG-NW ergeben. § 23 S. 2 und 3 HschG-NW lautet:

> „Ihnen (sc. den Hochschullehrern) können im Rahmen ihrer Lehrverpflichtungen sowie der Studienordnungen und Studienpläne von der Hochschule bestimmte Lehraufgaben übertragen werden, wenn eine einvernehmliche Regelung nicht erreicht werden kann. Eine Festlegung der Lehre darf damit nicht verbunden sein."

Gleichberechtigung der Ämter bei der Wahrnehmung der Kompetenzen. Vgl. II. Teil, III. Abschnitt, C.

[30] d. h. des jeweilen Amtswalters.

[31] Die Verpflichtung der kollegialen Ämter zur Wiedergabe der Auffassung des entsendenden Funktionsträgers schließt die Darlegung der eigenen Auffassung und entsprechende Anträge nicht aus. Es wäre nämlich sinnlos, wenn § 26 I HschG-NW einerseits die Weisungsungebundenheit bei der Entscheidung selbst manifestieren, andererseits aber eine persönliche Einflußnahme des kollegialen Amtes auf die Beratung und den Gang des Verfahrens selbst ausschließen wollte, da eine unabhängige Entscheidung ohne eine solche Einflußnahme kaum denkbar ist.

[32] s. o. II. Teil, VI. Abschnitt, B.

An der Befugnis der Fachbereichsorgane zur Erteilung von Weisungen[33] kann nach dem eindeutigen Wortlaut dieser Vorschrift kein Zweifel bestehen. Problematisch ist nur, ob diese Weisungen, wie es nach dem Wortlaut den Anschein hat, unmittelbar gegenüber den Hochschullehrern als Personen oder unmittelbar gegenüber den Ämtern als Funktionsträgern ergehen. — Weisungen des zuständigen Fachbereichsorgans bewirken eine Konkretisierung der sich aus dem Amt des Hochschullehrers ergebenden Lehrverpflichtung[34]. Sie betreffen die Ausübung der im Amt zusammengefaßten Kompetenzen. Entsprechend den grundsätzlichen Überlegungen zur Problematik des Normadressaten[35] kommt es darauf an, ob die Weisung im Hinblick auf die Individualität des jeweiligen Amtswalters erteilt wird oder nicht. Erfolgt sie im Hinblick auf diese Individualität, so konkretisiert sie die höchstpersönliche Pflicht des Hochschullehrers als Amtswalter zur Amtswaltung[36]. Anderenfalls konkretisiert sie die unmittelbar dem Amt zustehenden und auf die Art und Weise der Wahrnehmung der im Amt zusammengefaßten Kompetenzen[37] bezogenen Berechtigungen und Verpflichtungen[38]. — Der in § 23 S. 2 HschG-NW enthaltenen Weisungsbefugnis liegt der Gedanke zugrunde, daß im Interesse der Studenten, die den Abschluß ihres Studiums durch eine Prüfung anstreben, alle prüfungsrelevanten Fächer — und sei es auch nur in gewissen Zeitabständen — angeboten werden sollen[39]. Es geht also nur darum, *daß* bestimmte Lehrveranstaltungen abgehalten werden, nicht aber darum, welchen Inhalt die jeweilige Lehrveranstaltung hat. § 23 S. 3 HschG-NW enthält insoweit eine eindeutige Klarstellung. Die Individualität des jeweiligen Hochschullehrers kommt aber nicht so sehr bei der Auswahl der Lehrveranstaltungen selbst als vielmehr bei der Ausgestaltung ihres Inhalts zum Tragen. Diese Individualität aber wird durch das Weisungsrecht in § 23 S. 2 HschG-NW nicht berührt[40]. Aus diesem Grunde werden durch Weisungen nach § 23 S. 2 HschG-NW unmittelbar die Befugnisse der Ämter der Hochschullehrer, nicht aber die Pflichten der Hochschullehrer als Amtswalter konkretisiert.

---

[33] Vgl. auch den Wortlaut des § 34 II 2 HschG-NW. Die Vorschrift ist in diesem Abschnitt A., Fußn. 18 wiedergegeben.

[34] So auch *Besch*, Komm. zu § 23 HschG-NW.

[35] s. o. II. Teil, III. Abschnitt, C.

[36] Vgl. *Wolff*, VR II, § 73 II b 3 (S. 32).

[37] Vgl. in diesem Abschnitt A.

[38] Vgl. auch *Wolff*, Org. II, S. 278.

[39] Vgl. § 34 II 2 HschG-NW.

[40] Vgl. auch II. Teil, III. Abschnitt, C. Durch eine Festlegung der Lehre (§ 23 S. 3 HschG-NW) wird hingegen die Individualität des einzelnen Hochschullehrers betroffen.

Das zuständige Fachbereichsorgan darf Weisungen jedoch nur unter bestimmten Bedingungen erteilen: Eine einvernehmliche Regelung muß gescheitert sein, und die jeweiligen Lehrverpflichtungen[41] sowie die Studienordnungen und Studienpläne müssen berücksichtigt werden. Die Weisungsbefugnisse sind also an gesetzlich bestimmte tatbestandliche Voraussetzungen geknüpft.

Das Weisungsrecht des zuständigen Fachbereichsorgans ist deshalb als ein beschränktes fachliches Weisungsrecht zu qualifizieren. Es betrifft jedoch nur einen Teilbereich der mit dem Amt des Hochschullehrers verbundenen Aufgaben, nämlich die Auswahl der Lehrveranstaltungen. In diesem Teilbereich kann von einer eigenverantwortlichen Wahrnehmung der Zuständigkeiten durch das Amt des Hochschullehrers keine Rede sein. Im übrigen bestehen jedoch keine Weisungsbefugnisse gegenüber den Ämtern der Hochschullehrer[42]. Die Ämter der Hochschullehrer sind also außerhalb des Aufgabenteilbereiches, in dem es um die Zuständigkeiten zur Auswahl der Lehrveranstaltungen geht, eigenverantwortlich tätig und besitzen deshalb insoweit rechtlich geschützte Individualinteressen[43].

C. Subjektive öffentliche Rechte der intraorganschaftlichen Funktionsträger

I. Subjektive öffentliche Rechte nach dem HschG-NW

Das HschG-NW enthält nur wenige Vorschriften, die relative positive subjektive öffentliche Rechte eines intraorganschaftlichen Funktionsträgers begründen könnten.

Nach § 23 S. 2 HschG-NW können den Ämtern der Hochschullehrer — wie erörtert — unter bestimmten Voraussetzungen von den nach § 34 II 2 HschG-NW zuständigen Fachbereichen und damit letztlich von dem zuständigen Fachbereichsorgan Weisungen erteilt werden. Dieser Befugnis des Fachbereichsorgans entspricht eine Verpflichtung des jeweiligen Amtes zu positivem Tun, da das Amt verpflichtet ist, die übertragenen Lehraufgaben auch tatsächlich durchzuführen. Hiergegen

---

[41] Vgl. hierzu *Besch*, Komm. zu § 23 HschG-NW.

[42] Eine andere Frage ist die, welchen Weisungen der Hochschullehrer selbst als Person ausgesetzt sein kann. Vgl. hierzu *Evers*, Festgabe für H. Gerber, S. 41 ff. Dabei spielt die in Art. 5 III 1 GG gewährte Freiheit der Wissenschaft, Forschung und Lehre eine große Rolle. Vgl. hierzu BVerfG in NJW 1973, 1176 ff. Hier geht es jedoch nicht um Weisungen gegenüber der Person, sondern um solche gegenüber einem Funktionsträger.

[43] Daraus folgt jedoch nicht notwendig, daß die Ämter der Hochschullehrer sich gegen rechtswidrige Weisungen nicht zur Wehr setzen könnten. Sofern nämlich durch die rechtswidrige Ausübung des Weisungsrechts der negative Status der Ämter verletzt wird, können Abwehrrechte entstehen. Wir kommen unten C., I. sogleich darauf zurück.

könnte man allerdings einwenden, daß die Weisung nur eine Konkretisierung der dem Amt ohnehin übertragenen Lehrverpflichtung bewirke, so daß sich die Verpflichtung zu positivem Tun also nicht aus der Weisung, sondern bereits aus der in der Zuständigkeit zur Durchführung von Lehraufgaben enthaltenen Wahrnehmungsverpflichtung ergebe. Bei dieser Betrachtungsweise würde allerdings übersehen, daß die dem Amt übertragenen Wahrnehmungszuständigkeiten nur *allgemein* zur Wahrnehmung von Lehraufgaben verpflichten. Die Verpflichtung zur Wahrnehmung einer bestimmten Aufgabe folgt dagegen erst aus der diesbezüglichen Weisung des Fachbereichsorgans und verpflichtet das Amt, durch ein bestimmtes positives Tun der Weisung Folge zu leisten. Es liegt deshalb eine Wechselbeziehung zwischen der Befugnis (Dürfen) des Fachbereichsorgans und der Verpflichtung des jeweils betroffenen Amtes des Hochschullehrers vor. Dem Fachbereichsorgan steht deshalb nach § 23 S. 2 HschG-NW gegenüber den Ämtern der Hochschullehrer ein relatives positives subjektives Recht auf Durchführung der übertragenen Lehraufgaben zu.

Fraglich ist, ob sich aus § 24 I 2 HschG-NW relative positive subjektive Rechte ergeben. Diese Vorschrift lautet:

> „(1) Die Hochschulangehörigen wirken nach Maßgabe dieses Gesetzes und der Hochschulsatzung an der Selbstverwaltung der Hochschule mit. Für die Mitwirkung notwendige Einrichtungen oder Mittel sind von der Hochschule zur Verfügung zu stellen."

Eine Mitwirkung der Hochschulangehörigen ist einmal durch die Teilnahme an Wahlen zu Hochschulorganen und zum anderen durch die Tätigkeit als Organwalter in einem Organ der Hochschule möglich[44]. Soweit es um die Mitwirkung in einem Hochschulorgan geht, ist zu klären, ob § 24 I 2 HschG-NW den Ämtern der kollegialen Organwalter ein subjektives Recht auf Überlassung der für ihre Tätigkeit notwendigen Einrichtungen und Mittel gibt oder ob diese Vorschrift unmittelbar den Amts-(Organ-)walter (nicht also das Amt) anspricht. Es geht also um die Frage des richtigen Normadressaten[45]. Wie bereits dargelegt wurde, besteht der Sinn und Zweck einer rechtstechnischen Abbreviation darin, bestimmte Rechte und Pflichten von der Person des Amtswalters und damit von der Amtswaltung selbst zu lösen[46]. § 24 I 2 HschG-NW enthielte also nur dann ein relatives positives subjektives Recht der kollegialen Ämter, wenn die Verpflichtung der Hochschule unabhängig von der Amtswaltung durch eine bestimmte Person bestände[47]. § 24 I 2 HschG-NW liegt der Gedanke zugrunde, daß die Wahrnehmung der den kollegialen Ämtern zugewiesenen Kompe-

---

[44] Vgl. *Besch*, Komm. zu § 24 I HschG-NW (S. 77).

[45] s. o. II. Teil, III. Abschnitt, C.

[46] s. o. II. Teil, III. Abschnitt, C.

[47] s. o. II. Teil, III. Abschnitt, C.

tenzen und Befugnisse nicht ohne ein Minimum an Mitteln und nicht ohne die Benutzung bestimmter Einrichtungen möglich ist[48]. Schreibkräfte, Papier usw. werden jedoch nur dann benötigt, wenn auch tatsächlich eine natürliche Person mit der Amts-(Organ-)waltung betraut ist. Die Verpflichtung gem. § 24 I 2 HschG-NW ist insofern von der Ausübung der Wahrnehmungszuständigkeiten, d. h. von der Tätigkeit und dem Vorhandensein eines Amtswalters, abhängig. Aus dieser Abhängigkeit und der Wechselbezüglichkeit zwischen der Verpflichtung zur Überlassung der Mittel und Einrichtungen und der Amtswaltung folgt aber notwendig, daß § 24 I 2 HschG-NW allenfalls subjektive Rechte der Amtswalter begründen kann[49]. Subjektive Rechte der Ämter sind hingegen ausgeschlossen[50].

Gem. § 26 I HschG-NW in Verbindung mit den einschlägigen Vorschriften der Hochschulsatzungen können auch intraorganschaftlichen Funktionsträgern relative positive subjektive Rechte gegenüber kollegialen Ämtern anderer Organe zustehen[51].

Problematisch ist, ob § 46 II Nr. 3 HschG-NW positive relative subjektive Rechte der Ämter der Hochschullehrer oder der bestehenden Betriebseinheiten enthält. § 46 II Nr. 3 verpflichtet — wie bereits ausgeführt wurde — den Hochschulpräsidenten zur Aufgliederung der den Fachbereichen zuzuweisenden Stellen und Mittel, wobei den Fachbereichen diesbezüglich ein subjektives Recht zusteht. Die Fachbereichsorgane ihrerseits sind verpflichtet[52], die Stellen und Mittel entsprechend der Aufgliederung an die Ämter der Hochschullehrer und an die bestehenden Betriebseinheiten weiterzugeben. Die Aufgliederung der Zuweisungen in Verbindung mit den Verpflichtungen der zuständigen Fachbereichsorgane zur ordnungsgemäßen Weiterleitung bezweckt eine Begünstigung der Betriebseinheiten und Ämter. Der Verpflichtung der Fachbereichsorgane zu positivem Tun — Weitergabe der Stellen und Mittel — entspricht deshalb ein relatives positives subjektives Recht der Betriebseinheiten und der Ämter der Hochschullehrer. Dieses subjektive Recht gegenüber dem zuständigen Fachbereichsorgan begründet jedoch keinen Anspruch auf Gewährleistung eines Bedarfs in bestimmter Höhe, sondern nur einen Anspruch auf Weiterleitung der Stellen und Mittel gemäß der Aufgliederung [53, 54].

---

[48] So werden z. B. Schreibkräfte und Papier benötigt. Vgl. *Besch*, Komm. zu § 24 I HschG-NW (S. 77).

[49] Vgl. die Ausführungen im dritten Teil dieser Arbeit.

[50] s. o. II. Teil, III. Abschnitt, C.

[51] Vgl. II. Teil, XII. Abschnitt, C., II. mit Fußn. 68.

[52] Die Verpflichtung der Fachbereichsorgane ergibt sich daraus, daß die Weiterverteilung der Stellen und Mittel gemäß der Aufgliederung nach § 46 II Nr. 3 HschG-NW ggf. mit Auflagen und Bedingungen durchgesetzt werden kann.

[53] Vgl. auch *Rupp*, MHV 1971, 251 ff. (253).

Hinsichtlich der negativen absoluten subjektiven Rechte ist zunächst auf die entsprechenden Ausführungen zu den negativen absoluten Rechten der Organe zu verweisen[55]. Auch die intraorganschaftlichen Funktionsträger besitzen also bei Beeinträchtigung ihres Status einen Anspruch auf Beseitigung der Beeinträchtigung und ggf. auch auf Unterlassung künftiger Beeinträchtigungen. Dieser Anspruch besteht aber nur gegenüber Funktionsträgern desselben intraorganschaftlichen Rechtskreises.

Wegen der durch § 23 S. 2 HschG-NW eröffneten Befugnis des zuständigen Fachbereichsorgans, den Ämtern der Hochschullehrer bezüglich der Wahrnehmung von Lehraufgaben Weisungen zu erteilen, dürften Streitigkeiten um den negativen Status der Ämter der Hochschullehrer besonders häufig vorkommen. Es fragt sich, ob und inwieweit sich das betroffene Amt gegen rechtswidrige Weisungen des Fachbereichsorgans zur Wehr setzen kann. — Zunächst ist in Erinnerung zu rufen, daß die Zuständigkeit der Ämter zur Auswahl der Lehrveranstaltungen, m. a. W. der Aufgabenteilbereich, in dem Weisungsrechte eröffnet sind, nicht eigenverantwortlich wahrgenommen wird. Insoweit liegen also keine rechtlich geschützten Individualinteressen vor. Die Zuständigkeit der Ämter zur Auswahl der Lehrveranstaltungen gehört folglich auch nicht zum Status der Ämter der Hochschullehrer.

Die Ämter sind verpflichtet, bei der Wahrnehmung ihrer Aufgaben in Forschung und Lehre von den Studienordnungen und Studienplänen auszugehen, § 23 S. 1 HschG-NW[56]. Diese Zuständigkeit ist deshalb dem negativen Status des Hochschullehreramtes zuzurechnen. Etwas anderes gilt jedoch für die in § 23 S. 1 HschG-NW niedergelegte Befugnis der Ämter, auch Lehrveranstaltungen eigener Wahl anzubieten. Diese Befugnis betrifft nämlich den Zuständigkeitskomplex „Auswahl der Lehrveranstaltungen", der gerade keine Rechtsstellung des negativen Status begründet. Dasselbe ist zu der in § 23 S. 2 HschG-NW enthaltenen Verpflichtung des zuständigen Fachbereichsorgans, vor der Übertragung einer Lehraufgabe eine einvernehmliche Regelung zu versuchen, zu sagen. Diese Verpflichtung ist ausschließlich dem Fachbereichsorgan zugeordnet. Von einer Befugnis des Hochschullehrer-

---

[54] Für den Fall, daß keine Aufgliederung erfolgt ist und das Fachbereichsorgan sich weigert, sein subjektives Recht auf Aufgliederung durchzusetzen, wird man in prozessualer Hinsicht eine Prozeßstandschaft der Ämter und Betriebseinheiten erwägen können. Vgl. dazu IV. Teil, V. Abschnitt.

[55] s. o. II. Teil, XII. Abschnitt, D.

[56] Diese Vorschrift ist — ebenso wie § 23 S. 2 HschG-NW (anders § 23 S. 3 HschG-NW) — an die Ämter der Hochschullehrer, nicht aber an die Hochschullehrer selbst als Amtswalter adressiert. Vgl. II. Teil, III. Abschnitt, C. und XIII. Abschnitt, B.

amtes kann insoweit keine Rede sein. — Aus den vorstehenden Überlegungen folgt insgesamt, daß subjektive Abwehrrechte wegen einer Beeinträchtigung des negativen Status den Ämtern der Hochschullehrer nur dann zustehen, wenn die Weisung des Fachbereichsorgans nicht auf der Grundlage der Studienordnungen und Studienpläne ergeht oder wenn die Weisung nicht den Rahmen der Lehrverpflichtung berücksichtigt, das Amt mithin zur Wahrnehmung ihm nicht zugewiesener Zuständigkeiten verpflichtet werden soll. In allen diesen Fällen nimmt nämlich das Fachbereichsorgan für sich Zuständigkeiten in Anspruch, die den Ämtern der Hochschullehrer zugeordnet sind. Kein subjektives Abwehrrecht des Amtes liegt hingegen vor, wenn vor der Übertragung der Lehraufgaben keine einvernehmliche Regelung versucht worden ist oder wenn die Übertragung die Möglichkeit, auch Lehrveranstaltungen eigener Wahl anzubieten, tatsächlich ausschließt. In diesen Fällen bleibt dem Amt des Hochschullehrers nur die Möglichkeit, eine Beanstandung der Maßnahme des Fachbereichsorgans und ggf. eine Maßnahme der zuständigen Aufsichtsbehörde anzuregen[57].

Nach § 26 II 1 HschG-NW steht bei Entscheidungen über Prüfungsleistungen das Stimmrecht nur Personen zu, die die betreffende Prüfung abgelegt haben oder den zu verleihenden oder einen entsprechenden Grad besitzen. Da diese Vorschrift insoweit an die Individualität des jeweiligen Amtswalters anknüpft, ist sie unmittelbar an den Amtswalter, nicht aber an das von ihm verwaltete Amt adressiert[58]. Diese Befugnis ist somit nicht dem Status der kollegialen Ämter zuzurechnen. Es bestehen daher auch keine subjektiven Abwehrrechte der Ämter.

Während die in den Geschäftsordnungen der Organe enthaltene Befugnis, zu Tagesordnungspunkten und Anträgen im Kollegium Stellung zu nehmen, durchweg den kollegialen Ämtern, nicht aber den Amtswaltern zugeordnet ist[59], ist dies hinsichtlich solcher Vorschriften, die bestimmen, inwieweit Hochschulangehörige, die nicht Organmitglieder sind, unterrichtet werden dürfen, zweifelhaft. So lautet z. B. § 27 III HschG-NW:

> „Die Mitglieder von Organen der Hochschule und der Fachbereiche dürfen Hochschulangehörige über die gefaßten Beschlüsse unterrichten, soweit das Organ nicht mit einer Mehrheit von zwei Dritteln der stimmberechtigten Mitglieder etwas anderes beschlossen hat."

Für die Frage, ob das in dieser Vorschrift geregelte Recht zur Unterrichtung bzw. die Pflicht zur Verschwiegenheit dem Status der kollegia-

---

[57] Eine andere Frage ist die, ob und inwieweit der Hochschullehrer, nicht also das Amt, gegen solche Weisungen vorgehen kann.

[58] s. o. II. Teil, III. Abschnitt, C.

[59] s. o. II. Teil, XIII. Abschnitt, B. mit Fußn. 29.

len Ämter zuzuordnen ist, kommt es darauf an, ob die kollegialen Ämter die unmittelbaren Adressaten dieser Norm sind. § 27 III HschG-NW bezweckt die Geheimhaltung bestimmter Beschlüsse der Organe gegenüber Dritten. Eine absolute Geheimhaltung ist jedoch nur dann möglich, wenn die Mitglieder auch nach ihrem Ausscheiden aus dem Kollegium zur Verschwiegenheit verpflichtet sind. Nach Sinn und Zweck dieser Vorschrift sind also auch ehemalige Organmitglieder zur Geheimhaltung der Organbeschlüsse verpflichtet, obwohl sie gar kein Amt (mehr) innehaben. Daraus folgt, daß die Verpflichtung bzw. Berechtigung gem. § 27 III HschG-NW von der gegenwärtigen (oder früheren) Amtswaltung abhängig ist. Die Verpflichtung trifft den Amts-(Organ-)walter nicht mittelbar auf dem „Umweg" über sein Amt, sondern unmittelbar. Adressaten dieser Vorschrift sind also die Amts-(Organ-)walter, nicht aber die kollegialen Ämter[60]. Das Recht auf Unterrichtung bzw. die Pflicht zur Geheimhaltung gegenüber außenstehenden Dritten gehört deshalb nicht zum Status der kollegialen Ämter und begründet deshalb auch keine subjektiven Abwehrrechte der Ämter.

II. Subjektive öffentliche Rechte intraorganschaftlicher Funktionsträger aufgrund der Geschäftsordnungen der Kollegialorgane

Streitigkeiten innerhalb eines Kollegialorgans kommen in der Praxis überaus häufig vor. Die Verwaltungsgerichte haben unter dem Oberbegriff „Mitgliedschaftsrechte" eine Reihe klagefähiger Rechtspositionen anerkannt, ohne daß allerdings deutlich wird, anhand welcher Kriterien die Klagefähigkeit einer Rechtsposition festgestellt wird. Es soll daher, soweit möglich am Beispiel der Geschäftsordnung des Universitätsparlaments der Ruhruniversität Bochum (GeschO-UP) vom 2. 5. 1973, der Versuch unternommen werden, die durch eine Geschäftsordnung begründeten subjektiven Rechte systematisch zu erfassen.

Die Geschäftsordnungen kollegialer Organe enthalten überwiegend Vorschriften, die den Geschäftsgang betreffen. Hierzu gehört z. B. die Ordnung des Verfahrens, nach dem das Ämterkollegium seine Geschäfte behandelt[61]. Mit den Angelegenheiten des Geschäftsgangs eng verbunden sind Regelungen über die innere Organisation, die die Bildung der für die geordnete verfahrensmäßige Behandlung der Geschäfte erforderlichen Unterorgane und die Bestimmung ihrer Aufgaben betreffen (z. B. Vorstand, Vorsitzenden und Ausschüsse)[62]. Außerdem enthalten die Geschäftsordnungen meist auch (disziplinarische) Vorschrif-

---

[60] Vgl. hierzu II. Teil, III. Abschnitt, C.

[61] Vgl. *K. F. Arndt*, S. 64/65.

[62] Vgl. *K. F. Arndt*, S. 67.

ten zur Durchsetzung des Verfahrens und zur Aufrechterhaltung der Ordnung[63]. Dementsprechend können subjektive Rechte aufgrund der Sätze über das Verfahren, die Organisation oder die Disziplin begründet werden.

Die Geschäftsordnungen normieren Rechte und Pflichten durchweg nicht im Hinblick auf die Individualität der Amtswalter. Aus diesem Grunde sind i. d. R. auch die Ämter, nicht aber die Amtswalter, die unmittelbaren Adressaten dieser Normen[64]. Verstöße gegen die Geschäftsordnung sind deshalb i. d. R. nur im Hinblick auf die Rechte und Pflichten der Funktionsträger von Bedeutung. In Ausnahmefällen können allerdings auch Rechte und Pflichten unmittelbar der Amtswalter, nicht also der Funktionsträger, betroffen sein[65]. Uns geht es hier jedoch allein um subjektive Rechte der Funktionsträger. Bei der Problematik des richtigen Normadressaten sind die oben entwickelten Kriterien zugrunde zu legen[66].

1. Positive relative subjektive öffentliche Rechte

Während die Geschäftsordnungen zugunsten der kollegialen Ämter kongruenter Zuständigkeiten eine Vielzahl positiver relativer subjektiver Rechte enthalten, sind subjektive Rechte positiven relativen Charakters bei den übrigen, vorwiegend mit der Wahrnehmung der Existenzaufgaben befaßten Funktionsträgern selten. In der Regel ergeben sich solche Rechte aufgrund der Tatsache, daß das Ämterkollegium Ausschüsse zur Wahrnehmung bestimmter Aufgaben eingesetzt hat, deren Kontrolle dem Vorstand bzw. Vorsitzenden übertragen ist.

So ist z. B. nach § 6 IV 1 GeschO-UP[67] der Vorsitzende des Universitätsparlaments (UP) zu jeder Sitzung eines Ausschusses des UP einzuladen. Nach § 6 V GeschO-UP berichten die Vorsitzenden der Ausschüsse regelmäßig dem Vorstand des UP über den Stand der Beratungen. Dem Vorsitzenden steht somit ein relatives positives subjektives Recht auf Einladung gegenüber den Ausschüssen zu[68], und der Vorstand kann von den Vorsitzenden der Ausschüsse regelmäßig Berichte verlangen.

Nach § 11 IV 3 GeschO-UP kann der Vorsitzende des UP, wenn ein Redner dreimal in derselben Rede zur Sache verwiesen wird, diesem

[63] *K. F. Arndt*, S. 68.

[64] Zu den Ausnahmen vgl. II. Teil, XII. Abschnitt, C., II. und III. Teil, IV. Abschnitt, C.

[65] Vgl. dazu unten III. Teil, IV. Abschnitt, C.

[66] s. o. II. Teil, III. Abschnitt, C.

[67] Die Paragraphenangaben beziehen sich in den folgenden Ausführungen, soweit nichts anderes vermerkt ist, auf die Geschäftsordnung des Universitätsparlaments der Ruhr-Universität Bochum vom 2. 5. 1973.

[68] Ohne Bedeutung ist dabei, welcher Funktionsträger ausschußintern verpflichtet ist, die Einladung auszusprechen.

das Wort entziehen. Dieser Befugnis entspricht jedoch keine Verpflichtung zu positivem Tun, sondern nur eine Enthaltungspflicht (Schweigen)[69]. Ein relatives positives subjektives Recht des Vorsitzenden des UP kommt also insoweit nicht in Betracht.

Nach § 8 II 2 GeschO-UP sind alle Mitglieder des sog. vorbereitenden Ausschusses unverzüglich vom Eingang eines Dringlichkeitsantrages zu benachrichtigen; der Antrag ist ihnen möglichst rasch zugänglich zu machen. Diese Vorschrift begründet positive relative subjektive Rechte der Ämter des Ausschusses gegenüber dem Vorsitzenden des UP[70], da sie den Vorsitzenden zu einem bestimmten positiven Tun gegenüber den Ämtern der Ausschußmitglieder verpflichtet.

Die Vorbereitung und Durchführung der Sitzungen der kollegialen Ämter liegt überwiegend beim Vorsitzenden, hinsichtlich einzelner Angelegenheiten auch beim Vorstand oder bei einem Ausschuß. Diese Funktionsträger nehmen ihre Aufgaben grundsätzlich selbständig wahr. Den kollegialen Ämtern ist jedoch aufgrund der Geschäftsordnung die Möglichkeit gegeben, durch entsprechende Anträge auf die Tätigkeit dieser Funktionsträger Einfluß zu nehmen und sie so zu einem bestimmten Verhalten zu verpflichten. Dem Verlangen eines kollegialen Amtes entspricht somit die Verpflichtung des betroffenen Funktionsträgers, entsprechend dem Verlangen zu handeln. Insoweit liegen also positive relative subjektive Rechte der kollegialen Ämter vor. Solche positiven relativen subjektiven öffentlichen Rechte sind zum Beispiel in den folgenden Vorschriften der GeschO-UP enthalten. § 7 I 2:

> „Er (sc. der Vorsitzende) ist zur Einberufung verpflichtet, wenn ein Viertel der Mitglieder des UP dies beantragt."

Antragsberechtigt ist insoweit jedes kollegiale Amt. Das subjektive Recht ist jedoch insofern bedingt, als der Antrag von einem Viertel der kollegialen Ämter unterstützt werden muß. § 8 II 1:

> „Jedes Mitglied des UP kann in dringenden Ausnahmefällen bis zum zweiten Tage vor der Sitzung um 12.00 h die Aufnahme eines Gegenstandes in die TO verlangen."

Verpflichtungssubjekt ist im Falle des § 8 II 1 der Vorsitzende des UP, dem nach § 3 III die Regelung der Geschäfte des UP obliegt. § 8 III 2:

> „Der Entwurf der TO wird zusammen mit der Einberufung, den zu behandelnden Beschlußvorlagen, einem Zeitplan der Sitzung den Mitgliedern ... zugestellt."

---

69 Dieser Vorschrift liegt der Gedanke zugrunde, daß die kollegialen Ämter ihre Kompetenzen und Befugnisse nicht überschreiten dürfen (vgl. II. Teil, II. Abschnitt). Die Verpflichtung, *zur Sache* zu sprechen, d. h. nur die zugewiesenen Kompetenzen und Befugnisse wahrzunehmen, ist also unmittelbar an das Amt adressiert.

70 Die Anträge gehen bei der Geschäftsstelle ein. Die Geschäfte regelt der Vorsitzende des UP, vgl. § 3 III i. V. m. § 8 I GeschO-UP.

Verpflichtungssubjekt ist auch hier der Vorsitzende. § 9 III:

> „Einem Verlangen auf Feststellung der Beschlußfähigkeit, das jederzeit wie ein Antrag zur GO (§ 15 Abs. 1) gestellt werden kann, ist sofort zu entsprechen ..."

Verpflichtungssubjekt ist der für die Leitung der Sitzungen zuständige Vorsitzende des UP. Relative positive subjektive öffentliche Rechte werden auch durch die folgenden Vorschriften begründet:

> (§ 11 II) „Antragsteller und Berichterstatter können sowohl zu Beginn als auch zum Schluß der Beratung über den Antrag das Wort verlangen."
>
> (§ 14 II 3) „Auf Verlangen von einem Sechstel der Mitglieder des UP ist jedoch geheim abzustimmen."
>
> (§ 14 III) „Auf Verlangen der einfachen Mehrheit der anwesenden Vertreter einer Mitgliedergruppe muß zu einem Beschlußgegenstand gesondert nach Gruppenvertretern abgestimmt werden (Art. 16 Abs. 6 VRUB)."
>
> (§ 14 VII) „Bezweifelt ein Mitglied unmittelbar nach der Feststellung des Abstimmungsergebnisses durch den Vorsitzenden die Richtigkeit, dann ist sofort nochmals abzustimmen."

Soweit nach den vorstehenden Vorschriften ein Anspruch auf Abstimmung, ggf. in bestimmter Art und Weise, besteht, ist der Vorsitzende als Sitzungsleiter verpflichtet, die Abstimmung entsprechend durchzuführen. Dasselbe gilt, wenn aufgrund eines Widerspruches zur Geschäftsordnung abgestimmt werden muß.

Relative positive subjektive Rechte der kollegialen Ämter können ferner auf die Eintragung eines Vermerks im Protokoll, auf Beifügung eines Sondervotums oder auf Einsichtnahme in die Akten des Organs gerichtet sein[71]. — Ein relatives positives subjektives Recht begründet auch § 3 IV:

> „Der Vorsitzende legt dem UP möglichst bald nach der Konstituierung einen Bericht über den jeweiligen Stand der Vorlagen vor."

Die Verpflichtung des Vorsitzenden besteht nach dem Wortlaut der Vorschrift zwar gegenüber dem UP; sie betrifft jedoch die Koordination und das Zusammenwirken der kollegialen Ämter. Aus diesem Grunde hat man hier unter dem Begriff Universitätsparlament nicht das Organ, sondern die kollegialen Ämter zu verstehen. — Schließlich besteht nach § 6 IV 2 ein positives relatives subjektives Recht gegenüber den Ausschüssen:

> „Er (sc. der Vorsitzende des UP) und Mitglieder des UP können an den Verhandlungen (sc. der Ausschüsse) ohne Stimmrecht beratend teilnehmen."

Die vorstehende Aufzählung relativer positiver subjektiver Rechte aufgrund der GeschO-UP der RUB ist keineswegs abschließend. Auch können die Geschäftsordnungen anderer Hochschulorgane andere rela-

---

[71] Vgl. z. B. §§ 17 und 18.

tive positive subjektive Rechte begründen. In der Regel kommen solche subjektiven Rechte im Zusammenhang mit Regelungen über die Art, Weise, Form und Frist der Ladung, über die Öffentlichkeit der Sitzungen, über die offene bzw. geheime Abstimmung, über die Beschlußfähigkeit und über die Besetzung von Wahl- und Ehrenämtern in Betracht[72].

In jedem einzelnen Falle ist jedoch genau zu prüfen, ob den kollegialen Funktionsträgern Befugnisse gegenüber einem bestimmten anderen Funktionsträger eingeräumt sind, die diesen zu einem bestimmten positiven Verhalten gegenüber dem befugten Amt verpflichten. Nur dann nämlich liegt die für die Anerkennung relativer positiver subjektiver Rechte notwendige Wechselbeziehung zwischen der Befugnis (Dürfen) und der Verpflichtung vor.

2. Negative absolute subjektive öffentliche Rechte

Die Rechtsstellungen des negativen Status des Vorstandes, des Vorsitzenden und der Ausschüsse werden durch die diesen Funktionsträgern übertragenen Wahrnehmungszuständigkeiten bestimmt. Insoweit ergeben sich keine besonderen Schwierigkeiten. Problematisch ist dagegen, welche Normen den Status der kollegialen Ämter begründen und wann den Ämtern subjektive Abwehrrechte zustehen.

Auszugehen ist von der Überlegung, daß die Bestimmungen der Geschäftsordnung dazu dienen, ein ordnungsgemäßes Zusammenwirken der Ämter bei der Wahrnehmung der kongruenten Zuständigkeiten zu gewährleisten. Die kollegialen Ämter dürfen ihre Kompetenzen nur nach Maßgabe der Geschäftsordnung wahrnehmen; diese enthält also auf die Ausübung der Kompetenzen bezügliche Berechtigungen und Verpflichtungen der kollegialen Ämter[73].

Daran ändert auch die Tatsache nichts, daß die Mehrzahl der Geschäftsordnungsvorschriften scheinbar nur Verpflichtungen und Berechtigungen des Vorsitzenden normiert. So bestimmt z. B. § 9 IV:

> „Ist die Beschlußunfähigkeit festgestellt, so ist die Sitzung sofort zu schließen; die Abgabe persönlicher Erklärungen und sachlicher Richtigstellungen ist noch möglich."

§ 9 IV will verhindern, daß die Ämter trotz festgestellter Beschlußunfähigkeit noch weiter beraten oder gar beschließen. Insofern soll auch durch diese Regelung ein sinnvolles Zusammenwirken der kollegialen Ämter sichergestellt werden; diese Vorschrift regelt somit die Ausübung der Kompetenzen. Der Zweck des § 9 IV wäre natürlich auch erreicht worden, wenn der 1. HS so gefaßt worden wäre: „Bei

---

[72] Vgl. die bei *Bleutge*, S. 169 - 171, 185 und 198 f. sowie bei *Bonk*, S. 104 ff. angeführten Beispiele.

[73] *Wolff*, Org. II, S. 244.

festgestellter Beschlußunfähigkeit ist die Sitzung beendet." Um Unklarheiten und Streitigkeiten zwischen den kollegialen Ämtern zu vermeiden, verlangt § 9 IV jedoch einen eindeutigen Vollzugsakt des Vorsitzenden, nämlich die Schließung der Sitzung. Am Beispiel des § 9 IV wird mithin deutlich, daß Vorschriften der Geschäftsordnungen, die scheinbar nur Verpflichtungen des Vorsitzenden normieren, in Wahrheit ambivalenten Charakter besitzen; einerseits regeln sie die Ausübung der Kompetenzen der kollegialen Ämter und zum anderen regeln sie die Geschäftsleitungskompetenzen des Vorsitzenden[74]. Diese Normen betreffen die Ausübung der Zuständigkeiten zweier unterschiedlicher Kompetenzbereiche, nämlich die Kompetenzen des Vorsitzenden und die Kompetenzen der kollegialen Ämter. Dementsprechend sind sie sowohl dem Status des Vorsitzenden als auch dem Status der kollegialen Ämter zuzurechnen.

Verstößt der Vorsitzende gegen die ihm zugewiesenen Befugnisse, so liegt allerdings nicht sogleich „automatisch" eine Beeinträchtigung des Status der kollegialen Ämter vor[75]. Das ist vielmehr nur dann der Fall, wenn der Vorsitzende die Befugnisse der Ämter *für sich* in Anspruch nimmt; er muß also die Kompetenzen der kollegialen Ämter ausüben. Besonders deutlich wird dies, wenn — wie oft — das Amt des Vorsitzenden von einem Amtswalter versehen wird, der nicht zugleich ein kollegiales Amt innehat. Sieht die Geschäftsordnung vor, daß nur kollegiale Ämter abstimmungsberechtigt sind, und läßt der Vorsitzende einen Nichtberechtigten mitabstimmen, so verstößt das Amt des Vorsitzenden gegen die ihm zugewiesenen Befugnisse (Sollen). Stimmt der Vorsitzende selbst als Nichtberechtigter mit ab, so liegt *zusätzlich* noch eine Beeinträchtigung des Status der kollegialen Ämter vor, weil das Amt des Vorsitzenden eine Befugnis zur Wahrnehmung von Kompetenzen für sich in Anspruch nimmt, die nicht ihm, sondern den kollegialen Ämtern zugewiesen sind. Schließt der Vorsitzende entgegen § 9 die Sitzung nicht, so verstößt er gegen die ihm zugewiesenen Befugnisse (Sollens-Verpflichtungen). Dennoch liegt keine Beeinträchtigung des Status der kollegialen Ämter vor, weil der Vorsitzende nicht die Ausübung der den kollegialen Ämtern zugewiesenen Kompetenzen (Hauptaufgaben) für sich in Anspruch nimmt.

Umgekehrt kommen Verletzungen des Status des Vorsitzenden durch ein kollegiales Amt nur dann in Betracht, wenn das kollegiale Amt Geschäftsleitungsbefugnisse des Vorsitzenden für sich beansprucht. Verletzungen des Status und daraus folgend subjektive Abwehrrechte im Verhältnis kollegiales Amt—Vorsitzender[76] spielen jedoch in der Praxis kaum eine Rolle.

---

[74] Vgl. § 3 II 1 und § 3 III.

[75] Das gleiche gilt für den umgekehrten Fall, wenn nämlich die Ämter gegen ihre Befugnisse verstoßen.

Häufiger sind dagegen Statusstreitigkeiten im Verhältnis der kollegialen Ämter zueinander, so insbesondere dann, wenn mehrere kollegiale Ämter gemeinsam einen Beschluß fassen[77].

Problematisch ist dabei, ob für die Frage, ob der Beschluß ein anderes kollegiales Amt in seinem rechtlichen Status verletzt, an die Handlung der Beschlußfassung — das ist die Stimmabgabe eines jeden beteiligten Amtes ohne Rücksicht darauf, wie das einzelne Amt stimmt[78] — oder an den Erfolg — das ist der Beschluß als das Produkt der Stimmabgabe mehrerer Ämter — anzuknüpfen ist[79].

Insoweit ist in Erinnerung zu rufen, daß Streitigkeiten zwischen intrapersonalen Funktionsträgern um die Wahrnehmung von Kompetenzen und/oder Befugnissen gehen[80]. Wegen der Ausschließlichkeitswirkung der Kompetenzen und Befugnisse ist eine Statusverletzung nur möglich, wenn der verletzende Funktionsträger seine eigenen Kompetenzen und Befugnisse überschreitet[81]. Diese mit der Statusverletzung notwendig verbundene Zuständigkeitsüberschreitung ist aber allein durch die Wahrnehmung fremder Zuständigkeiten, mithin durch eine Handlung, möglich. Daraus folgt, daß für die Problematik der Statusverletzungen durch Beschlüsse mehrerer Ämter auf die Handlungen der beteiligten Ämter, d. h. auf deren Stimmabgabe abzustellen ist.

Folgender Fall mag als Beispiel für eine Statusstreitigkeit im Verhältnis der kollegialen Ämter zueinander dienen: Der Vorsitzende schließt unter Verstoß gegen § 9 IV die Sitzung nicht. Die kollegialen Ämter beraten und beschließen daraufhin weiter. — Wie ausgeführt wurde, regelt § 9 IV auch die Ausübung der Kompetenzen der kollegialen Ämter. Die Ämter, die trotz der objektiv vorliegenden Beschlußunfähigkeit beschlossen haben, haben gegen die ihnen zugeordneten Befugnisse (Sollens-Verpflichtungen) verstoßen. Gegenüber den Ämtern, die bei der Beschlußfassung nicht mitgewirkt haben, stellt sich dieser Verstoß als der Anspruch der tätig gewordenen Ämter dar, ihre Kompetenzen allein, d. h. ohne Rücksicht auf die Befugnisse anderer Ämter, ausüben zu dürfen. Den Ämtern, die bei der Beschlußfassung nicht mitgewirkt haben, steht jedoch die Befugnis zu, *nach Maßgabe der Geschäftsordnung* bei der Wahrnehmung der Kom-

---

76 Und umgekehrt: Vorstand — kollegiales Amt.

77 Dieser Beschluß ist jedoch — darauf ist nochmals hinzuweisen — im Verhältnis zu anderen kollegialen Ämtern kein Beschluß des Organs. Vgl. II. Teil, X. Abschnitt, D.

78 Bei geheimen Abstimmungen kann das ohnehin nicht festgestellt werden. — Nur die Stimmabgabe als solche (also auch die Enthaltung) ist hier entscheidend.

79 Vgl. hierzu *Hoppe*, DVBl. 1971, 434 r. Sp.

80 s. o. II. Teil, XI. Abschnitt.

81 s. o. II. Teil, IX. Abschnitt, B.

petenzen mitzuwirken. Insofern wird also durch die unbefugte Wahrnehmung der Kompetenzen der Status der nichtbeteiligten Ämter verletzt. Den nicht beteiligten Ämtern stehen gegenüber jenen Ämtern[82], die den „Beschluß" gefaßt haben, subjektive Abwehrrechte zu[83].

Problematisch ist, ob auch einem Amt, das an der „Beschlußfassung" selbst beteiligt war, gegenüber den anderen beteiligten Ämtern Abwehrrechte zustehen können. Auf den ersten Blick scheint die Beteiligung an dem „Beschluß" gegen eine solche Möglichkeit zu sprechen. Andererseits ist zu bedenken, daß „Beschluß" in diesem Zusammenhang nur bedeutet, daß mehrere kollegiale Ämter gleichzeitig Kompetenzen wahrnehmen. Die Verletzung des Status eines kollegialen Amtes ist aber unabhängig davon zu beurteilen, ob dieses Amt (gleichzeitig) den Status anderer kollegialer Ämter beeinträchtigt. Im übrigen würde die Ablehnung von Abwehrrechten eines beteiligten kollegialen Amtes gegenüber den anderen beteiligten kollegialen Ämtern die Funktionen des Kollegialorgans untergraben: Die Ämter müßten sich, wenn sie nicht von der Rechtmäßigkeit der Zuständigkeitswahrnehmung überzeugt sind, der Teilnahme an der Abstimmung enthalten, um nicht ihre möglichen Abwehrrechte zu verlieren. Das würde dazu führen, daß die Ämter auch bei nur geringen und letztlich vielleicht sogar unberechtigten Zweifeln an der Rechtmäßigkeit ihres Handelns auf die Wahrnehmung verzichten würden, so daß nur in seltenen Fällen die nach der jeweiligen Geschäftsordnung erforderliche Mehrheit zustande kommen würde. Aus diesen Gründen schließt die Beteiligung eines Amtes bei der Beschlußfassung die Verletzung seines Status nicht aus. Auch den beteiligten Ämtern stehen demnach negative absolute subjektive Rechte zu.

Dieselben Überlegungen gelten, wenn ein Beschluß unter Verletzung der Vorschriften über die Öffentlichkeit oder die Art und Weise der Durchführung der Abstimmung (z. B. geheime Abstimmung) zustande kommt. Auch diese Vorschriften betreffen die Ausübung der Kompetenzen der kollegialen Ämter. Verstoßen die Ämter bei der Beratung oder Beschlußfassung gegen solche Regeln, so kann jedes kollegiale Amt, unabhängig davon, ob es an der Beratung oder Beschlußfassung mitgewirkt hat, eine Beeinträchtigung seines Status geltend machen. Die Abwehrrechte richten sich auch hier gegen die (anderen) bei der Beratung oder Beschlußfassung beteiligten Ämter.

Streitigkeiten zwischen kollegialen Funktionsträgern entstehen häufig im Zusammenhang mit Wahlen. Dabei kann man zwei typische Fallkonstellationen unterscheiden:

---

[82] Nicht aber, wie meist fälschlich angenommen wird, gegenüber dem Organ. Vgl. II. Teil, X. Abschnitt, D.

[83] Auf die Frage, wann der „Beschluß" nicht nur rechtswidrig, sondern sogar nichtig ist, kann hier nicht eingegangen werden.

Nach den Hochschulgesetzen und Hochschulverfassungen sind bestimmte Kollegialorgane für die Wahl der Organwalter anderer Funktionsträger zuständig. So hat z. B. nach § 33 II Nr. 2 HschG-NW der Konvent den Hochschulpräsidenten bzw. den Rektor, genauer den Walter des Amtes „Hochschulpräsident" bzw. „Rektor" zu wählen[84]. Organintern sind hierfür die kollegialen Ämter zuständig. Nehmen die Ämter ihre Kompetenzen ohne Beachtung der dem einzelnen kollegialen Amt eingeräumten Befugnis zur mitwirkenden Wahrnehmung wahr, so steht dem kollegialen Amt wegen der Statusverletzung ein subjektives Abwehrrecht zu[85]. Insoweit ergeben sich zu den zuvor besprochenen Fällen keine Besonderheiten.

Problematisch ist dagegen, ob kollegiale Ämter[86] Abwehrrechte besitzen, wenn ein anderes kollegiales Amt, das z. B. aufgrund einer rechtswidrig vorgenommenen Wahl nicht rechtmäßig besetzt ist, bei der Zuständigkeitenwahrnehmung mitwirkt. — Die fehlerhafte Besetzung eines kollegialen Amtes kann zwar zur Rechtswidrigkeit eines Beschlusses führen[87], eine Statusverletzung eines anderen Amtes kann aber nur dann vorliegen, wenn das unrechtmäßig besetzte Amt durch ein entsprechendes Verhalten den Anspruch erhebt, die Kompetenzen allein, d. h. ohne Rücksicht auf die rechtmäßigen Befugnisse zur Mitwirkung der anderen kollegialen Ämter wahrnehmen zu dürfen[88]. Die unrechtmäßige Besetzung betrifft jedoch allein die Frage, wer rechtmäßig Organ*walter* ist, hat also mit den dem Amt zugewiesenen Kompetenzen und Befugnissen nichts zu tun. Die fehlerhafte Bestellung eines Kollegen z. B. aufgrund einer rechtswidrigen Wahl, läßt die Tätigkeit der kollegialen Ämter unberührt. Solange ein kollegiales Amt die ihm zugewiesenen Zuständigkeiten ordnungsgemäß wahrnimmt, kann — mag auch die Wahl des Organwalters rechtswidrig sein — von einer Beeinträchtigung des Status eines kollegialen Amtes keine Rede sein. Den kollegialen Ämtern stehen deshalb keine Abwehrrechte zu, wenn andere unrechtmäßig besetzte kollegiale Ämter bei der Wahrnehmung der Zuständigkeiten mitwirken, ohne ihre Kompetenzen und Befugnisse zu überschreiten[89].

---

84 Weitere Beispiele finden sich bei *Kimminich*, Festgabe für H. Gerber, S. 119 ff. (124).

85 Vgl. etwa VG Gelsenkirchen, Urt. v. 13. 1. 1971 (4 K 877/70), unveröff., betreffend eine Wahl zum Rektor; ferner VG Münster, Urt. v. 25. 2. 1971 (1 K 122/71), unveröff., betreffend einen Beschluß über einen Berufungsvorschlag.

86 In den einschlägigen Entscheidungen wird allerdings nicht immer deutlich, ob es um subjektive Rechte der Ämter oder um solche der Amts- und Organwalter geht. So mit Recht *Ewald*, WissR 1971, 272/273.

87 Vgl. *Schuster*, WissR 1971, 275 f. (276).

88 s. o. II. Teil, XIII. Abschnitt, C., II., 2.

89 So mit Recht *Ewald*, WissR 1971, 274 f.; VG Kassel, Urt. v. 8. 12. 1970 (III E 174/69), in Auszügen wiedergegeben bei *Ewald*, S. 274 f.; VG Kassel,

Insgesamt kann man feststellen, daß immer dann, wenn kollegiale Ämter unter Verstoß gegen Verfahrensvorschriften Kompetenzen und Befugnisse wahrnehmen, Abwehrrechte zugunsten der (anderen) kollegialen Ämter bestehen. Der Begriff der Wahrnehmung ist dabei weit zu fassen; er umfaßt sowohl die Vorbereitung der Sitzungen als auch die Beratung, Beschlußfassung und Ausfertigung der Protokolle.

Urt. v. 9. 11. 1971 (III E 19/70), unveröff. In beiden Entscheidungen geht das Gericht allerdings fälschlich davon aus, daß subjektive Rechte des Organteils (auch) im Verhältnis zum Organ beständen. — a. A. wohl nur *Schuster*, WissR 1971, 276, wobei allerdings zweifelhaft ist, ob Schuster die subjektiven Rechte überhaupt dem Amt zuordnet.

DRITTER TEIL

Subjektive Rechte der Amtswalter im Hochschulinnenbereich

I. Abschnitt

Amtswalter im Hochschulbereich

Die juristischen Personen des öffentlichen Rechts wie überhaupt alle künstlichen Funktionsträger können sich im sozialen Leben nur durch Menschen verwirklichen, welche die Zwecke der Organisation verfolgen[1]. So beruht auch die Rechtssubjektivität der künstlichen Funktionsträger (nur) auf einer rechtstechnischen Abbreviation; letztlich können auch die rechtstechnischen Berechtigungen und Verpflichtungen auf den Menschen als rechtselementares Pflicht- und Rechtssubjekt zurückgeführt werden[2].

Jene Menschen, die die in den künstlichen Funktionsträgern zusammengefaßten Zuständigkeiten wahrzunehmen haben, die also die Institution mit wirklichem Leben ausfüllen, werden als Amtswalter bezeichnet[3]. Wegen der Qualifizierung des Amtes als ein auf *einen* Menschen bezogener institutionalisierter Zuständigkeitskomplex[4] sind Hilfskräfte wie z. B. Schreibkräfte oder Sachbearbeiter in der Regel keine Amtswalter[5], da ihr Aufgabenbereich meist nicht institutionalisiert ist[6]. Solche Hilfskräfte sind also zwar Organwalter i. w. S., weil ihr Verhalten dem Organ irgendwie zugerechnet wird[7], nicht aber Amtswalter.

---

1 *Wolff*, VR II, § 73 III a (S. 32).

2 s. o. II. Teil, III. Abschnitt.

3 *Wolff*, VR II, § 73 III a (S. 32); *ders.*, Org. II, S. 229; *Rupp*, Grundfragen, S. 24; *Bleutge*, S. 39; *Wallerath*, DVBl. 1971, 197; *Stern / Bethge*, S. 26.

4 Vgl. *Wolff*, VR II, § 73 I c (S. 27 ff.).

5 Vgl. *Ossenbühl*, S. 482.

6 *Wolff* spricht in diesem Zusammenhang mißverständlich von Hilfsämtern; vgl. *Wolff*, VR II, § 73 I d 2 (S. 30).

7 Vgl. *Wolff*, VR II, § 74 IV b 2 (S. 55); demgegenüber versteht Wolff unter den Organwaltern i. e. S. solche, deren Verhalten dem Organ unvermittelt zugerechnet wird.

Das Verhalten der Amtswalter wird intern letztlich einem Organ als höchstem innerorganisatorischem Funktionsträger zugerechnet. Man kann die Amtswalter in solche, deren Verhalten dem Organ unvermittelt, d. h. ohne Vermittlung anderer Amtswalter zugerechnet wird[8], und in solche, deren Verhalten zunächst dem Aufgabenbereich (Organteil) eines anderen Amtswalters und erst dann mittelbar dem Organ zugeordnet wird, unterteilen[9]. Sie sollen als Amtswalter im engen Sinne und als Amtswalter im weiten Sinne bezeichnet werden.

Amtswalter i. e. S. sind im Hochschulbereich die Mitglieder kollegial organisierter Funktionsträger, in erster Linie also die Mitglieder der kollegialen Hochschulorgane (z. B. Rektorat, Senat und Konvent). Aber auch die Mitglieder der kollegial organisierten Unterorgane, z. B. die Mitglieder der Fachbereichsversammlung oder anderer kollegialer Fachbereichsorgane, zählen zu den Amtswaltern i. e. S. Ihr Verhalten wird zwar zunächst dem Unterorgan und erst dann dem Organ zugerechnet; aber diese mittelbare Zurechnung beruht nicht — und nur darauf kommt es an — auf der Vermittlung durch einen anderen *Amtswalter*. Die Amtswaltung i. e. S. ist nicht an die Mitgliedschaft in einem kollegial organisierten Funktionsträger gebunden. So ist z. B. der Inhaber des Amtes des Hochschulpräsidenten Amtswalter i. e. S., weil sein Verhalten unvermittelt dem Amt und Organ[10] „Hochschulpräsident" zugeordnet wird. Schließlich ist aber auch der einzelne Hochschullehrer bei der Wahrnehmung eines Amtes in Forschung und Lehre Amtswalter i. e. S. Seine Forschungs- und Lehrtätigkeit wird dem Organ „Fachbereich" ohne Vermittlung anderer Amtswalter zugerechnet.

Die Mehrzahl der an einer Hochschule mit der Versehung eines Amtes betrauten Personen hat jedoch nur eine Amtswalterstellung i. w. S. inne. So wird z. B. das Verhalten des Verwaltungsdirektors, des Justitiars oder der Referatsleiter immer dem Aufgabenbereich eines oder mehrerer anderer Amtswalter, i. d. R. dem Aufgabenbereich der Rektoratsmitglieder bzw. des Inhabers des Amtes des Hochschulpräsidenten zugeordnet.

---

8 Diese Amtswalter kann man als Organwalter i. e. S. bezeichnen. Vgl. *Wolff*, VR II, § 74 IV b 3 (S. 55).

9 Das sind die Organwalter i. w. S. Vgl. *Wolff*, VR II, § 74 IV b 2 (S. 55); Organwalter i. w. S. können jedoch auch andere, nicht mit der Waltung eines Amtes betraute Personen sein. Nicht jeder Organwalter i. w. S. ist also zugleich auch Amtswalter. Jeder Amtswalter i. w. S. ist jedoch notwendig auch Organwalter i. w. S.

10 Amt und Organ fallen hier zusammen. Vgl. *Wolff*, VR II, § 74 I f 6 α (S. 48).

II. Abschnitt

„Besonderes Gewaltverhältnis" und subjektive Rechte der Amtswalter

Subjektive Rechte der Amtswalter an den wissenschaftlichen Hochschulen könnten ganz oder zum Teil ausgeschlossen sein, wenn diese in einem sog. besonderen Gewaltverhältnis ständen.

Der Begriff des besonderen Gewaltverhältnisses gehört nicht der Gesetzessprache an, sondern beruht auf freier rechtswissenschaftlicher Begriffsbildung[1]. Im Anschluß an O. *Mayer*[2] begreift man es als eine „verschärfte Abhängigkeit, welche zugunsten eines bestimmten Zweckes öffentlicher Verwaltung begründet wird für alle einzelnen, die in den vorgesehenen besonderen Zusammenhang treten"[3]. Wann von einer verschärften Abhängigkeit gesprochen werden kann, ist allerdings umstritten. So ist z. B. zweifelhaft, ob auch die Benutzung offener Anstalten (Museen oder Bibliotheken) als besonderes Gewaltverhältnis aufzufassen ist oder ob der Begriff eine Bedeutung nur bei den Beamten, Soldaten, Schülern und Gefangenen hat[4]. Speziell für die Mitglieder kollegialer Organe wird erörtert, ob sie im Verhältnis zum Gesamtorgan in einem besonderen Gewaltverhältnis stehen[5].

Der Frage, ob Amtswalter an wissenschaftlichen Hochschulen einem besonderen Gewaltverhältnis unterliegen, braucht indessen nur dann nachgegangen zu werden, wenn sich aus der Qualifizierung einer Beziehung als besonderes Gewaltverhältnis rechtliche Folgerungen für die Problematik der subjektiven Rechte der Amtswalter ergeben.

Ausgehend von der Erkenntnis, daß auch das sog. besondere Gewaltverhältnis ein Rechtsverhältnis ist — hierzu wurde im I. Teil dieser Arbeit bereits das Notwendige gesagt —, werden in Rechtsprechung und

---

1 Vgl. *Martens*, ZBR 1970, 197 ff.; zum Unterschied vgl. *Martens*, Öffentlich als Rechtsbegriff, S. 36 ff.

2 *O. Mayer*, S. 101 f.

3 Teilweise wird der Begriff des besonderen Gewaltverhältnisses durch Bezeichnungen wie „besonderes Pflichtverhältnis" (vgl. dazu *Ule*, Besonderes Gewaltverhältnis, S. 144/145) oder „besonderes Statusverhältnis" (vgl. *Hesse*, S. 134 f.) ersetzt. — Vgl. hierzu ferner *Martens*, ZBR 1970, 197; *Brohm*, Verwaltungsvorschriften, S. 238; *Wolff*, VR I, § 32 IV c 3 (S. 199/200). An der Sachproblematik ändert jedoch auch eine neue Terminologie nichts (so mit Recht *Martens*, ZBR 1970, 197 ff.). Kritisch zum besonderen Gewaltverhältnis auch *W. Schmidt*, S. 268/269.

4 Vgl. hierzu *Wolff*, VR I, § 32 IV c 3 (S. 200); *Krüger*, Besonderes Gewaltverhältnis, S. 110 f.; *Weber*, VVDStRL 15, 186/187; *Ipsen*, VVDStRL 15, 200 f.; *Hemmrich*, S. 37; *Brohm*, Verwaltungsvorschriften, S. 238 m. w. N. in Fußn. 8.

5 Vgl. *Bonk*, S. 43 ff.; *Kiock*, S. 88 ff.; *Obermayer*, Verwaltungsakt, S. 87; *Schilling*, BayVwBl. 1965, 116; OVG Münster in DVBl. 1959, 858.

Literatur drei Problemkreise erörtert: Der erste betrifft die Frage des Rechtsschutzes, der zweite die des Vorbehalts des Gesetzes[6] und der dritte die der Grundrechtsgeltung im besonderen Gewaltverhältnis[7]. Uns interessiert hier ausschließlich die Frage, ob das Vorliegen eines besonderen Gewaltverhältnisses für die Ausgestaltung des Rechtsschutzes von Bedeutung ist; zwischen subjektiven Rechten der Amtswalter einerseits und der Problematik des Rechtsschutzes andererseits bestehen nämlich notwendig enge Zusammenhänge[8].

Die auch unter Berücksichtigung der Rechtsprechung als herrschend zu bezeichnende Auffassung geht von der von *Ule* propagierten Differenzierung zwischen Grund- und Betriebsverhältnis aus[9].

Ule vertritt die Ansicht, daß innerhalb des besonderen Gewaltverhältnisses zwischen dem Grundverhältnis und dem Betriebsverhältnis zu unterscheiden sei[10]. Zum Grundverhältnis gehörten alle Maßnahmen, die die Begründung, Änderung oder Beendigung des besonderen Gewaltverhältnisses beträfen[11]; Ule rechnet hierzu z. B. die Ernennung, Entlassung, Versetzung in den Ruhestand, Versetzung oder Abordnung bei den Beamtenverhältnissen und die Zulassung zur Reifeprüfung sowie die Zulassung zur Promotion im Schul- bzw. Hochschulbereich[12]. Demgegenüber handele es sich um Maßnahmen im Betriebsverhältnis, wenn nur der innere Dienstbetrieb, für den insoweit die Betriebsordnung maßgebend sei, betroffen werde[13]. Während für die Maßnahmen im Grundverhältnis Rechtsschutz in vollem Umfange bestehe[14], sei bei Maßnahmen im Betriebsverhältnis zwischen den verschiedenen Arten der besonderen Gewaltverhältnisse und damit der Betriebsverhältnisse zu differenzieren[15]: Bei den Beamtenverhältnissen und offenen

---

[6] Vgl. hierzu BVerfGE 33, 1 ff. (10/11); *Erichsen*, VerwArch 63 (1972), 441 ff.; OVG Koblenz NJW 1973, 1663.

[7] Vgl. hierzu *Martens*, ZBR 1970, 197 ff. (199); speziell für die Grundrechte der Lehrer *Hemmrich*, S. 35 ff.

[8] Zum Verhältnis des materiellen Rechts zum Prozeßrecht vgl. I. Teil, V. Abschnitt, A.

[9] Die häufig anzutreffende Auffassung, die Ausführungen *Ules* stellten sich als eine Fortentwicklung der Ausführungen *Bachofs* dar, erscheint kaum haltbar. Bachof verwendet die Unterscheidung zwischen Innen- und Außenverhältnis, um den rechtsfreien vom rechtserfüllten Raum abzugrenzen. Ule geht demgegenüber davon aus, daß das gesamte besondere Gewaltverhältnis ein Rechtsverhältnis sei (vgl. *Bachof*, Verwaltungsakt, S. 296 und *Ule*, Besonderes Gewaltverhältnis, S. 145). — Vgl. ferner *Zimmermann*, VerwArch 62 (1971), 48 ff. (52); *Stein*, S. 12; *Kellner*, DÖV 1963, 419/420.

[10] *Ule*, Besonderes Gewaltverhältnis, S. 151 f.

[11] Ebd., S. 152.

[12] Vgl. die Beispiele ebd., S. 153 f.

[13] Ebd., S. 152.

[14] Ebd., S. 153.

[15] Ebd., S. 155.

Anstaltsverhältnissen[16] erfordere der Rechtsstaatsgedanke keine Einbeziehung in den verwaltungsgerichtlichen Rechtsschutz[17]. Bei den Beamtenverhältnissen reichten das Remonstrationsrecht — § 38 II BRRG — und der mittelbare Rechtsschutz des Disziplinarverfahrens aus[18]. Bei den offenen Anstaltsverhältnissen komme gleichfalls der mittelbare Rechtsschutz durch die Disziplinargerichte zum Tragen[19]. Auch bestehe die Möglichkeit, Maßnahmen im Betriebsverhältnis keine Folge zu leisten; werde als Reaktion auf die Weigerung (z. B. durch Androhung der Verweisung von der Schule) in das Grundverhältnis eingegriffen, so sei immer noch Rechtsschutz möglich[20]. Hingegen müßten bei geschlossenen Anstaltsverhältnissen — z. B. dem Strafgefangenenverhältnis — auch Maßnahmen im Betriebsverhältnis in den Rechtsschutz mit einbezogen werden. Bei diesen Verhältnissen stehe dem Betroffenen kein Remonstrationsrecht zu. Die Weigerung, eine Maßnahme zu befolgen, würde praktisch nur zu einer weiteren Beschränkung der ohnehin auferlegten Beschränkungen führen[21].

Die Rechtsprechung ist der von *Ule* entwickelten Unterscheidung zwischen Grund- und Betriebsverhältnis zunächst im wesentlichen gefolgt[22]. Später hat sie jedoch diese Differenzierung durch eine Ausweitung des Grundverhältnisses praktisch unterlaufen[23]. Die heutige Auffassung der Gerichte geht dahin, daß im Grundverhältnis nach allgemeinen Regeln verwaltungsgerichtlicher Rechtsschutz zu gewähren sei, während im Betriebsverhältnis Maßnahmen und Anordnungen grundsätzlich nicht angegriffen werden könnten[24], es sei denn, daß sich ihre potentiellen Wirkungen ausnahmsweise auch auf die Stellung des Gewaltunterworfenen als eine dem Gewaltinhaber mit selbständigen Rechten gegenüberstehende Rechtspersönlichkeit erstreckten[25]. Die einschlägigen Entscheidungen zeigen, daß die Gerichte immer häufiger unter Hinweis auf die potentiellen Wirkungen auch Maßnahmen im

---

16 Das sind solche, die den Gewaltunterworfenen mit seiner Mit- und Umwelt in Verbindung lassen. Ebd., S. 160.

17 Ebd., S. 155.

18 Ebd., S. 156/157.

19 Ebd., S. 160.

20 Ebd., S. 161 f.

21 Ebd., S. 162/163.

22 Vgl. *Selmer*, DÖV 1968, 342; *Zimmermann*, VerwArch 62 (1971), 52.

23 *Selmer*, DÖV 1968, 342 und 344.

24 Die Gerichte stellen dabei entscheidend auf das Nichtvorliegen eines Verwaltungsaktes ab, ohne die Möglichkeit einer allgemeinen Leistungsklage zu erörtern. Daraus dürfte zu entnehmen sein, daß die „Möglichkeit einer Rechtsverletzung“ als ein für den Begriff des Verwaltungsaktes notwendiges Element angesehen wird. Vgl. hierzu *Zimmermann*, VerwArch 62 (1971), 52 f. m. w. N.

25 BVerwGE 14, 84; 19, 19 ff.; HessVGH ZBR 1964, 182.

Rahmen des Betriebsverhältnisses in den Rechtsschutz miteinbeziehen[26]. Auffällig ist dabei, daß die Rechtsprechung auf die Innehabung selbständiger Rechte abstellt, also materielle Erwägungen in den Vordergrund rückt, während *Ule* bei seiner Unterscheidung zwischen Grund- und Betriebsverhältnis die Frage nach subjektiven Rechten im Betriebsverhältnis überhaupt nicht aufwirft, sondern die Problematik des verwaltungsgerichtlichen Rechtsschutzes ausschließlich im Hinblick auf den Rechtsstaatsgedanken untersucht[27].

Gegen die von *Ule* vertretene Auffassung vom beschränkten Rechtsschutz in den Beamtenverhältnissen und offenen Anstaltsverhältnissen spricht, daß das Remonstrationsrecht — von seinem beschränkten Geltungsbereich einmal ganz abgesehen — keinen *gerichtlichen* Rechtsschutz bietet[28]. Nach Art. 19 IV GG steht jedoch jedem, der durch die öffentliche Gewalt in seinen Rechten verletzt wird, der Rechtsweg offen. § 38 BRRG stellt nur das Ergebnis eines Kompromisses zwischen den Erfordernissen des dienstlichen Gehorsams und der Eigenverantwortlichkeit des Beamten dar, indem diese Vorschrift bestimmt, wer die Verantwortung für die Rechtmäßigkeit des angeordneten Verhaltens zu tragen hat und wie die Entscheidung über die Ausführung der Anordnung herbeigeführt wird[29]. Rechtsschutzprobleme werden durch § 38 BRRG jedoch nicht berührt[30].

Auch der Hinweis auf den Rechtsschutz im Wege des Disziplinarverfahrens vermag nicht zu überzeugen. Der Disziplinarrechtsweg ist nämlich nicht unmittelbar gegenüber Maßnahmen im Betriebsverhältnis gegeben, sondern erst bei der Verweigerung des Gehorsams. Er führt nur zu einer mittelbaren Überprüfung der betrieblichen Maßnahme und kann deshalb im Hinblick auf Art. 19 IV GG nicht als Ersatz für den Verwaltungsrechtsweg angesehen werden[31].

Die Versagung des Rechtsschutzes im Betriebsverhältnis unter Hinweis darauf, daß der Betroffene durch Ungehorsam Maßnahmen im Grundverhältnis „erzwingen" und gegen diese Rechtsschutz verlangen könne, erscheint gleichfalls nicht vertretbar. Art. 19 IV GG gewährt Rechtsschutz gegenüber *jeder* Rechtsverletzung durch die öffentliche Gewalt. Der von *Ule* vorgeschlagene Weg des mittelbaren Rechtsschutzes auf dem „Umweg" über das Grundverhältnis widerspricht Art. 19 IV GG und entbehrt jeder rechtlichen Grundlage[32].

---

[26] Vgl. z. B. aus dem Hochschulbereich OVG Berlin OVGE 9, 130 ff. Ferner BVerwG ZBR 1968, 218; *Selmer*, DÖV 1968, 342 u. 344; *Stein*, S. 24.

[27] *Ule*, Besonderes Gewaltverhältnis, S. 155.

[28] *Zimmermann*, VerwArch 62 (1971), 55.

[29] *Siegmund-Schultze* DVBl. 1962, 513.

[30] *Siegmund-Schultze* DVBl. 1962, 513.

[31] Vgl. *Siegmund-Schultze*, DVBl. 1962, 514; *Kellner*, DÖV 1963, 422; vgl. auch *Selmer*, DÖV 1968, 343.

Dementsprechend wird der von *Ule* propagierte Ausschluß des Rechtsschutzes im Betriebsverhältnis bei den Beamtenverhältnissen und den offenen Anstaltsverhältnissen in der Literatur zu Recht weitgehend abgelehnt[33]. Für die Frage des Rechtsschutzes kann es nicht auf die Unterscheidung zwischen Grund- und Betriebsverhältnis ankommen, sondern nur darauf, ob und wann eine Verletzung der Individualsphäre vorliegt[34]. Dieser Gedanke liegt, wie schon erwähnt, auch der neueren Rechtsprechung zugrunde, wird von den Gerichten jedoch nicht so klar und deutlich ausgesprochen.

Die Unterscheidung zwischen Grund- und Betriebsverhältnis kann sinnvoll sein, um die verschiedenen rechtlichen Beziehungen, in denen eine Person — insbesondere dann, wenn sie mit der Wahrnehmung eines Amtes betraut ist — stehen kann, *systematisch* zu ordnen[35]. Für die im Hinblick auf Art. 19 IV GG allein interessierende Frage nach den subjektiven Rechten ist sie jedoch ohne Bedeutung. Es ist vielmehr hinsichtlich jeder einzelnen einer Person zugeordneten Norm — unabhängig davon, ob sie das Grund- oder Betriebsverhältnis betrifft — zu prüfen, ob sie (auch) dem Schutz von Individualinteressen zu dienen bestimmt ist[36].

Sagt aber der Begriff des besonderen Gewaltverhältnisses und die Differenzierung zwischen Grund- und Betriebsverhältnis innerhalb dieses besonderen Gewaltverhältnisses nichts über die Existenz subjektiver Rechte aus, so bedarf es auch keiner Prüfung, ob die Amtswalter im Hochschulbereich in einem besonderen Gewaltverhältnis stehen.

III. Abschnitt

Die Rechtsstellungen der Amtswalter

A. Die Rechtsbeziehungen der Amtswalter

Pflichten und dementsprechend auch subjektive Rechte der Amtswalter können aus verschiedenen Rechtsbeziehungen resultieren. Man kann sie ganz grob in zwei Komplexe unterteilen: Den ersten Komplex

---

32 Vgl. hierzu *Zimmermann*, VerwArch 62 (1971), 56; vgl. auch BVerwGE 19, 19 - 24.

33 Vgl. *Selmer*, DÖV 68, 342 ff., insbes. S. 345 f.; *Siegmund-Schultze*, DVBl. 62, 508 ff. (insbes. 514); *Stein*, S. 16/17; *Kellner*, DÖV 1963, 418 ff. (423); *Martens*, ZBR 1970, 197 ff. (199). Vgl. auch speziell für das Beamtenverhältnis *W. Schmidt*, S. 218 u. 229.

34 So mit Recht die in Fußn. 33 genannten Autoren.

35 Ähnlich unterscheidet *Rupp*, Grundfragen, zwischen dem Innen- und Außenrechtsverhältnis. Vgl. ebd., S. 34 u. S. 81.

36 Eine andere, erst später zu behandelnde Frage ist, wann eine Maßnahme als Verwaltungsakt zu bezeichnen ist. Vgl. hierzu *Zimmermann*, VerwArch 62 (1971), 48 ff. (52 f. m. w. N.).

bilden diejenigen Rechte und Pflichten, die jeder natürlichen Person, unabhängig davon, ob sie mit der Waltung eines Amtes betraut ist, zustehen[1]. Diesen stehen die Rechte und Pflichten des zweiten Komplexes gegenüber; ihr charakteristisches Merkmal besteht darin, daß sie einen spezifischen Bezug zu der Waltung eines Amtes aufweisen[2].

Eine Aufzählung der Rechte und Pflichten des *ersten Komplexes* ist wegen der Vielzahl der in Frage kommenden Rechte und Pflichten schlechthin ausgeschlossen. Hier mag der Hinweis genügen, daß z. B. die Grundrechte solche allgemeinen Rechte darstellen[3]. — Hinsichtlich der durch Art. 5 III 1 GG verbürgten Freiheit der Wissenschaft, Forschung und Lehre[4] könnten allerdings Zweifel bestehen, ob insofern nicht doch die Wahrnehmung von Aufgaben der Forschung und Lehre an einer wissenschaftlichen Hochschule, d. h. die Waltung eines Amtes, Voraussetzung für die Inanspruchnahme dieses Grundrechts ist. „Art. 5 Abs. 3 Satz 1 GG gewährleistet dem Wissenschaftler einen gegen Eingriffe des Staates geschützten Freiheitsraum, der vor allem die auf wissenschaftlicher Eigengesetzlichkeit beruhenden Prozesse, Verhaltensweisen und Entscheidungen bei dem Auffinden von Erkenntnissen, ihrer Deutung und Weitergabe umfaßt[5]." Dieses Abwehrrecht steht also jedem wissenschaftlich Tätigen zu und ist nicht an die Waltung eines Amtes innerhalb einer wissenschaftlichen Hochschule geknüpft[6]. Auch die Studenten, die kein Amt verwalten, können sich, wenn sie an der Forschung und wissenschaftlichen Lehre teilnehmen, auf die Freiheitsgarantie des Art. 5 III 1 GG berufen[7]. — Über dieses negative subjektive Recht hinaus erwächst nach Auffassung des Bundesverfassungsgerichts dem einzelnen Grundrechtsträger „aus der Wertentscheidung des Art. 5 Abs. 3 GG ein Recht auf solche staatlichen Maßnahmen auch organisatorischer Art, die zum Schutze seines grundrechtlich gesicherten Freiheitsraumes unerläßlich sind, weil sie ihm freie wissenschaftliche Betätigung überhaupt erst ermöglichen"[8, 9]. An-

1 *Siegmund-Schultze*, DVBl. 1962, 511, bezeichnet die Rechte dieses ersten Komplexes dementsprechend zutreffend als „allgemeine Rechte".

2 Wir kommen darauf sogleich zurück.

3 Dabei ist allerdings zu prüfen, ob und ggf. welche Grundrechte bei der Amtswaltung eingeschränkt sind. Zur Frage der Einschränkbarkeit der Grundrechte im sog. besonderen Gewaltverhältnis vgl. BVerfG in NJW 1972, 811 ff.; *Müller-Dietz*, NJW 1972, 1161 ff.; *Rupprecht*, NJW 1972, 1345 ff.; *Erichsen*, VerwArch 63 (1972), 441 ff.

4 Vgl. auch § 23 S. 3 HschG-NW.

5 So das BVerfG in NJW 1973, 1176 ff., Leitsatz a).

6 Dasselbe gilt für § 23 S. 3 HschG-NW. Diese Vorschrift bestimmt, daß die Übertragung von Lehraufgaben nicht zu einer Festlegung des Inhalts der Lehre führen darf und entspricht daher sachlich dem Art. 5 III 1 GG.

7 So das BVerfG in NJW 1973, 1176 ff. (1179 r. Sp.).

8 BVerfG in NJW 1973, 1176 ff. Leitsatz c); vgl. auch *Rupp*, NJW 1972, 16 ff. (17); *Staff*, ZRP 1970, 150 ff.; *Azzola*, ZRP 1973, 44 ff.

hand des Art. 5 III GG dürfte somit die Frage zu beurteilen sein, ob dem einzelnen Hochschullehrer ein subjektives Recht auf Zuweisung des für seine Tätigkeit notwendigen Grundbedarfs an Stellen und Mitteln zusteht[10]. Es liegt auf der Hand, daß das vom Bundesverfassungsgericht aus der Wertentscheidung des Art. 5 III hergeleitete Teilhaberecht im Bereich der wissenschaftlichen Hochschulen von besonderer Bedeutung ist, weil hier staatliche Organisation und wissenschaftliche Tätigkeit eng ineinandergreifen. Dennoch darf hieraus nicht der Schluß gezogen werden, daß Teilhabeberechtigungen an die Verwaltung eines Amtes innerhalb der Hochschule gebunden seien. Die Teilhabeberechtigungen sind nach Ansicht des Bundesverfassungsgerichts nämlich Inhalt des Individualgrundrechts[11] und stehen damit *jedem* Wissenschaftler, also auch dem nicht an einer Hochschule tätigen, zu. Daran vermag auch die Tatsache nichts zu ändern, daß Teilhabeberechtigungen fast ausschließlich im Hochschulbereich relevant werden dürften; der Grund hierfür liegt allein darin, daß dem Staat hinsichtlich des Wissenschaftsbetriebes heute weithin ein faktisches Monopol zukommt, so daß eine Ausübung der Grundfreiheiten des Art. 5 III GG hier notwendig mit einer Teilhabe an staatlichen Leistungen verbunden ist[12]. Rechtlich, nicht notwendig faktisch, sind Teilhabeberechtigungen jedoch von einer Amtswaltung unabhängig. Auch das Grundrecht der Freiheit der Wissenschaft, Forschung und Lehre ist deshalb den allgemeinen Rechten des ersten Komplexes zuzurechnen.

Bei den Rechten und Pflichten des *zweiten Komplexes*, die mit der Waltung eines Amtes in Zusammenhang stehen, soll vorerst[13] zwischen drei verschiedenen Rechtsbeziehungen differenziert werden[14]: Jeder Amtswalter muß zunächst überhaupt erst für die Tätigkeit für die juristische Person gewonnen werden. Das geschieht durch das sog. *Grund- oder Innenverhältnis*[15]. Durch das sog. *Amtswalterverhältnis* wird dem Amtswalter ein Amt im organisationsrechtlichen Sinne übertragen, damit er die im Amt zusammengefaßten Wahrnehmungszuständigkeiten ausüben kann — *Amtsstellung im funktionalen Sinne* (organisationsrechtliches Amt)[16].

---

9 Nach Auffassung des VG Koblenz (NJW 1973, 1244 ff.) folgt aus Art. 5 III 1 GG ein Anspruch des Wissenschaftlers gegenüber der Hochschule auf Schutzgewähr gegenüber Störungen des Lehrbetriebes durch Dritte.

10 Vgl. hierzu *Rupp*, MHV 1971, 253.

11 Vgl. BVerfG NJW 1973, 1177 r. Sp.

12 BVerfG NJW 1973, 1177 l. Sp.

13 d. h. als Arbeitshypothese.

14 *Wolff*, VR II, § 73 III a (S. 33).

15 *Wolff*, VR II, § 73 III a 3 (S. 33); in Org. II, S. 265, spricht *Wolff* vom „unterliegenden Rechtsverhältnis“. Vgl. ferner *Wolff*, Org. II, S. 231 ff.

16 *Wolff*, VR II, § 73 III a 1 - 3 (S. 33) und § 73 III d (S. 39).

Das Grundverhältnis ist meistens öffentlich-rechtlicher Natur, es kann aber auch privatrechtlichen Charakter besitzen. So kann z. B. gem. § 7 I HschG-NW auf Verlangen des Hochschullehrers anstelle des Beamtenverhältnisses ein privatrechtliches Dienstverhältnis begründet werden. Die öffentlich-rechtlichen Grundverhältnisse der Amtswalter können sich in Funktion und Charakter sehr voneinander unterscheiden. Das Grundverhältnis der i. d. R. durch Wahl berufenen Mitglieder kollegial organisierter Funktionsträger ist meist ein Auftrags- und Repräsentantenverhältnis[17], das des Hochschulpräsidenten[18] ein Berufs-Amtsverhältnis, Dienstverhältnis auf Zeit und Beamtenverhältnis[19], das des Hochschullehrers ein Berufs-Amtsverhältnis, Dienstverhältnis und Beamtenverhältnis[20]. Bei den Grundverhältnissen der Amtswalter i. w. S. handelt es sich durchweg um Berufs-Amtsverhältnisse, Dienstverhältnisse und Beamten- oder privatrechtliche Angestelltenverhältnisse. Es ist zu beachten, daß die wissenschaftlichen Hochschulen in Nordrhein-Westfalen keine Dienstherrenfähigkeit besitzen, so daß das Grundverhältnis, wenn es sich um ein Dienstverhältnis handelt, zwischen dem Lande Nordrhein-Westfalen und dem Amtswalter zustande kommt, während Auftragsverhältnisse zwischen der jeweiligen Hochschule und dem Amtswalter begründet werden. Aus dem Grundverhältnis ergeben sich außer den Vermögensrechten das Recht auf Fürsorge und Schutz[21]. Das Grundverhältnis gewährt ferner ein subjektives Recht auf das abstrakte oder konkrete Amt: Die Beamten besitzen i. d. R. nur ein Recht auf das abstrakte Amt im funktionalen Sinne, also ein Recht, allgemein Dienstaufgaben wahrzunehmen, die ihrer laufbahnmäßigen Dienststellung entsprechen[22]. Anders ist es jedoch, wenn die Versehung eines konkreten Amtes im funktionalen Sinne zum Inhalt des Grundverhältnisses gemacht worden ist. Dies ist z. B. bei den Hochschullehrern, die auf einen ganz bestimmten Lehrstuhl berufen werden[23], beim Hochschulpräsidenten, beim Dekan[24] und bei den gewählten Amtswaltern der kollegial organisierten Funktions-

---

17 Vgl. auch *Wolff*, VR II, § 73 III b 1 α (S. 33), § 86 V b 2 (S. 189) und § 110 II b (S. 426/427).

18 Gemeint ist hier der Inhaber des Amtes „Hochschulpräsident".

19 Vgl. § 5 I HschG-NW.

20 Wir folgen hier der Terminologie von *Wolff*, VR II, § 73 III b 1 (S. 33/34).

21 Vgl. *Wolff*, VR II, § 73 III b 3 β (S. 35); aus den das Grundverhältnis regelnden Normen ergibt sich auch, ob dem Hochschullehrer ein subjektives Recht auf Zuweisung des sog. Grundbedarfs (auch Grundausstattung genannt) zusteht.

22 Vgl. VGH Bad.-Württ. DVBl. 1970, 695 ff.; *Plog / Wiedow*, Komm. zu § 60 BBG, Rdnr. 3; *Fischbach*, § 60 BBG unter III 1; vgl. auch BVerwG ZBR 1968, 218; *Lepke*, DVBl. 1966, 135 ff.

23 Vgl. *Kimminich*, Festgabe für H. Gerber, S. 127.

24 Gemeint sind die Inhaber dieser Ämter.

träger der Fall. Sie besitzen ein subjektives Recht auf Übertragung des konkreten Amtes im funktionalen Sinne (subjektives Recht auf das konkrete Amt)[25]. Soweit aus dem Grundverhältnis ein subjektives Recht auf das konkrete Amt folgt, beinhaltet dieses zugleich das subjektive Recht *am* Amt, d. h. das Recht auf Beibehaltung der einmal übertragenen Amtsgeschäfte[26].

Aus dem Amtswalterverhältnis folgen diejenigen Rechte und Pflichten der Amtswalter, die sich aus der Übertragung eines *konkreten* Amtes im funktionalen Sinne (Amt im organisationsrechtlichen Sinne) ergeben[27]. Wir kommen darauf noch im einzelnen zurück[28].

In der Regel fallen die Begründung des Grundverhältnisses und die Begründung des Amtswalterverhältnisses zeitlich auseinander[29]; die Differenzierung zwischen den Rechten und Pflichten aus dem Grundverhältnis und denen aus dem Amtswalterverhältnis bereitet dann keine Schwierigkeiten. Hingegen ist die Trennung nicht einfach, wenn die Begründung des Grund- und des Amtswalterverhältnisses uno actu erfolgt und die Versehung eines konkreten Amtes zum Inhalt des Grundverhältnisses gemacht wird[30].

Problematisch ist, ob aus der Amtsstellung im funktionalen Sinne (organisationsrechtliches Amt) — wie dies als Hypothese angenommen wurde — überhaupt Rechte und Pflichten des Amtswalters resultieren können.

Die Unterscheidung zwischen den Rechten und Pflichten aus dem Amtswalterverhältnis und aus der Amtsstellung im funktionalen Sinne wird in Rechtsprechung und Literatur weitgehend vernachlässigt, obwohl sie doch z. B. für die Frage, wieweit dem Amtswalter subjektive

---

[25] *Wolff*, VR II, § 73 III b 3 β (S. 34).

[26] Vgl. hierzu *Thieme*, Hochschulrecht, S. 263; *Köttgen*, S. 139 ff. — Nach *Wolff*, VR II, § 73 III c 3 (S. 38/39) wird das Recht *am* Amt erst durch das Amtswalterverhältnis begründet. Diese Ansicht ist jedoch abzulehnen; das Recht *am* Amt setzt zwar logisch ein Amtswalterverhältnis voraus, aber es folgt nicht aus diesem. — Mit dem Recht *auf* das Amt und dem Recht *am* Amt darf das Recht *zum* Amt nicht verwechselt werden; vgl. III. Teil, IV. Abschnitt, B.

[27] *Wolff*, VR II, § 73 III b 3 β (S. 34) und § 73 III c 3 (S. 38/39).

[28] s. u. III. Teil, IV. Abschnitt, B.

[29] So geht i. d. R. die Berufung ins Beamtenverhältnis der Zuweisung eines Amtes voraus. Vgl. *Wolff*, VR II, § 73 III c (S. 35) und § 109 I a und b (S. 418 ff.).

[30] *Wolff*, VR II, § 73 III a 3 (S. 33). *Rupp*, Grundfragen, S. 77 mit Fußn. 158, fordert gleichwohl eine scharfe begriffliche Scheidung. Vgl. hierzu auch *Stern / Bethge*, S. 27, die der Ansicht sind, daß das Amtswalterverhältnis das Grundverhältnis völlig überlagern könne. Dies scheint auch *Wolff* anzunehmen; nur so ist es nämlich zu erklären, daß Wolff das Recht *auf* das Amt und das Recht *am* Amt *auch* aus dem Amtswalterverhältnis herleitet. Vgl. *Wolff*, VR II, § 73 III c 3 (S. 38/39), andererseits aber § 73 III b 3 β (S. 34).

Rechte gegenüber rechtswidrigen Weisungen zustehen, besonders relevant ist. Soweit in der einschlägigen Literatur von amtlichen Weisungen[31] die Rede ist, bleibt meist unklar, ob die Weisungen die Amtsstellung im funktionalen Sinne, d. h. den Funktionsträger Amt, oder den Amtswalter betreffen[32].

Bei der Differenzierung zwischen den Rechten und Pflichten aus dem Amtswalterverhältnis und denen aus der Amtsstellung im funktionalen Sinne ist von der Überlegung auszugehen, daß die Ämter hinsichtlich der ihnen zugewiesenen Wahrnehmungszuständigkeiten rechtstechnisch Zuordnungsendsubjekte sind[33]. Dem Amtswalter stehen diese aus der Amtsstelle im funktionalen Sinne folgenden Rechte und Pflichten (nur) auf dem „Umweg" über seine aus dem Amtswalterverhältnis folgende Pflicht zur Wahrnehmung der im Amt zusammengefaßten Zuständigkeiten zu[34]. Die dem Amt zugeordneten Rechte und Pflichten sind jedoch nicht Inhalt, sondern nur Gegenstand der aus dem Amtswalterverhältnis folgenden Wahrnehmungsverpflichtung[35]. Diese Wahrnehmungsverpflichtung bezieht sich deshalb auch nicht auf die im Amt zusammengefaßten Zuständigkeiten selbst, sondern nur auf die Amtswaltung als solche, d. h. auf die Innehabung der Amtswalterstellung[36]. Die aus der Amtsstelle im funktionalen Sinne resultierenden Rechte und Pflichten sind also nicht solche der Amtswalter selbst, sondern solche der Ämter[37].

Dementsprechend ist bei der Frage der subjektiven Rechte gegenüber rechtswidrigen Weisungen zwischen persönlichen und sachlichen Weisungen zu unterscheiden. Persönliche Weisungen konkretisieren die Rechte und Pflichten des Amtswalters, betreffen also entweder das Grund- oder das Amtswalterverhältnis; sachliche Weisungen konkretisieren demgegenüber Rechte und Pflichten des Amtes[38]. Sachliche Weisungen berühren nicht den Inhalt der Rechte und Pflichten aus dem Amtswalterverhältnis, sondern nur deren Gegenstand[39]. Allenfalls dem

---

31 Den amtlichen werden i. d. R. die dienstlichen, also die das Grundverhältnis berührenden Weisungen gegenübergestellt.

32 Vgl. z. B. *Risken*, S. 72/73.

33 s. o. II. Teil, III. Abschnitt.

34 *Wolff*, Org. II, S. 272.

35 *Wolff*, Org. II, S. 270, 272 u. 278; *Rupp*, Grundfragen, S. 49; unzutreffend daher *Ossenbühl*, S. 483; in seinem Verwaltungsrecht bezeichnet *Wolff* die Amtsfunktionen unverständlicherweise als *Inhalt* der Amtswalterpflicht. Vgl. VR I, § 41 III a (S. 272) und VR II, § 73 III c 2 α (S. 36).

36 *Wolff*, Org. II, S. 272; wohl auch *Rupp*, Grundfragen, S. 70.

37 Völlig zu Recht bemerkt deshalb *Wolff*, VR II, § 73 III d 1 (S. 39), daß der Amtswalter aus der Amtsstellung im funktionalen Sinne keine eigenen Rechte herleiten könne.

38 *Stein*, S. 27.

39 Gehört das Befohlene nicht zum üblichen Aufgabenkreis, so liegt inhaltlich zugleich eine persönliche Weisung vor. — Vgl. *Stein*, S. 27.

Amt, nicht aber dem Amtswalter können gegenüber rechtswidrigen sachlichen Weisungen subjektive Rechte zur Verfügung stehen[40].

Zusammenfassend kann somit festgestellt werden, daß subjektive Rechte der Amtswalter — abgesehen von den allgemeinen Rechten des ersten Komplexes — nur aus dem Grundverhältnis oder aus dem Amtswalterverhältnis, nicht dagegen aus der Amtsstelle im funktionalen Sinne (organisationsrechtliches Amt) resultieren können.

B. Die Rechtsbeziehungen der Amtswalter im Innenbereich

Da im Rahmen dieser Arbeit nur subjektive Rechte der Amtswalter im Hochschulinnenbereich zur Diskussion stehen, scheiden hier solche subjektiven Rechte aus, die sich nicht aus den Rechtsbeziehungen des Hochschulinnenbereiches ergeben. Entsprechend der eingangs[41] getroffenen Differenzierung zwischen Innen- und Außenbereich kommt es darauf an, welche der Rechtsbeziehungen der Amtswalter sich auf den organschaftlichen Funktionsablauf beziehen[42], also die Ausübung staatlicher Funktionen betreffen[43] und dementsprechend auf organschaftliche Rechtswaltung gerichtet sind[44].

Die allgemeinen Rechte und Pflichten des ersten Komplexes[45] werden dadurch charakterisiert, daß sie jeder natürlichen Person, unabhängig davon, ob sie mit der Waltung eines Amtes betraut ist, zustehen können. Es kann deshalb keine Rede davon sein, daß diese Rechtsbeziehungen auf organschaftliche Funktionswaltung gerichtet seien. Bei den allgemeinen Rechten und Pflichten handelt es sich vielmehr um solche des Außenbereiches; sie sollen deshalb in den folgenden Untersuchungen unberücksichtigt bleiben.

Demgegenüber werden durch das Grundverhältnis und das Amtswalterverhältnis die Rechte und Pflichten einer mit einer Amtswaltung betrauten oder noch zu betrauenden natürlichen Person geregelt. Dabei bestehen die Rechte und Pflichten aus dem Grundverhältnis jedoch unabhängig davon, ob der Amtswalter gerade mit der Wahrnehmung von Amtsfunktionen betraut ist oder nicht[46]. Das Grundverhältnis

---

40 Vgl. auch *Wolff*, VR II, § 117 III c 1 (S. 484).

41 s. o. I. Teil, II. Abschnitt.

42 Vgl. *Rupp*, Grundfragen, S. 34; *Hoppe*, Organstreitigkeiten, S. 27, Fußn. 6; *Stern / Bethge*, S. 26/27.

43 *Rupp*, Grundfragen, S. 75.

44 *Rupp*, Grundfragen, S. 76.

45 s. o. in diesem Abschnitt A.

46 Im Gegensatz zu den allgemeinen Rechten und Pflichten des ersten Komplexes werden die Rechte und Pflichten des Grundverhältnisses also im Hinblick auf die zumindest potentielle Wahrnehmung eines organisatorischen Amtes begründet.

regelt den personellen Grundstatus des Amtswalters ohne Rücksicht darauf, welches Amt und ob überhaupt gerade ein Amt im funktionalen Sinne verwaltet wird[47]. Insofern geht das Grundverhältnis dem Amtswalterverhältnis wenn auch nicht notwendig zeitlich, so doch immerhin logisch voraus[48]. Die Rechtsbeziehungen des Grundverhältnisses sind also per definitionem nicht auf einen bestimmten organschaftlichen Funktionsablauf hin ausgerichtet und bestehen unabhängig von der Wahrnehmung konkreter staatlicher Funktionen[49]. Die Relationen des Grundverhältnisses sind somit dem Außenbereich zuzurechnen[50].

Rechtsbeziehungen der Amtswalter im Innenbereich resultieren deshalb allein aus dem Amtswalterverhältnis, denn dieses beinhaltet jene Rechte und Pflichten, die einer natürlichen Person zustehen, weil gerade sie die in einem bestimmten Amt zusammengefaßten Zuständigkeiten wahrnimmt[51].

Im folgenden Abschnitt geht es deshalb nur um die Frage, ob die Amtswalter des Hochschulbereiches aufgrund ihres jeweiligen Amtswalterverhältnisses subjektive Rechte besitzen. Dabei ist allerdings zu beachten, daß ein und dieselbe Person mit der Waltung mehrerer Ämter betraut sein kann und deshalb in mehreren Amtswalterverhältnissen stehen kann. So kann z. B. ein Hochschullehrer sowohl Walter eines Amtes in Forschung und Lehre als auch Walter eines kollegialen Amtes in einem Hochschulorgan sein. Die verschiedenen Amtswalterverhältnisse sind, soweit es um subjektive Rechte geht, auseinanderzuhalten.

IV. Abschnitt

Subjektive Rechte der Amtswalter im Hochschulinnenbereich

A. Der Begriff des subjektiven Rechts

Für den Nachweis subjektiver Rechte der Amtswalter ist erforderlich, daß ein Rechtssatz vorhanden ist, der dazu bestimmt ist, die Individualinteressen der mit der Amtswaltung betrauten Person zu schützen. Außerdem muß dem Amtswalter die Rechtsmacht verliehen sein, sich gegenüber dem Verpflichteten auf die begünstigende Rechtsfolge berufen und von diesem ein entsprechendes Verhalten verlangen zu

47 *Stern / Bethge*, S. 27.

48 *Wolff*, Org. II, S. 265; *Hoppe*, Organstreitigkeiten, S. 172.

49 *Rupp*, Grundfragen, S. 75 ff.; *Stern / Bethge*, S. 27; *Wolff*, Org. II, S. 231 ff.

50 *Rupp*, Grundfragen, S. 34 und 76; *Hoppe*, Organstreitigkeiten, S. 172.

51 *Rupp*, Grundfragen, S. 76; *Wolff*, VR II, § 73 III c (S. 35).

können[1]. Dabei ist zwischen den positiven und den negativen subjektiven öffentlichen Rechten zu unterscheiden[2]. Es kann insoweit auf die grundsätzlichen Ausführungen im zweiten Teil dieser Arbeit verwiesen werden.

B. Subjektive Rechte der Hochschullehrer

Bei den im folgenden zu behandelnden subjektiven Rechten der Hochschullehrer geht es nur um solche Rechte, die dem Hochschullehrer als Walter eines Aufgabenbereiches in Forschung und Lehre[3] zustehen. Zwar sind die Hochschullehrer i. d. R. auch verpflichtet, an akademischen Prüfungen mitzuwirken[4]; bei einer solchen Mitwirkung verwaltet der Hochschullehrer jedoch nicht das ihm übertragene Amt in Forschung und Lehre, sondern ein von diesem unabhängiges Prüfungsamt[5]. Insoweit liegt also auch ein besonderes Amtswalterverhältnis vor.

Der Hochschullehrer wird stets auf ein bestimmtes Amt berufen[6] und ist gegen seinen Willen nicht versetzbar[7]. Das als Beamtenverhältnis bzw. privatrechtliches Dienstverhältnis ausgestaltete Grundverhältnis wird also im Hinblick auf die Wahrnehmung eines konkreten Amtes begründet und fällt zeitlich i. d. R. mit der Entstehung des Amtswalterverhältnisses zusammen.

Die Rechte und Pflichten der Hochschullehrer als Amtswalter ergeben sich überwiegend aus den einschlägigen landesrechtlich verschiedenen beamtenrechtlichen Bestimmungen oder aber aus dem jeweiligen privatrechtlichen Dienstvertrag. Eine abschließende Aufzählung der Pflichten und Rechte aus dem Amtswalterverhältnis der Hochschullehrer ist deshalb kaum möglich; sie würde im Hinblick auf den überwiegend spezifisch beamtenrechtlichen Charakter der Rechte und Pflichten auch den Rahmen dieser Arbeit sprengen. Insoweit kann auf die einschlägige Literatur zum Hochschullehrer-Beamtenrecht verwiesen werden.

---

1 Vgl. II. Teil, V. Abschnitt. Im Hinblick auf Art. 19 IV GG bedarf die Verleihung der Rechtsmacht jedoch keines besonderen Nachweises mehr. Vgl. BVerfGE 27, 297 f. (308).

2 s. o. II. Teil, IX. Abschnitt.

3 Nach herkömmlichem Verständnis also der Inhaber eines Lehrstuhls.

4 Die Mitwirkung bei staatlichen Prüfungen kann hier außer Betracht bleiben, denn die staatlichen Prüfungsämter sind keine Funktionsträger des Hochschulinnenbereiches.

5 Vgl. *Wolff*, VR II, § 73 I b 2 (S. 31/32).

6 Zur Rechtsnatur von Berufungsvereinbarungen vgl. *Grellert*, WissR 1969, 126 ff.

7 *Wolff*, VR II, § 93 III e 1 α (S. 278); *Thieme*, Hochschulrecht, S. 263; *Köttgen*, S. 140.

Hier sei nur erwähnt, daß der Anspruch auf das sog. Kolleggeldpauschale[8], der unstreitig ein vermögensrechtliches subjektives Recht darstellt, nicht aus dem Grundverhältnis, sondern aus dem Amtswalterverhältnis folgt. Dies ergibt sich daraus, daß das Kolleggeldpauschale an die Ausübung einer Lehrtätigkeit angemessenen Umfangs geknüpft ist[9]. Es steht dem Hochschullehrer nur zu, wenn und soweit er sein Amt in der Lehre verwaltet, ist also vom Grundgehalt unabhängig[10, 11].

Problematisch ist, ob der Hochschullehrer als Amtswalter ein subjektives Recht zum Amt besitzt. Das subjektive Recht zum Amt ist das Recht des Amtswalters „gegenüber der Juristischen Person[12] und jedem andern, ihn, solange er Organwalter[13] ist, als solchen zu dulden, gegenüber der Juristischen Person insbesondere, sein kompetenzgemäßes Organverhalten[14] für und gegen dieselbe gelten zu lassen"[15]. Das Recht zum Amt ist als Statusrecht zu kennzeichnen, da es nur einen „Zustand des Habens, nämlich des Habens der Amtsmacht, des amtlichen Könnens" darstellt[16].

Das subjektive Recht zum Amt ist also — ebenso wie die subjektiven Rechte auf das konkrete Amt und am konkreten Amt — nicht auf die Wahrnehmung der im Amt zusammengefaßten Kompetenzen und Befugnisse selbst gerichtet, denn diese sind nicht Inhalt, sondern nur Gegenstand der aus dem Amtswalterverhältnis folgenden Rechte und Pflichten[17]. Die im Amt zusammengefaßten Rechte und Pflichten — das sei hier nochmals hervorgehoben — bezwecken nicht den rechtlichen Schutz von Individualinteressen des Amtswalters, sondern allenfalls den

---

8 Vgl. Besoldungsordnung H zum LBesG-NW, Vorbem. 2.

9 Vgl. Besoldungsordnung H zum LBesG-NW, Vorbem. 2. Bei vorübergehender Nichtausübung braucht das Kolleggeldpauschale nicht weitergezahlt zu werden. Die maßgeblichen Verwaltungsvorschriften hierzu sind abgedruckt bei *Becker / Bilo / Schäfers* unter Nr. 27.

10 Vgl. *Wolff*, Org. II, S. 265.

11 Die Auffassung *Rupps*, daß im Organ- bzw. Amtswalterverhältnis überhaupt keine subjektiven Rechte möglich seien, ist deshalb nicht zutreffend (vgl. Grundfragen, S. 80). Eine andere Frage ist allerdings, ob ein subjektives Recht der Amtswalter zum Amt möglich ist. Vgl. hierzu *Rupp*, Grundfragen, S. 69; Rupp geht an dieser Stelle offenbar von der fälschlichen Annahme aus, daß die Rechte und Pflichten des Amtes *Inhalt* der Amtswalterpflicht seien.

12 Dabei wird das Verhalten der intrapersonalen Funktionsträger der juristischen Person zugerechnet. — Das subjektive Recht zum Amt richtet sich also nicht unmittelbar gegen die intrapersonalen Funktionsträger.

13 Jeder Amtswalter ist zugleich Organwalter, s. o. III. Teil, I. Abschnitt mit Fußn. 9.

14 Gemeint ist das Organ*walter*verhalten.

15 *Wolff*, Org. II, S. 267.

16 *Wolff*, Org. II, S. 268. Ebenso *Hoppe*, Organstreitigkeiten, S. 172.

17 s. o. III. Teil, III. Abschnitt, A.

Schutz von Individualinteressen des Amtes selbst[18]. Dem Hochschullehrer steht ein subjektives Recht zum Amt zu, wenn ein Rechtssatz vorhanden ist, aus dem sich ergibt, daß die Ausübung der Amtswalterfunktion, d. h. das Haben der Amtsmacht, auch den Interessen des Hochschullehrers zu dienen bestimmt ist[19].

Auszugehen ist von der Überlegung, daß das Grundverhältnis des Hochschullehrers auf die Wahrnehmung eines konkreten Amtes im funktionalen Sinne gerichtet ist[20]. Insofern hat der Hochschullehrer ein Interesse an der Ausübung der gerade in diesem Amt zusammengefaßten Wahrnehmungszuständigkeiten. Während den meisten Beamten nur ein subjektives Recht an der Ausübung eines abstrakten laufbahnmäßigen Amtes zusteht[21], besitzt der Hochschullehrer ein subjektives Recht auf das konkrete Amt und am konkreten Amt[22]. Anerkennt man aber ein rechtlich geschütztes Individualinteresse des Hochschullehrers an der Ausübung dieses konkreten Amtes, so muß man notwendig auch ein subjektives Recht zum Amt aus dem Amtswalterverhältnis anerkennen. Subjektive Rechte auf das Amt und am Amt sind nämlich nur vorstellbar, wenn dem Rechtsinhaber auch das subjektive Recht eingeräumt wird, nach der Übernahme der Amtswaltung als Amtswalter zu handeln[23]. Das subjektive Recht auf das Amt enthält also sachlich das subjektive Recht zum Amt, ebenso wie auch die aus dem Grundverhältnis folgende Pflicht, das Amt zu übernehmen, zugleich die Pflicht enthält, die im Amt zusammengefaßten Zuständigkeiten auszuüben[24]. Aufgrund jener Rechtssätze, die die Berufung des Hochschullehrers auf ein bestimmtes Amt regeln, wird also das Interesse des Hochschullehrers an der Ausübung der Amtswalterfunktion rechtlich geschützt[25]. Bei einer Beeinträchtigung dieses seines negativen Status stehen dem Hochschullehrer somit subjektive Abwehrrechte zu. Das ist beispielsweise der Fall, wenn dem Hochschullehrer mit der Behauptung, es liege überhaupt keine ordnungsgemäße Berufung vor, das Recht auf Ausübung seiner Forschungs- und Lehrtätigkeit bestritten wird.

---

[18] Vgl. dazu im einzelnen die Ausführungen im II. Teil dieser Arbeit.

[19] Vgl. II. Teil, V. Abschnitt und IX. Abschnitt.

[20] s. o. III. Teil, III. Abschnitt, A.

[21] s. o. III. Teil, III. Abschnitt, A.

[22] s. o. III. Teil, III. Abschnitt, A.

[23] Vgl. *Wolff*, Org. II, S. 266.

[24] Vgl. *Wolff*, Org. II, S. 266.

[25] a. A. *Rupp*, Grundfragen, S. 69/70 und *Hoppe*, Organstreitigkeiten, S. 173, die ein solches subjektives Recht pauschal ablehnen, ohne die Zusammenhänge mit dem aus dem Grundverhältnis folgenden subjektiven Recht auf das Amt zu berücksichtigen.

C. Subjektive Rechte der Amtswalter kollegialer Ämter

Ebenso wie die Hochschullehrer besitzen häufig auch die Amtswalter kollegialer Ämter aufgrund einschlägiger Vorschriften subjektive Vermögensrechte. Hier seien nur das Recht auf Aufwandsentschädigung oder auf ein Repräsentationsgeld sowie das Recht auf eine Amts- oder Stellenzulage genannt. So erhalten z. B. die Hochschullehrer, die als Rektor oder Prorektor an einer wissenschaftlichen Hochschule des Landes Nordrhein-Westfalen tätig sind, für die Dauer dieser Amtstätigkeit eine bestimmte Zulage[26]. Diese subjektiven Vermögensrechte haben relativen positiven Charakter.

Fraglich ist, ob aus § 24 I 2 HschG-NW ein relatives positives subjektives Recht der Mitglieder von Organen der Hochschule auf Bereitstellung der für ihre Tätigkeit notwendigen Mittel und Einrichtungen folgt. Wie bereits dargelegt wurde, ist die Hochschule aufgrund dieser Vorschrift verpflichtet, den Amts(Organ-)waltern die notwendigen Mittel und Einrichtungen zu überlassen[27]. Ein mit dieser Verpflichtung korrespondierendes subjektives Recht stände den Amtswaltern aber nur dann zu, wenn § 24 I 2 HschG-NW den rechtlichen Schutz von Individualinteressen der Amtswalter bezweckte. Insoweit kommt es auf die dieser Vorschrift zugrundeliegende Interessenwertung an[28].

Da die Hochschule daran interessiert ist, daß die in den kollegialen Ämtern zusammengefaßten Wahrnehmungszuständigkeiten von den Amtswaltern auch tatsächlich ausgeübt werden, liegt es im öffentlichen Interesse, daß die Amtswalter diejenigen Mittel und Einrichtungen zur Verfügung haben, die zu einer Amtsausübung unbedingt erforderlich sind (z. B. Schreibpapier, Photokopier- oder sonstige Vervielfältigungsgeräte und Schreibkräfte). Andererseits will der Amtswalter, der sich dazu entschlossen hat, ein bestimmtes kollegiales Amt zu versehen[29], nicht nur in den „Besitz" der Amtswalterstellung gelangen, sondern will die im Amt zusammengefaßten Rechte und Pflichten auch ausüben. Er hat deshalb ein Interesse daran, die für die Ausübung der Amtsmacht erforderlichen Mittel und Einrichtungen zu bekommen. Fraglich ist nur, ob § 24 I 2 HschG-NW den rechtlichen Schutz dieser Interessen auch bezweckt. § 24 I 2 HschG-NW wurde in erster Linie im Hinblick auf die studentische Mitwirkung an der Selbstverwaltung der Hochschule konzipiert[30]. Während nämlich die Hochschullehrer

---

[26] Vgl. LBesG-NW, Besoldungsordnung H, Vorbemerkung 4.

[27] s. o. II. Teil, XIII. Abschnitt, C., I. — Die Verpflichtung besteht nicht gegenüber den Ämtern, sondern gegenüber den Amtswaltern.

[28] Vgl. *Bachof*, Subjektive Rechte, S. 297.

[29] Eine Verpflichtung zur Übernahme eines Amtes besteht gemäß § 24 I 1 HschG-NW nicht. Vgl. *Besch*, Komm. zu § 24 I HschG-NW.

[30] *Besch*, Komm. zu § 24 I HschG-NW.

bereits aufgrund ihrer Tätigkeit im Bereich von Forschung und Lehre i. d. R. über Mittel und Einrichtungen verfügen, die sie auch bei der Waltung eines kollegialen Amtes nutzen können, bleiben den Studenten i. d. R. derartige Möglichkeiten verschlossen. § 24 I 2 HschG-NW will hier einen gerechten Ausgleich schaffen. Die Verpflichtung nach § 24 I 2 HschG-NW erfüllt die Hochschule dadurch, daß sie im Etat Gelder für die Hochschulselbstverwaltung bereitstellt[31]. Dafür ist aber letztlich wieder ein Hochschulorgan zuständig[32]. Da die Studenten in den Organen der Hochschule[33] durchweg in der Minderheit sind, wäre es den übrigen Organmitgliedern ohne weiteres möglich, durch Nichterfüllung der aus § 24 I 2 HschG-NW folgenden Verpflichtung die studentischen Amtswalter kollegialer Ämter von der Ausübung ihrer Zuständigkeiten faktisch auszuschließen. Gerade dies will diese Vorschrift jedoch verhindern. Aus diesem Grunde muß davon ausgegangen werden, daß § 24 I 2 HschG-NW den rechtlichen Schutz der Interessen der Amtswalter der kollegialen Ämter bezweckt. Nach § 24 I 2 HschG-NW steht den Amtswaltern kollegialer Ämter der intrapersonalen Funktionsträger somit gegenüber der Hochschule ein relatives positives subjektives Recht auf Bereitsstellung der für die Mitwirkung an der Selbstverwaltung notwendigen Mittel oder Einrichtungen zu[34].

Die Amtswalter der kollegialen Ämter werden ebenso wie die Hochschullehrer[35] in ein konkretes Amt gewählt und besitzen deshalb aufgrund ihres Grundverhältnisses (Auftrag[36]) subjektive Rechte auf das konkrete Amt und am konkreten Amt. Daraus folgt, daß auch ihre Funktion als Amtswalter, d. h. das „Haben der Amtsmacht"[37], dem negativen Status der mit der Amtswaltung betrauten Personen zuzurechnen ist. Dabei ist jedoch zu beachten, daß dieser Status durch bestimmte Rechte und Pflichten (die unmittelbar dem Amtswalter zugeordnet sind) spezialisiert werden kann[38].

So wird das subjektive Recht zum Amt durch die in § 26 II 1 HschG-NW enthaltene Regelung begrenzt, nach der bei Entscheidungen über Prüfungsleistungen das Stimmrecht nur Personen zusteht, die die betreffende Prüfung abgelegt haben oder einen entsprechenden Grad

---

31 *Besch*, Komm. zu § 24 I HschG-NW.

32 Die Struktur- und Entwicklungspläne werden gem. § 32 II Nr. 5 HschG-NW vom Senat beschlossen.

33 Also gerade auch in dem Organ, welches über den Etat beschließt.

34 Bei der Frage nach der Notwendigkeit und damit nach dem Umfang der Mittel dürfte auch die allgemeine Haushaltslage zu berücksichtigen sein.

35 s. o. III. Teil, III. Abschnitt, A.

36 Vgl. *Wolff*, VR II, § 73 III b 1 (S. 33/34) und § 110 II b 1 (S. 426).

37 Vgl. *Wolff*, Org. II, S. 268; *Hoppe*, Organstreitigkeiten, S. 172.

38 Ebenso wie auch die Kompetenzen der intrapersonalen Funktionsträger durch ihre Befugnisse begrenzt werden. Vgl. *Wolff*, Org. II, S. 277/278.

besitzen[39]. — Eine Beschränkung enthält auch § 27 III HschG-NW; diese Vorschrift bestimmt, daß die Amtswalter der kollegialen Ämter andere Hochschulangehörige über Organbeschlüsse unterrichten dürfen, soweit das Organ nicht mit einer Mehrheit von zwei Dritteln der stimmberechtigten Mitglieder etwas anderes beschlossen hat[40]. — Ferner wird das subjektive Recht zum Amt durch das Verbot, sich bei Befangenheit jeder Amtshandlung zu enthalten[41], und ggf. durch das Verbot, während der Ausübung des einen Amtes bestimmte andere Ämter auszuüben (Inkompatibilität)[42], begrenzt. Schließlich sind die Amtswalter kollegialer Ämter aufgrund ihres Rechts zum Amt berechtigt, an den Sitzungen des Kollegiums teilzunehmen[43].

Bei einer Beeinträchtigung ihres rechtlich geschützten Status durch die juristische Person oder eine andere Person stehen den Amtswaltern subjektive Abwehrrechte zu[44]. — Bei Streitigkeiten um den Status der Amtswalter der kollegialen Ämter geht es also z. B. um die Frage des Stimmrechts nach § 26 II 1 HschG-NW, um die Frage der Schweigepflicht gem. § 27 III HschG-NW, um die Frage der Inkompatibilität, der persönlichen Befangenheit oder um das Teilnahmerecht.

Was speziell das Teilnahmerecht angeht, kann allerdings manchmal zweifelhaft sein, ob eine Maßnahme den Status der Amtswalter beeinträchtigt. Auszugehen ist von der Überlegung, daß es sich bei dem Teilnahmerecht um ein spezialisiertes Recht zum Amt handelt. Das Teilnahmerecht wird dementsprechend beeinträchtigt, wenn der Zustand des Habens der Amtsmacht betroffen ist, wenn der Amtswalter m. a. W. von der Ausübung der Amtswaltung ferngehalten wird. Das ist unzweifelhaft dann der Fall, wenn ein Amtswalter am Betreten des Sitzungsraumes gehindert oder aus dem Sitzungsraum entfernt wird.

Problematisch ist demgegenüber, ob auch eine Verletzung von Verfahrensvorschriften der Geschäftsordnung zu einer Beeinträchtigung des Status der Amtswalter führen kann, so z. B. dann, wenn keine Einladung zu einer Sitzung ausgesprochen oder wenn dem Amtswalter in der Sitzung das Wort nicht erteilt wird. Zunächst ist daran zu erinnern, daß die Vorschriften der Geschäftsordnungen durchweg das Zusammenwirken der kollegialen Ämter, nicht aber die Stellung der Amtswalter regeln[45]. Gleichwohl kann eine Maßnahme, die gegen

---

[39] Vgl. hierzu oben II. Teil, XIII. Abschnitt, C., I. a. E.

[40] Vgl. II. Teil, XIII. Abschnitt, C., I.; ferner *Wolff*, VR II, § 73 III c 2 ε (S. 37/38).

[41] Vgl. *Wolff*, VR II, § 73 III c 2 δ (S. 37).

[42] *Wolff*, VR II, § 73 III c 2 γ (S. 36/37); *ders.*, Org. II, S. 265.

[43] Vgl. *Wolff*, VR II, § 73 III c 3 (S. 39).

[44] Vgl. auch oben III. Teil, IV. Abschnitt, B. a. E.

[45] s. o. II. Teil, XIII. Abschnitt, C., II.

Vorschriften der Geschäftsordnung verstößt, den Status der Amtswalter beeinträchtigen, wenn sie nach ihrem Inhalt, d. h. nach Sinn und Zweck, den Amtswalter von der Amtsausübung fernhalten soll[46]. Insoweit ist auf den Gesamtzusammenhang abzustellen. Um beim Beispiel der nicht erfolgten Einladung zu einer Sitzung zu bleiben: Wurde der betroffene Amtswalter bisher zu den Sitzungen des Kollegiums eingeladen, m. a. W. seine Amtswalterstellung von den übrigen Amtswaltern anerkannt, so kann man kaum davon ausgehen, daß durch die Unterlassung der Einladung die Funktion als Amtswalter bestritten wird, insoweit also der Status des Amtswalters beeinträchtigt wird. Wurde dagegen der Amtswalter noch nie zu einer Sitzung eingeladen, so deutet alles darauf hin, daß dem betreffenden Amtswalter das Recht zur Amtsausübung, d. h. seine Amtswalterstellung, allgemein bestritten wird. Werden Wortmeldungen oder Stimmabgaben eines Amtswalters grundsätzlich nicht berücksichtigt, so ist dies ein Zeichen dafür, daß dem Amtswalter seine Funktion als Amtswalter, d. h. sein Recht zum Amt, bestritten wird[47]. Wird dagegen ein Antrag, eine Wortmeldung oder eine Stimmabgabe nur ausnahmsweise nicht beachtet, so ist nicht der Status des Amtswalters, sondern der des Amtes beeinträchtigt. Kann aus den Äußerungen der übrigen Amtswalter, den Amtswalter des Amtes des Vorsitzenden eingeschlossen, entnommen werden, daß sie die rechtmäßige Wahl eines ihrer Kollegen bezweifeln, so spricht eine Vermutung dafür, daß die Nichtberücksichtigung der Anträge etc. darauf zurückzuführen ist, daß dem betroffenen Kollegen ein subjektives Recht zum Amt abgesprochen wird.

D. Subjektive Rechte der übrigen Amtswalter i. e. S.

Außer den Hochschullehrern und den Mitgliedern der kollegial organisierten Funktionsträger sind auch die Inhaber der Ämter „Hochschulpräsident“, „Rektor“[48] und „Dekan“ Amtswalter i. e. S.[49].

Sie können aufgrund der einschlägigen Vorschriften ebenso wie die Amtswalter der kollegialen Ämter subjektive Vermögensrechte — Auf-

---

[46] Beeinträchtigt eine Maßnahme nach ihrem Inhalt den Status des Amtswalters, so kann sie natürlich nicht zugleich den Status des Amtes beeinträchtigen.

[47] Aus diesem Grunde stellt sich auch der Wortentzug durch den Vorsitzenden, wenn ein Redner nicht zur Sache spricht, nicht als eine Maßnahme gegenüber dem Amtswalter dar. Vgl. § 11 IV 2 GeschO-UP-RUB. Aus der vorherigen Erteilung des Wortes ergibt sich nämlich, daß das Recht zum Amt gerade nicht bestritten wird.

[48] Als selbständiges Organ, nicht also als Organteil des Rektorats. Vgl. II. Teil, XII. Abschnitt, A., I.

[49] s. o. III. Teil, I. Abschnitt.

wandsentschädigung, Repräsentationsgeld, Amts- oder Stellenzulagen — besitzen[50]. Da sie ebenso wie die Hochschullehrer und die Walter kollegialer Ämter in ein konkretes Amt berufen werden, stehen ihnen aus dem Grundverhältnis subjektive Rechte auf das konkrete Amt und am konkreten Amt zu. Daraus resultierend ist ihre Funktion (Status) als Amtswalter rechtlich geschützt — subjektives Recht zum Amt. Das Recht zum Amt kann auch hier durch eine Verschwiegenheitspflicht, durch das Verbot, bei Befangenheit Amtshandlungen durchzuführen, oder durch das Verbot, die Zuständigkeiten anderer Ämter auszuüben (Inkompatibilität), beschränkt sein.

Bei Beeinträchtigungen ihres Status stehen den Amtswaltern subjektive Abwehrrechte zu[51].

E. Subjektive Rechte der Amtswalter i. w. S.

Die Amtswalter i. w. S.[52] — hierzu zählen z. B. Referatsleiter, Justitiar und Verwaltungsdirektor — können aufgrund entsprechender Vorschriften ebenso wie die Amtswalter i. e. S.[53] subjektive Vermögensrechte (Aufwandsentschädigung oder Stellenzulagen) besitzen.

Problematisch ist, ob den Amtswaltern i. w. S. aus dem Amtswalterverhältnis ein subjektives Recht zum Amt zusteht. Sie besitzen nämlich keine subjektiven Rechte auf das konkrete Amt und am konkreten Amt[54]. Auszugehen ist von der Überlegung, daß die Rechtsordnung ein rechtlich geschütztes Individualinteresse der Amtswalter i. w. S. an der Ausübung eines ihrer laufbahnmäßigen Dienststellung entsprechenden funktionalen Amtes anerkennt — subjektives Recht auf das abstrakte Amt im funktionalen Sinne[55]. Sind aber Rechtssätze vorhanden, die den rechtlichen Schutz dieser Interessen bezwecken, so bezwecken sie damit zugleich auch den rechtlichen Schutz der Organwalterstellung als solcher. Ebenso wie nämlich ein subjektives Recht auf das konkrete Amt nur vorstellbar ist, wenn dem Rechtsinhaber auch das subjektive Recht eingeräumt wird, nach der Übernahme der Amtswaltung als Amts-

---

[50] Gem. 4. der Vorbemerkungen zur Besoldungsordnung H zum LBesG-NW erhält ein Hochschullehrer als Dekan für die Dauer seiner Amtstätigkeit eine bestimmte Zulage.

[51] Insgesamt kann auf die Ausführungen im III. Teil, IV. Abschnitt, C. verwiesen werden.

[52] Zum Begriff vgl. III. Teil, I. Abschnitt.

[53] s. o. B.-D. dieses Abschnitts.

[54] d. h. ein Recht, allgemein Dienstaufgaben wahrzunehmen, die ihrer laufbahnmäßigen Dienststellung entsprechen. Vgl. III. Teil, III. Abschnitt, A.

[55] Vgl. *Wolff*, VR II, § 73 III b 3 α (S. 34).

walter zu handeln[56], ist auch das subjektive Recht auf das abstrakte Amt ohne ein subjektives Recht zum Amt undenkbar[57]. Auch den Amtswaltern i. w. S. steht somit ein subjektives Recht zum Amt zu[58, 59].

---

[56] s. o. B. dieses Abschnitts.

[57] Die Ausführungen zum Verhältnis subjektives Recht auf das konkrete Amt — subjektives Recht zum Amt gelten hier entsprechend; vgl. B. dieses Abschnitts.

[58] a. A. *Rupp*, Grundfragen, S. 69/70 und *Hoppe*, Organstreitigkeiten, S. 172 bis 173.

[59] Zum Inhalt dieses Rechts vgl. B. dieses Abschnitts.

VIERTER TEIL

Prozessuale Fragen

I. Abschnitt

Verwaltungsprozeßrecht und subjektive Rechte im Hochschulinnenbereich

Mit der Anerkennung subjektiver Rechte im Innenbereich der wissenschaftlichen Hochschulen — subjektive Rechte der Amtswalter aus ihrem Amtswalterverhältnis und subjektive Rechte der intrapersonalen Funktionsträger — ist freilich noch nicht gesagt, daß Streitigkeiten um diese Rechte vor den Verwaltungsgerichten ausgetragen werden könnten[1].

In der Literatur wird insoweit die Auffassung vertreten, daß nach der Struktur des Verwaltungsprozesses, wie sie sich in der VwGO darstelle, nur Auseinandersetzungen im Außenbereich prozessual bewältigt werden könnten. Die VwGO sei allein auf Streitigkeiten im Außenbereich zugeschnitten[2].

Das Klagesystem der VwGO ist auf den Individualrechtsschutz hin konzipiert[3]. Dementsprechend ist nach der Intention der VwGO jedenfalls dann verwaltungsrechtlicher Rechtsschutz zu gewähren, wenn sich ein Bürger gegen Maßnahmen der öffentlichen Gewalt zur Wehr setzt[4]. Daraus folgt aber, daß auch Streitigkeiten um subjektive Rechte — z. B. Vermögensrechte — der Amtswalter aus ihrem Amtswalterverhältnis grundsätzlich nach verwaltungsprozessualen Regeln[5] ausgetragen werden können[6], weil sie der materiell-rechtlichen Konzeption der VwGO

---

[1] Vgl. oben II. Teil, VIII. Abschnitt a. E.

[2] So *Rupp*, DVBl. 1970, 594 f.

[3] s. o. I. Teil, V. Abschnitt, A., II.

[4] So ausdrücklich *Rupp*, DVBl. 70, 594 ff.; *ders.*, Grundfragen, S. 152/153; *Tsatsos*, S. 11.

[5] Tatsächlich werden auch seit Inkrafttreten der VwGO Auseinandersetzungen um subjektive Vermögensrechte der Amtswalter aus ihrem Amtswalterverhältnis vor den Verwaltungsgerichten ausgetragen.

[6] Da es insoweit auch auf die Frage des Verwaltungsrechtsweges ankommt (§ 40 I VwGO), sind jedoch letztlich nicht notwendig die Verwaltungsgerichte zuständig. Vgl. unten IV. Teil, II. Abschnitt.

entsprechen. Die Qualifizierung des Amtswalterverhältnisses als Rechtsverhältnis des Innenbereiches steht somit einer Anwendung der VwGO nicht im Wege.

Für die umstrittene Frage, ob auch Auseinandersetzungen um subjektive Rechte intrapersonaler Funktionsträger in das Klagesystem der VwGO eingeordnet werden können[7], kann somit — entgegen einer häufig anzutreffenden Auffassung[8] — nicht entscheidend sein, daß die Rechtsbeziehungen zwischen intrapersonalen Funktionsträgern solche des Innenbereiches sind. Rechtsbeziehungen im Innenbereich und verwaltungsgerichtlicher Rechtsschutz schließen sich, wie das Beispiel des Amtswalterverhältnisses zeigt, nicht aus. Die Behauptung, die VwGO sei nur auf den Außenbereich zugeschnitten[9], ist in dieser Allgemeinheit nicht zutreffend.

Die Tatsache, daß die Auseinandersetzungen zwischen intrapersonalen Funktionsträgern um die Wahrnehmung von Kompetenzen und Befugnissen gehen, steht der materiellrechtlichen Konzeption der VwGO gleichfalls nicht entgegen: Streitigkeiten zwischen den juristischen Personen des öffentlichen Rechts werden nämlich — darüber besteht Einigkeit — nach den Regeln der VwGO ausgetragen, obwohl um die Wahrnehmung von Kompetenzen und Befugnissen künstlicher Funktionsträger gestritten wird[10].

Zweifelhaft ist allerdings — und damit kommen wird zum Kern des Problems —, ob die VwGO überhaupt Auseinandersetzungen zwischen *intrapersonalen* künstlichen Funktionsträgern erfaßt, da die Rechtsfähigkeit der intrapersonalen Funktionsträger weder in bezug auf den Rechtskreis der Amtswalter (erster Verwaltungsrechtsunterkreis) noch in bezug auf den Rechtskreis der juristischen Personen (erster bzw. zweiter Verwaltungsrechtsunterkreis) besteht[11, 12].

Besinnt man sich auf die der VwGO zugrundeliegende Gesamtkonzeption, so dient die VwGO der Verwirklichung des Schutzes von Individualrechten. Nun unterscheiden sich zwar die subjektiven Rechte der intrapersonalen Funktionsträger in ihrer Struktur in keiner Weise

---

7 Vgl. dazu *Rupp*, DVBl. 1970, 594 f.; *Tsatsos*, S. 11; *Stern / Bethge*, S. 101.

8 Vgl. *Hoppe*, Organstreitigkeiten, S. 177 ff.; *Rupp*, DVBl. 1970, 594 (r. Sp.); *Stern / Bethge*, S. 101.

9 So aber *Rupp*, DVBl. 1970, 594 f.; *Hoppe*, Organstreitigkeiten, S. 177.

10 s. o. II. Teil, VII. Abschnitt.

11 Nicht an die Unterscheidung zwischen Innen- und Außenbereich, sondern an die Art der Rechtsfähigkeit ist damit bei der Problematik der prozessualen Bewältigung der Streitigkeiten zwischen intrapersonalen Funktionsträgern anzuknüpfen. Vgl. auch II. Teil, IV. Abschnitt, A. mit Fußn. 16.

12 Zu der Unterscheidung zwischen den verschiedenen Arten der Rechtsfähigkeit vgl. II. Teil, IV. Abschnitt, A.

von den subjektiven Rechten der Bürger oder der juristischen Personen[13], und außerdem entspricht die Interessenlage bei Auseinandersetzungen zwischen innerorganisatorischen Funktionsträgern der Interessenlage bei Streitigkeiten zwischen dem Bürger und der öffentlichen Gewalt bzw. der Interessenlage bei Streitigkeiten zwischen juristischen Personen[14]; andererseits darf nicht verkannt werden, daß der Gesetzgeber in der VwGO die Rechte von Rechtssubjekten des ersten und zweiten Verwaltungsrechtsunterkreises im Auge gehabt hat. Dementsprechend sind auch die einzelnen verwaltungsprozessualen Vorschriften ausgestaltet. Letzteres ist aber nur eine Folge der z. Z. des Inkrafttretens der VwGO herrschenden Rechtsauffassung, die den Beziehungen der intrapersonalen Funktionsträger Rechtscharakter absprach. Hatte der Gesetzgeber aber Auseinandersetzungen zwischen intrapersonalen Funktionsträgern aus materiell-rechtlichen Gründen überhaupt noch nicht in Erwägung gezogen[15], so kann aus dem Schweigen des Gesetzes zur Frage der prozessualen Behandlung solcher Auseinandersetzungen auch nicht gefolgert werden, daß die VwGO solche Streitigkeiten ausschließe. Jedes Prozeßrecht ist nämlich teleologisch auszulegen[16]. Das Verwaltungsprozeßrecht der VwGO ist Ausdruck eines bestimmten materiell-rechtlichen Verständnisses vom Individualrecht. Ändert sich dieses materielle Verständnis, so muß das Prozeßrecht entsprechend anders ausgelegt werden. Daher kann die Zulässigkeit von Streitigkeiten zwischen intrapersonalen Funktionsträgern nicht vom Wortlaut einzelner prozessualer Vorschriften abhängen, sondern es müssen umgekehrt die einzelnen Vorschriften im Wege der Auslegung dem sich auch auf Rechtspositionen intrapersonaler Funktionsträger erstreckenden Begriff des Individualrechts und damit dem veränderten materiell-rechtlichen Verständnis von Individualrechtsschutz angepaßt werden[17].

Auch Streitigkeiten zwischen intrapersonalen Funktionsträgern im Hochschulinnenbereich sind dementsprechend nach verwaltungsprozessualen Regeln auszutragen, weil der Streit um materiell-rechtliche subjektive Rechte geht[18].

---

[13] s. o. II. Teil, VII. und VIII. Abschnitt.

[14] s. o. II. Teil, V. Abschnitt und VI. Abschnitt, B.

[15] Vgl. *Fuß*, WissR 1972, 111.

[16] *Menger*, System, S. 74 ff.; *Hoppe*, Organstreitigkeiten, S. 214.

[17] Daraus folgt z. B., daß überall dort, wo in einzelnen Vorschriften der VwGO von „Rechten" die Rede ist, hierunter auch solche der intrapersonalen künstlichen Funktionsträger zu verstehen sind.

[18] So im Ergebnis auch *Stern / Bethge*, S. 101; *Tsatsos*, S. 40 ff.

II. Abschnitt

Die Zulässigkeit des Verwaltungsrechtsweges

A. Die Spezialzuweisung des § 126 I BRRG

Bei Streitigkeiten um subjektive Rechte aus dem Amtswalterverhältnis derjenigen Amtswalter, die in einem Beamtenverhältnis stehen, könnte sich die Zulässigkeit des Verwaltungsrechtsweges aus § 126 I BRRG ergeben; diese Vorschrift bestimmt nämlich, daß für alle Klagen der Beamten ... aus dem Beamtenverhältnis der Verwaltungsrechtsweg gegeben sei. Problematisch und umstritten ist allerdings, ob § 126 I BRRG nur bei Streitigkeiten um subjektive Rechte aus dem Grundverhältnis einschlägig ist oder ob er darüber hinaus auch Streitigkeiten um subjektive Rechte aus dem Amtswalterverhältnis erfaßt.

Auszugehen ist von der Überlegung, daß ein Beamtenverhältnis i. d. R. im Hinblick auf die Übernahme eines organisationsrechtlichen Amtes begründet wird[1]. Umgekehrt setzt das Amtswalterverhältnis der Beamten regelmäßig das Bestehen eines Grundverhältnisses voraus[2]. Grundverhältnis und Amtswalterverhältnis stehen also nicht beziehungslos nebeneinander, sondern weisen enge Verflechtungen auf[3]. Die Rechte und Pflichten aus dem Grundverhältnis können — vornehmlich bei einzigartigen Ämtern — mit den Rechten und Pflichten aus dem Amtswalterverhältnis ihrem Gegenstand nach übereinstimmen[4]. Auch sei hier in Erinnerung gerufen, daß das bereits besprochene Recht zum Amt durch dieselben Normen begründet wird wie das Recht auf das konkrete bzw. abstrakte Amt[5]. Völlig zu Recht bemerkt *Wolff*, daß sich das Amtswalterverhältnis zum Grundverhältnis wie das Besondere zum Allgemeinen verhalte[6]. Diesen Zusammenhängen zwischen Grund- und Amtswalterverhältnis haben auch die Beamtengesetze Rechnung getragen; sie normieren nämlich nicht nur die Rechte und Pflichten aus dem Grundverhältnis der Beamten, sondern enthalten auch Vorschriften die den Beamten (erst) in seiner Stellung als Amtswalter ansprechen und dementsprechend nicht das Grundverhältnis, sondern das Amtswalterverhältnis betreffen. Als Beispiel kann insoweit die in § 39 BRRG niedergelegte Pflicht der Beamten zu Verschwiegenheit angeführt

---

1 *Siegmund-Schultze*, DVBl. 1962, 509; *Wolff*, Org. II, S. 233.

2 *Wolff*, Org. II, S. 231; *Siegmund-Schultze*, DVBl. 1962, 509.

3 Vgl. *Wolff*, Org. II, S. 264.

4 *Wolff*, Org. II, S. 234.

5 s. o. III. Teil, IV. Abschnitt, B. a. E. und E.

6 *Wolff*, Org. II, S. 233.

werden, die notwendig erst mit der Übernahme eines organisatorischen Amtes aktuell werden kann[7].

Ist aber erst einmal deutlich geworden, daß die Vorschriften der Beamtengesetze nicht nur das Grundverhältnis, sondern auch das Amtswalterverhältnis der Beamten betreffen, so ist nicht einzusehen, wieso der Wortlaut des § 126 I BRRG „aus dem Beamtenverhältnis" nur Streitigkeiten um Rechte aus dem Grundverhältnis — wie dies teilweise in der Literatur angenommen wird[8] — erfassen soll. Darüber hinaus ist es auch nicht der Sinn des § 126 I BRRG, den Umfang des gerichtlichen Rechtsschutzes in Beamtensachen neu zu regeln[9]. Durch § 126 I BRRG sollte nämlich nur der vorherige Rechtszustand beseitigt werden, aufgrund dessen für Klagen der Beamten teils der Verwaltungsrechtsweg und teils der ordentliche Rechtsweg gegeben war[10]. § 126 I BRRG bezweckt also nur eine Vereinheitlichung des Rechtsweges und nicht eine Beschränkung des Rechtsschutzes[11].

Nicht nur bei Klagen aus dem Grundverhältnis, sondern auch bei Streitigkeiten um subjektive Rechte aus dem Amtswalterverhältnis der Beamten greift somit die Spezialzuweisung des § 126 I BRRG ein[12]. Dabei ist jedoch immer zu berücksichtigen, daß § 126 I BRRG nur solche Amtswalterverhältnisse erfaßt, die gerade auf das zugrundeliegende Beamtenverhältnis Bezug nehmen[13]. Daraus folgt, daß z. B. Klagen der Hochschullehrer aus ihrem Amtswalterverhältnis in Forschung und Lehre § 126 I BRRG unterfallen, während Streitigkeiten um subjektive Rechte aus dem Amtswalterverhältnis des Hochschullehrers als Mitglied eines Kollegialorgans nicht von § 126 I BRRG erfaßt werden.

B. Die Generalklausel des § 40 I VwGO

Die Abgrenzung zwischen öffentlich-rechtlichen und privat-rechtlichen Streitigkeiten kann bisweilen außerordentlich schwierig sein. Im Schrifttum sind zu dieser Problematik verschiedene Theorien entwickelt worden, von denen an dieser Stelle nur die sog. Interessen-

---

[7] Vgl. in diesem Zusammenhang auch die Aufzählung bei *Wolff*, VR II, § 114 III (S. 459 ff.).

[8] Vgl. *Wolff*, VR II, § 117 III c (S. 483); *Fischbach*, § 172 BBG Bem. A IV; *Plog / Wiedow*, § 172 BBG Rdnr. 14; *Risken*, S. 96.

[9] Vgl. *Siegmund-Schultze*, DVBl. 1962, 509.

[10] Vgl. *Plog / Wiedow*, BBG (1958), § 172 Rdnr. 4; *Widtmann*, ZBR 1960, 387 ff.; *Siegmund-Schultze*, DVBl. 1962, 509.

[11] *Siegmund-Schultze*, DVBl. 1962, 509.

[12] So mit Recht auch *Siegmund-Schultze*, DVBl. 1962, 509; a. A. die in Fußn. 8 aufgeführten Autoren.

[13] Es kommt also darauf an, ob das jeweilige Amtswalterverhältnis eine Spezialisierung der Rechte und Pflichten aus dem Grundverhältnis bewirkt. Vgl. *Wolff*, Org. II, S. 233.

theorie, die Subjektstheorie und die Subjektionstheorie (auch Subordinationstheorie genannt) erwähnt werden sollen[14].

Wir brauchen diese Fragen im Hinblick auf die Streitigkeiten zwischen intrapersonalen Funktionsträgern indessen nicht zu vertiefen, denn im Ergebnis besteht Einigkeit, daß diese Streitigkeiten öffentlichrechtlicher Natur sind[15]. Die Streitparteien sind nämlich Organe bzw. Organteile einer juristischen Person des öffentlichen Rechts, und der Streit geht um die Wahrnehmung von Kompetenzen und/oder Befugnissen[16], die durch das Organisationsrecht, mithin öffentlich-rechtliche Normen, bestimmt werden.

Fraglich ist dagegen, ob Auseinandersetzungen zwischen der Hochschule und einem Amtswalter um subjektive Rechte des Amtswalters öffentlich-rechtlichen Charakter haben[17].

Die Unterscheidung zwischen den verschiedenen Rechtsverhältnissen der Amtswalter, insbesondere also die Differenzierung zwischen dem sog. Grundverhältnis und dem sog. Amtswalterverhältnis[18], könnte den Schluß zulassen, daß die Rechtsnatur des Amtswalterverhältnisses unabhängig von der Rechtsnatur des Grundverhältnisses zu beurteilen sei. Wäre dies richtig, so würde der privat-rechtliche Charakter des Grundverhältnisses (z. B. bei den Hochschullehrern im Angestelltenverhältnis) eine öffentlich-rechtliche Ausgestaltung des Amtswalterverhältnisses nicht notwendig ausschließen mit der Folge, daß für Streitigkeiten um Rechte aus dem privat-rechtlichen Grundverhältnis die Arbeitsgerichte und für solche um subjektive Rechte aus dem Amtswalterverhältnis möglicherweise die Verwaltungsgerichte zuständig wären.

Eine isolierte Betrachtung des Amtswalterverhältnisses ohne Berücksichtigung des Grundverhältnisses ist jedoch nicht möglich. — Wie bereits erwähnt wurde[19], stehen das Grund- und das Amtswalterverhältnis nämlich nicht beziehungslos nebeneinander, sondern ergänzen einander. Das Amtswalterverhältnis konkretisiert das Grundverhältnis und verhält sich zu diesem wie das Besondere zum Allgemeinen. Daraus, daß die Rechte und Pflichten des Amtswalterverhältnisses auf die des Grundverhältnisses Bezug nehmen, folgt dann aber notwendig, daß die Rechte und Pflichten des Amtswalterverhältnisses den öffentlich-recht-

---

[14] Zu den verschiedenen Theorien vgl. *Wolff*, AöR 76 (1950 - 51), 205 ff.

[15] *Bleutge*, S. 112; *Kiock*, S. 13 ff.; *Stern / Bethge*, S. 105/106; *Bonk*, S. 34 ff.; *Ewald*, WissR 1970, 37; *Machens*, S. 97; *Tsatsos*, S. 51.

[16] s. o. II. Teil, XI. Abschnitt.

[17] Trotz der Differenzierung zwischen Grund- und Amtswalterverhältnis wird diese Frage in der Literatur — soweit ersichtlich — nicht erörtert.

[18] s. o. III. Teil, III. Abschnitt.

[19] s. o. IV. Teil, II. Abschnitt, A.

lichen bzw. privat-rechtlichen Charakter des Grundverhältnisses teilen müssen[20]. Streitigkeiten um subjektive Rechte von Amtswaltern im Hochschulbereich, die in einem privat-rechtlichen Grundverhältnis stehen, gehören also nicht vor die Verwaltungsgerichte, sondern vor die Zivilgerichte (Arbeitsgerichte), da diese Auseinandersetzungen privat-rechtlichen, nicht aber öffentlich-rechtlichen Charakter haben.

Die Auseinandersetzungen zwischen den intrapersonalen Funktionsträgern des Hochschulinnenbereiches bzw. zwischen den Amtswaltern (deren Grundverhältnis öffentlich-rechtlicher Natur ist) und der Hochschule sind rechtliche[21] Streitigkeiten i. S. des § 40 I VwGO, da um subjektive Rechte der intrapersonalen Funktionsträger bzw. der Amtswalter gestritten wird[22, 23].

Im übrigen sind Streitigkeiten zwischen den intrapersonalen Funktionsträgern bzw. zwischen Amtswaltern und der Hochschule auch nichtverfassungsrechtlicher Natur[24]. Zwar ist umstritten, ob der Begriff der verfassungsrechtlichen Streitigkeit i. S. d. § 40 I VwGO im formellen Sinne[25] oder im materiellen Sinne[26] zu verstehen ist, d. h. ob Verfassungsstreitigkeiten nur die den Verfassungsgerichten enumerativ zugewiesenen Streitigkeiten sind, oder ob es darauf ankommt, daß es sich bei den Streitparteien um am Verfassungsleben beteiligte Organe oder Organteile handelt. Nach keiner dieser beiden Auffassungen jedoch können die hier besprochenen Auseinandersetzungen als verfassungsrechtliche bezeichnet werden, so daß sich eine nähere Stellungnahme zum Begriff der verfassungsrechtlichen Streitigkeit erübrigt[27].

Da Auseinandersetzungen um subjektive Rechte der Funktionsträger des Hochschulinnenbereiches bzw. der Amtswalter (aus ihrem Amts-

---

[20] So wohl auch *Stein*, S. 28 (das bei *Stein* erwähnte Anstellungsverhältnis erfaßt sowohl das Grund- als auch das Amtswalterverhältnis, vgl. S. 21 und 23). Andererseits begreift Stein Weisungen im privat-rechtlichen Anstellungsverhältnis gleichwohl als Verwaltungsakte (S. 31/32; dagegen mit Recht *Risken*, S. 102). — a. A. offenbar *Risken*, S. 101, Fußn. 62, der dem Amtswalterverhältnis ausschließlich öffentlich-rechtlichen Charakter beimißt.

[21] Die Beziehungen zwischen den intrapersonalen Funktionsträgern bzw. zwischen den Amtswaltern und der Hochschule sind Rechtsbeziehungen. Vgl. I. Teil, III. Abschnitt.

[22] Vgl. dazu im einzelnen die Ausführungen im II. und III. Teil dieser Arbeit.

[23] „Streitigkeit" i. S. des § 40 I VwGO ist also ein Streit um subjektive Rechtsbeziehungen. Vgl. *Goessl*, S. 51; *Forsthoff*, S. 421; *Friesenhahn*, Festschrift für R. Thoma, S. 36; *Bleutge*, S. 62.

[24] *Ewald*, WissR 1970, 35 ff. (37); vgl. *Kiock*, S. 15/16; *Stern / Bethge*, S. 106 bis 107; *Bleutge*, S. 113/114; *Bonk*, S. 38/39; *Forsthoff*, S. 12.

[25] So z. B. *Wertenbruch*, DÖV 1959, 507.

[26] So z. B. BVerfGE 13, 54 ff.; *Stern / Bethge*, S. 107; *Hesse*, S. 261.

[27] So mit Recht auch *Bleutge*, S. 113/114; *Kiock*, S. 15.

walterverhältnis) gegenüber der Hochschule keinem anderen Gericht[28] zugewiesen sind, ist gem. § 40 I VwGO für Streitigkeiten zwischen intrapersonalen Funktionsträgern des Hochschulinnenbereiches bzw. für Streitigkeiten zwischen Amtswaltern, die in einem öffentlich-rechtlichen Grundverhältnis stehen, und der Hochschule der Verwaltungsrechtsweg zulässig.

III. Abschnitt

Die Klagearten bei Streitigkeiten im Hochschulinnenbereich

A. Die Problematik des Verwaltungsaktbegriffes

Der Begriff des Verwaltungsakts spielt für die Frage nach der richtigen Klageart eine wichtige Rolle. Die Anfechtungsklage als Klage auf Aufhebung eines Verwaltungsakts setzt notwendig das Vorliegen eines Verwaltungsakts voraus. Umgekehrt kann mit der Verpflichtungsklage der Erlaß eines abgelehnten bzw. unterlassenen Verwaltungsakts begehrt werden[1].

Ob auch im Innenbereich der juristischen Personen, d. h. gegenüber den Amtswaltern in ihrer Amtswalterstellung bzw. gegenüber intrapersonalen Funktionsträgern Verwaltungsakte möglich sind, ist umstritten[2]. Gerade bei den organinternen Streitigkeiten hat auch die mangelnde Differenzierung zwischen Amt und Amtswalter zu Unklarheiten geführt[3].

Es ist hier nicht möglich, die gesamte Entwicklung der Lehre vom Verwaltungsakt darzustellen[4]. Die folgenden Überlegungen setzen deshalb bei dem Begriff des Verwaltungsaktes an, wie ihn die überwiegende Meinung in Rechtsprechung und Literatur heute zugrunde legt. Danach ist Verwaltungsakt „jede Verfügung, Entscheidung oder andere hoheitliche Maßnahme, die eine Behörde zur Regelung eines Einzelfalles auf dem Gebiet des öffentlichen Rechts trifft und die auf unmittelbare Rechtswirkung nach außen gerichtet ist“[5, 6].

28 Aufsichtsbehörden sind keine Gerichte. Vgl. dazu im einzelnen *Bleutge*, S. 115 ff.; ferner *Kiock*, S. 17.

1 Vgl. § 42 I VwGO; ferner *Rupp*, AöR 85 (1960), 303 u. 304.

2 Vgl. z. B. *Schilling*, BayVBl. 1965, 113 ff.; *Siegmund-Schultze*, DVBl. 1962, 510; *Bleutge*, S. 159 ff.; *Hoppe*, Organstreitigkeiten, S. 59 ff.

3 Die Unklarheiten beginnen schon beim Begriff der organinternen Streitigkeiten selbst, der nicht deutlich macht, ob subjektive Rechte der Ämter oder der Amtswalter im Streite sind.

4 Insoweit kann auf die Darstellungen bei *Machens*, S. 104 ff., *Kiock*, S. 83 ff. und *Ule*, Verwaltungsprozeßrecht, S. 122 ff. verwiesen werden.

5 § 27 EVwVerfG.

Darüber hinaus wird in Rechtsprechung und Literatur allerdings immer wieder betont, daß Verwaltungsakte nur beim Vorliegen eines Subordinationsverhältnisses möglich seien[7]. — Die Unterscheidung zwischen Streitigkeiten im Subordinationsverhältnis und Streitigkeiten im Gleichordnungsverhältnis (Parteistreitigkeiten) ist auf die spezifischen gesetzlichen Regelungen in den vor Inkrafttreten der VwGO geltenden Verfahrensgesetzen zurückzuführen. So bestimmte z. B. § 85 I VVG: „Parteistreitigkeiten sind Streitigkeiten des öffentlichen Rechts zwischen gleichgeordneten Rechtsträgern. Gleichgeordnet sind zwei Rechtsträger dann, wenn weder die Geltendmachung noch die Ablehnung des Anspruchs durch einen der beiden Rechtsträger eine verbindliche Entscheidung über den Anspruch enthält." Streitigkeiten im Subordinationsverhältnis waren demgegenüber dadurch gekennzeichnet, daß bereits ein potentiell verbindlicher Ausspruch einer Prozeßpartei ergangen war[8]. Dem geltenden Verwaltungsprozeßrecht ist demgegenüber die Differenzierung zwischen Parteistreitigkeiten und Streitigkeiten im Subordinationsverhältnis nicht mehr bekannt[9]. Sie ist auch nicht mehr notwendig, da der Gesichtspunkt der potentiellen Verbindlichkeit einer Maßnahme in den Begriff des Verwaltungsaktes selbst mit aufgenommen ist. Die für jeden Verwaltungsakt notwendige Regelungsfunktion[10] bedeutet nämlich nichts anderes als die Herbeiführung eben dieser potentiellen Verbindlichkeit[11]. Sofern eine Maßnahme zur Regelung eines Einzelfalles ergeht, liegt also notwendig zugleich ein Subordinationsverhältnis in dem eben erwähnten Sinne vor. Dem Begriff der Subordination kommt somit entgegen einer weit verbreiteten Meinung neben dem Element der Regelung keine eigenständige Bedeutung zu[12].

Die Möglichkeit von Verwaltungsakten im Innenbereich juristischer Personen scheint nun auf den ersten Blick bereits daran zu scheitern,

---

[6] So z. B. *Kiock*, S. 85/86; *Machens*, S. 107; *Bleutge*, S. 160; *Ule*, Verwaltungsprozeßrecht, S. 122 ff.; *Schunck / De Clerck*, § 42, 2 a) aa. *Wolff*, VR I, § 46 I (S. 325 ff.) betont darüber hinaus, daß Verwaltungsakte sich nur an Personen richten könnten. — Einen weiten Verwaltungsakt-Begriff vertreten entgegen der h. M. *Maunz / Dürig*, Art. 19 IV GG, Rdnr. 10 und 11; *Eyermann / Fröhler*, § 42, Rdnr. 14 ff.; *Martens*, JuS 1962, 252; vgl. auch *Menger*, System, S. 98 ff.

[7] So ausdrücklich *Hoppe*, Organstreitigkeiten, S. 59 f.; *Bleutge*, S. 161; *Stern / Bethge*, S. 114; *Rupp*, Grundfragen, S. 263, Fußn. 3; *Tsatsos*, S. 52 ff.; *Lorenz*, Insichprozeß, S. 339; *Ewald*, WissR 1970, 42; *Stahl*, DVBl. 1972, 770.

[8] Vgl. *Menger*, System, S. 220; *Rupp*, AöR 85 (1960), 304.

[9] *Hoppe*, Organstreitigkeiten, S. 130; *Rupp*, AöR 85 (1960), 304.

[10] Vgl. die vorherigen Ausführungen.

[11] *Hoppe*, Organstreitigkeiten, S. 61; *Menger*, System, S. 108 ff.; *Wolff*, VR I, § 46 V a (S. 332).

[12] So wohl auch *Hoppe*, Organstreitigkeiten, S. 130 mit Fußn. 34 und *Rupp*, AöR 85 (1960), 304.

daß Verwaltungsakte auf Rechtswirkung nach außen gerichtet sein müssen. Der Innenbereich scheint Verwaltungsakten per definitionem verschlossen zu sein[13]. — Die Richtigkeit dieser Auffassung hängt davon ab, welche Funktion dem Merkmal der Außenwirkung bei der Begriffsbestimmung des Verwaltungsaktes zukommt. Dabei hat man sich zu vergegenwärtigen, daß die Verwaltungsaktdefinition, wie sie in dieser Arbeit entsprechend der derzeit herrschenden Meinung zugrunde gelegt wird, das (vorläufige) Ergebnis einer seit Jahrzehnten andauernden Entwicklung darstellt[14] und in ihrem Kern (noch) aus der Zeit der konstitutionellen Staatsrechtslehre stammt[15]. Diese Staatsrechtslehre aber verwendete die Begriffe Außenbereich und Innenbereich, um den rechtserfüllten von dem nach ihrer Auffassung rechtsfreien Raum abzugrenzen[16]. Außenwirkung einer Maßnahme bedeutete also nichts anderes als ihre Rechtserheblichkeit[17]. Anerkennt man diese Synonymität, so wird deutlich, daß dem Merkmal der Außenwirkung im Verwaltungsaktbegriff heute nicht mehr die Funktion zukommen kann, den Innenbereich — also jenen Bereich, in dem es um den organschaftlichen Funktionsablauf geht — vom Außenbereich abzugrenzen. Außenwirkung i. S. v. Rechtserheblichkeit können nämlich nach heutigem Verständnis auch Maßnahmen besitzen, die ausschließlich den organschaftlichen Funktionsablauf betreffen[18]. Aus den vorstehenden Überlegungen ergibt sich somit, daß der Gesichtspunkt der Außenwirkung einer Maßnahme als Voraussetzung für die Annahme eines Verwaltungsaktes heute keine Bedeutung mehr haben kann. Er sollte deshalb fallengelassen werden[19].

Allein entscheidend für das Vorliegen eines Verwaltungsaktes ist demnach, ob eine Behörde eine hoheitliche Maßnahme auf dem Gebiet des öffentlichen Rechts zur Regelung eines Einzelfalles trifft, welche auf unmittelbare Rechtswirkung gerichtet ist[20].

Daß Maßnahmen im Rahmen des öffentlich-rechtlichen Amtswalterverhältnisses oder Maßnahmen von intrapersonalen Funktionsträgern gegenüber anderen intrapersonalen Funktionsträgern hoheitlicher

---

13 So z. B. *Selmer*, DÖV 1968, 344/345; vgl. auch *Heinze*, DÖV 1967, 38.

14 Vgl. die Darstellung bei *Ule*, Verwaltungsprozeßrecht, S. 122; *Kiock*, S. 83 ff.

15 Sie geht auf *O. Mayer*, S. 92 ff. (93), zurück.

16 Vgl. dazu I. Teil, III. Abschnitt.

17 So mit Recht *Bleutge*, S. 167 ff. (169); zustimmend wohl auch *Hoppe*, DVBl. 1971, 434 r. Sp.; ferner *Siegmund-Schultze*, DVBl. 1962, 510; *Obermayer*, Verwaltungsakt, S. 163 ff.; hingegen vermag die Kritik *Stahls* an der Auffassung *Bleutges* nicht zu überzeugen; vgl. *Stahl*, DVBl. 1972, 770/771.

18 Vgl. hierzu im einzelnen oben I. Teil, III. Abschnitt.

19 So mit Recht *Bleutge*, S. 168. Kritisch zum Verwaltungsakt-Begriff auch *Erichsen*, VerwArch 64 (1973), 319 ff. (320).

20 So die in Fußn. 17 genannten Autoren.

Natur sind und auf dem Gebiete des öffentlichen Rechts ergehen, ist unproblematisch. Wir brauchen deshalb hierauf nicht näher einzugehen.

Fraglich ist allerdings, wann ein Funktionsträger als Behörde bezeichnet werden kann. — Die Auffassungen hierüber unterscheiden sich teilweise so erheblich[21], daß von einem einheitlichen Behördenbegriff überhaupt nicht gesprochen werden kann[22]. Hier geht es nun allerdings auch gar nicht darum, einen allgemeinen materiellen Behördenbegriff zu entwickeln. Uns interessiert nur der Behördenbegriff i. S. der Verwaltungsaktdefinition, m. a. W. der für die Anfechtungs- und Verpflichtungsklage maßgebliche Behördenbegriff (Behördenbegriff i. S. des Verwaltungsprozeßrechts)[23]. Der prozessuale Behördenbegriff ist zunächst einmal dadurch gekennzeichnet, daß er nur solche Stellen (organisatorische Einheiten) erfaßt, die Verwaltungsfunktionen (Verwaltungsbehörden) oder Funktionen der Rechtsprechung (Gerichtsbehörden) wahrnehmen[24]. Gesetzgebungs- und Regierungsorgane als solche sind also keine Behörden[25]. Bei den sog. Kommunalverfassungsstreitverfahren ist in diesem Zusammenhang umstritten, ob der Gemeinderat bei Erlaß organinterner Rechtsakte Verwaltungsfunktionen wahrnimmt[26]. Immerhin könnte man die Auffassung vertreten, daß auch im Gemeindeverfassungsrecht von einer Gewaltentrennung gesprochen werden könnte[27]. Im Bereich der wissenschaftlichen Hochschule kann jedoch von legislativen Funktionen und von Gewaltentrennung keine Rede sein[28]. Die Funktionsträger im Hochschulbereich nehmen ausschließlich Verwaltungsaufgaben wahr[29]. Im übrigen ist für die Definition des verwaltungsprozessualen Behördenbegriffs zu beachten, daß dieser „letztlich eine Funktion des Verwaltungsaktes ist" und damit „ebenso variabel und weit wie dieser" ist: Behörde i. S. des Verwaltungsprozeßrechts ist somit „jede, aber auch nur diejenige Stelle ..., die Verwaltungsakte erläßt"[30, 31].

---

[21] Vgl. die Wiedergabe der unterschiedlichen Auffassungen bei *Wolff*, VR II, § 76 I c 2 (S. 78/79); ferner *Böckenförde*, Organisationsgewalt, S. 31, Fußn. 36.

[22] So mit Recht *Böckenförde*, Organisationsgewalt, S. 31.

[23] *Böckenförde*, Organisationsgewalt, S. 31, Fußn. 36 unterscheidet zwischen drei verschiedenen Behördenbegriffen.

[24] Vgl. *Wolff*, VR II, § 76 I d 6 (S. 82).

[25] So *Wolff*, VR II, § 76 I d 6 (S. 82); ähnlich *Bleutge*, S. 161 ff.

[26] Vgl. dazu *Bleutge*, S. 161 ff. Ferner *Schilling*, BayVBl. 1965, 113 ff. (insb. S. 115/116).

[27] Vgl. dazu *Bleutge*, S. 103 ff. Vgl. auch oben II. Teil, VI. Abschnitt, A., IV.

[28] s. o. II. Teil, VI. Abschnitt, A., IV.

[29] a. A. ohne Begründung *Ewald*, WissR 1970, 42.

[30] So ausdrücklich *Böckenförde*, Organisationsgewalt, S. 31/32, Fußn. 36 unter b).

[31] Vgl. §§ 70 I und 78 I VwGO.

Vergegenwärtigt man sich diese Zusammenhänge, so wird auch deutlich, weshalb in der Literatur überwiegend nur den Organen, nicht aber den Organteilen, Behördencharakter zuerkannt wird[32]. Im Verhältnis der juristischen Person zu anderen Rechtssubjekten wird nämlich das Handeln der Organteile dem Organ zugerechnet[33]; nur die Organe können also nach außen hin für die juristische Person handeln. Im Verhältnis der intrapersonalen Funktionsträger zueinander ist der Gedanke der Zurechnung jedoch unbrauchbar[34]. Es ist deshalb auch nicht gerechtfertigt, den Organteilen für den innerorganisatorischen Bereich von vornherein die Behördenqualität abzusprechen.

Hier zeigt sich somit, daß der Behördenbegriff mit dem Merkmal der Außenwirkung einer Maßnahme insofern gekoppelt ist[35], als der Verzicht auf das Merkmal der Außenwirkung zugleich auch den Behördenbegriff eines bislang für wesentlich gehaltenen Merkmales — der Organstellung — entkleidet. Soweit es um Rechtsbeziehungen zwischen intrapersonalen Funktionsträgern geht, ist somit jeder innerorganisatorische Funktionsträger Behörde i. S. d. Verwaltungsprozeßrechtes, der eine (hoheitliche) Maßnahme (auf dem Gebiet des öffentlichen Rechts) trifft, um einen Einzelfall mit unmittelbarer Rechtswirkung zu regeln[36].

Unter „Regelung" soll im Anschluß an *Wolff* eine einseitige potentiell verbindliche rechtsfolgebegründende Ordnung eines konkreten Lebenssachverhaltes, also eine konkrete Anordnung, gleichgültig, ob sie rechtmäßig oder nichtrechtmäßig, wirksam oder nicht wirksam ist, verstanden werden[37]. „Regelung" bedeutet nicht ein Verfahren (Tun), sondern dessen Ergebnis (die Tat, das Produkt)[38]. Daraus folgt, daß nicht jede Beeinträchtigung subjektiver Rechte der Amtswalter bzw. der intrapersonalen Funktionsträger „automatisch" eine Regelung bedeutet[39] und somit einen Verwaltungsakt darstellt. Für eine Regelung ist vielmehr erforderlich, daß ein Gebot oder Verbot, eine sonstige Rechtsgestaltung, Feststellung oder Streitentscheidung getroffen bzw. versagt wird[40], welche im Falle ihrer Gültigkeit unmittelbare Rechts-

---

32 So z. B. *Wolff*, VR II, § 76 II b 1 β (S. 86); *Obermayer*, StVwRBay, S. 133; *Lorenz*, Insichprozeß, S. 308 ff. (317).

33 Vgl. *Wolff*, VR II, § 74 I f 6 (S. 48); vgl. auch II. Teil, IV. Abschnitt, B.

34 s. o. II. Teil, IV. Abschnitt, B.

35 Vgl. auch *Stahl*, DVBl. 1972, 771; *Böckenförde*, Organisationsgewalt, S. 31/32 mit Fußn. 36 unter b).

36 Einen ähnlich weiten Behördenbegriff vertritt auch *Ossenbühl*, S. 437; ferner *Böckenförde*, Organisationsgewalt, S. 31/32, Fußn. 36 unter b); wohl auch *Thieme*, VwL, S. 150.

37 *Wolff*, VR I, § 46 V a 1 (S. 332).

38 *Wolff*, VR I, § 46 V a 1 (S. 332); *Hoppe*, Organstreitigkeiten, S. 62; vgl. auch *Schilling*, BayVBl. 1965, 117.

39 So mit Recht *Hoppe*, Organstreitigkeiten, S. 62.

40 *Wolff*, VR I, § 46 IV (S. 332); *Hoppe*, Organstreitigkeiten, S. 62/63.

wirkung besitzt[41]. Der Verwaltungsakt unterscheidet sich somit von den reinen Verletzungshandlungen durch seinen final auf die Herbeiführung einer Rechtsfolge gerichteten Charakter[42]. Er ist ein auf eine bestimmte Rechtsfolge gezielter Impuls, und die Rechtsfolge tritt nur insoweit ein, als sie nach dem Ausspruch des Verwaltungsaktes eintreten soll[43].

Dies soll im folgenden anhand einiger Beispiele erläutert werden. Dabei muß man aber auch hier zwischen Verwaltungsakten gegenüber künstlichen intrapersonalen Funktionsträgern und Verwaltungsakten gegenüber Amtswaltern (im Rahmen ihrer Amtswalterverhältnisse) unterscheiden[44].

B. Verwaltungsakte gegenüber Funktionsträgern des Hochschulinnenbereiches

Typischer Fall eines Verwaltungsakts gegenüber intrapersonalen Funktionsträgern ist die Beanstandung gem. § 29 V 2 HschG-NW[45]. Die Beanstandung beinhaltet nämlich die Feststellung, daß der beanstandete Beschluß bzw. die beanstandete Maßnahme des betroffenen Funktionsträgers rechtswidrig sei. Die Verbindlichkeit dieser Feststellung ergibt sich ganz augenfällig aus der aufschiebenden Wirkung der Beanstandung, die eine Vollzugs- bzw. Wirksamkeitshemmung auslöst.

Von der Beanstandung abgesehen dürften Verwaltungsakte künstlicher Funktionsträger des Innenbereiches gegenüber Organen im Hochschulbereich jedoch ausgeschlossen sein, da es insoweit durchweg am Merkmal der Verbindlichkeit einer Handlung fehlt.

Um einen Verwaltungsakt handelt es sich auch, wenn das zuständige Fachbereichsorgan gem. § 23 S. 2 HschG-NW dem Amt des Hochschullehrers[46] bestimmte Lehraufgaben überträgt. Durch die Übertragung wird konkret und verbindlich angeordnet, wie die im Amt zusammengefaßten Kompetenzen (konkret) auszuüben sind.

Bei Maßnahmen, die aufgrund von Geschäftsordnungen kollegial organisierter Funktionsträger ergehen, ist zwischen Verwaltungsakten des Vorsitzenden und Verwaltungsakten des Ämterkollegiums zu unterscheiden.

Der Vorsitzende des kollegialen Funktionsträgers hat i. d. R. die Aufgabe, die Geschäfte des Ämterkollegiums zu regeln und dessen

[41] *Wolff*, VR I, § 46 V c (S. 333 ff.).

[42] *Hoppe*, Organstreitigkeiten, S. 63; *Rupp*, DVBl. 1958, 117 ff.; *M. Hoffmann*, Abwehranspruch, S. 19.

[43] So die in Fußn. 42 genannten Autoren.

[44] Vgl. hierzu oben II. Teil, III. Abschnitt, C.

[45] s. o. II. Teil, XII. Abschnitt, C., I. und D.

[46] Nicht also dem Amtswalter!

Sitzungen zu leiten[47]. Zur Erfüllung dieser Aufgaben steht ihm eine Reihe spezieller Befugnisse zur Verfügung. Es sei hier nur an die Befugnisse zur Einberufung des Kollegiums, zur Erteilung des Wortes, zur Beschränkung der Redezeit oder an die Befugnis, ein kollegiales Amt zur Sache zu verweisen, erinnert[48], wobei diese Aufzählung keineswegs abschließenden Charakter besitzt. Macht der Vorsitzende von diesen seinen Befugnissen Gebrauch, so wird dadurch konkret festgelegt, wie die kollegialen Ämter ihre Kompetenzen auszuüben haben. Durch die Einberufung wird z. B. für alle kollegialen Ämter verbindlich angeordnet, zu welchem Zeitpunkt die Kompetenzen ausgeübt werden können; durch die Erteilung des Wortes und die Beschränkung der Redezeit wird verbindlich festgelegt, welches kollegiale Amt und wie lange es sich vor dem Kollegium äußern darf. Durch den Verweis zur Sache wird festgestellt, daß das betreffende kollegiale Amt seine Kompetenzen bzw. Befugnisse überschreitet, weil es sich nicht auf die Erörterung des jeweiligen Diskussionsgegenstandes beschränkt. In all diesen Fällen liegt eine (verbindliche) Regelung vor, die gegenüber dem betroffenen kollegialen Amt unmittelbare Rechtswirkungen entfaltet, weil sie dessen subjektive Rechte an den Kompetenzen und Befugnissen konkretisiert[49]. Es handelt sich somit um Verwaltungsakte des Vorsitzenden des Ämterkollegiums.

Die Geschäftsordnungen der kollegialen Funktionsträger geben darüber hinaus dem Ämterkollegium selbst bestimmte Entscheidungsbefugnisse in organisatorischen Fragen[50]. Soweit z. B. ein kollegiales Amt mit einer Maßnahme des Vorsitzenden nicht einverstanden ist, kann es nach Maßgabe der jeweiligen Geschäftsordnung Widerspruch erheben, über den dann das Ämterkollegium zu befinden hat. Als Beispiel kann in diesem Zusammenhang § 11 III GeschO-UP-RUB angeführt werden. Diese Vorschrift lautet:

> „Der Vorsitzende kann eine Beschränkung der Redezeit auf drei Minuten verfügen; widerspricht ein Mitglied, so ist über den Widerspruch abzustimmen."

Der Beschluß des Ämterkollegiums enthält eine konkrete verbindliche Feststellung, wie lange die Kompetenzen konkret ausgeübt werden dürfen. — Dabei ist jedoch stets genau zu prüfen, wer Adressat des Verwaltungsaktes ist. Wird die Redezeit nur für ein bestimmtes kollegiales Amt beschränkt, so ist allein dieses Adressat der Regelung. Ist das jedoch nicht der Fall, so wird die Ausübung der Kompetenzen eines

---

[47] Vgl. dazu II. Teil, XIII. Abschnitt, C., I.

[48] Vgl. oben II. Teil, XIII. Abschnitt, C., II.

[49] Zum Verhältnis zwischen Regelung und Rechtsverletzung vgl. *Zimmermann*, VerwArch 62 (1971), 53.

[50] Vgl. auch II. Teil, XIII. Abschnitt, A. mit Fußn. 10.

jeden kollegialen Amtes verbindlich festgelegt, so daß auch jedes Amt Adressat des Verwaltungsaktes ist.

Bei alledem darf jedoch nicht übersehen werden, daß nur solche Maßnahmen der kollegialen Ämter als Verwaltungsakte anzusehen sind, die final auf die Herbeiführung einer Rechtsfolge (Konkretisierung der Befugnisse) gegenüber einem kollegialen Amt gerichtet sind[51]. Daraus folgt, daß Beschlüsse, die ausschließlich die einem kollegialen Funktionsträger zugewiesenen Hauptaufgaben betreffen, i. d. R. keine Verwaltungsakte gegenüber den kollegialen Ämtern darstellen können[52].

Maßnahmen, die das Ämterkollegium in Fragen der Selbstorganisation beschließt, werden von der absolut herrschenden Meinung als Organbeschlüsse qualifiziert, mit der Folge, daß der Verwaltungsakt gegenüber einem kollegialen Amt ein Verwaltungsakt des Organs ist. — Dieser Auffassung muß jedoch entschieden widersprochen werden. Wie im zweiten Teil der Arbeit dargelegt wurde[53], bestehen nämlich (von den positiven relativen subjektiven Rechten einmal abgesehen) keine Rechtsbeziehungen zwischen dem Organ und seinen Teilen. Maßnahmen des Ämterkollegiums sind nur dann als Organakte anzusehen, wenn man auf die Relationsebene der Organe abstellt[54]. Hier geht es jedoch nicht um den organschaftlichen Rechtskreis, sondern um die Relationssphäre der kollegialen Ämter. Dementsprechend kann eine organisatorische Maßnahme des Ämterkollegiums gegenüber einem kollegialen Amt auch nicht ein Verwaltungsakt des Organs sein.

Fraglich ist nur, ob durch das Zusammenwirken mehrerer kollegialer Ämter bei der Beschlußfassung ein einheitlicher Verwaltungsakt[55] der beteiligten Ämter[56] zustandekommt[57]. — Wie bereits erwähnt wurde, ist bei den Beschlüssen kollegialer Ämter nicht auf das Produkt der

---

[51] s. o. diesen Abschnitt, A. a. E.

[52] So mit Recht *Hoppe*, Organstreitigkeiten, S. 63; vgl. auch *ders.*, DVBl. 1971, 434.

[53] Vgl. II. Teil, X. Abschnitt, D.

[54] Das dürfte auch der Grund dafür sein, daß *Dagtoglou* den Begriff des Kollegialaktes nur den „nach außen" gerichteten Akten vorbehält. — Vgl. *Dagtoglou*, S. 83.

[55] Der Begriff des einheitlichen (gemeinsamen) Verwaltungsaktes geht auf den BayVGH zurück (vgl. BayVGH in BayVBl. 1965, 314), wurde zwischenzeitlich verworfen (vgl. z. B. *Schuegraf*, NJW 1966, 177 ff.) und neuerdings vom BVerwG wieder aufgenommen (vgl. BVerwG in DVBl. 1966, 177 ff. (179).

[56] Zur Frage, welche Bedeutung der Beteiligung des Amtes beim Erlaß des Verwaltungsaktes im Hinblick auf eine Statusverletzung zukommt, vergleiche II. Teil, XIII. Abschnitt, C., II., 2.

[57] In diesem Falle müßte sich eine Klage gegen den Verwaltungsakt notwendig gegen alle beteiligten Ämter richten. — Zur passiven Prozeßführungsbefugnis vgl. unten IV. Teil, Abschnitt VII. dieser Arbeit.

Stimmabgabe der Ämter — den Beschluß im eigentlichen Sinne —, sondern allein auf die Stimmabgabe als Handlung eines jeden einzelnen beteiligten Amtes abzustellen[58]. Die Stimmabgabe jedes einzelnen Amtes ist mithin unabhängig von den Stimmen der anderen Ämter daraufhin zu untersuchen, ob sie einen Verwaltungsakt impliziert. Dabei ist zu beachten, daß im Ämterkollegium stets über einen konkreten Antrag abgestimmt wird. Ist dieser Antrag seinem Inhalt nach final auf die Herbeiführung einer Rechtsfolge gerichtet (Regelung)[59], so ist die Stimmabgabe des Amtes, das dem Antrag zustimmt und sich damit mit ihm identifiziert, als Verwaltungsakt zu werten[60]. Jene Ämter hingegen, die den Antrag ablehnen oder sich der Stimme enthalten, wollen keine konkrete Anordnung. Ihre Stimmabgaben stellen deshalb auch keine Verwaltungsakte dar[61].

Es ist zuzugeben, daß die hier vertretene Auffassung zu Schwierigkeiten bei der Behandlung der prozessualen Probleme (z. B. bei der passiven Prozeßführungsbefugnis) führen kann. Dennoch erscheint es unvertretbar, allein aufgrund prozessualer Erwägungen die materielle Rechtslage zu ignorieren, die Rechtsbeziehungen zwischen dem Organ und Organteilen weitgehend ausschließt[62].

C. Verwaltungsakte gegenüber Amtswaltern des Hochschulinnenbereiches

Soweit es um Verwaltungsakte gegenüber Amtswaltern des Hochschulbereiches im Rahmen ihres Amtswalterverhältnisses geht, ist zu beachten, daß dieses Rechtsverhältnis zwischen dem Amtswalter und der Hochschule als juristische Person besteht[63]. Maßnahmen der intrapersonalen Funktionsträger werden also letztlich der juristischen Person zugerechnet[64].

Behörden i. S. des Verwaltungsakt-Begriffes sind, wie schon erwähnt wurde, intrapersonale Funktionsträger dann, wenn sie eine Organstellung innehaben[65]. Das Handeln der Organteile wird dem Organ zugerechnet[66].

---

58 s. o. II. Teil, XIII. Abschnitt, C., II., 2.

59 s. o. diesen Abschnitt, A. a. E.

60 Durch seine Zustimmung macht es die Regelung zum Inhalt seiner Maßnahme.

61 Bei geheimen Abstimmungen dürfte die Feststellung, ob ein Verwaltungsakt vorliegt, allerdings kaum möglich sein. Vgl. zu dieser Problematik diesen Abschnitt, E., Fußn. 86.

62 Vgl. im einzelnen II. Teil, X. Abschnitt, D.

63 Vgl. auch III. Teil, III. Abschnitt, A.

64 Vgl. auch III. Teil, IV. Abschnitt, B., Fußn. 12.

65 Vgl. *Wolff*, VR II, § 76 II b 1 β (S. 86).

66 *Wolff*, VR II, § 76 I d 8 (S. 84).

Ein Verwaltungsakt gegenüber dem Amtswalter in seiner Amtswalterstellung liegt z. B. vor, wenn ein Organ der Hochschule oder eines Fachbereiches gem. § 27 III HschG-NW beschließt, daß Hochschulangehörige von den Organmitgliedern (Amtswaltern) nicht über die gefaßten Beschlüsse unterrichtet werden dürfen. Insoweit wird nämlich eine dem Status des Amtswalters zuzurechnende Befugnis für einen Einzelfall konkretisiert und damit die Befugnis des Amtswalters verbindlich festgelegt[67]. — Um einen Verwaltungsakt handelt es sich aber auch, wenn ein Amtswalter aus Gründen, die mit seiner Person (Individualität) zusammenhängen[68], von einer Abstimmung ausgeschlossen wird. — Schließlich sind aber auch solche Maßnahmen als Verwaltungsakte zu qualifizieren, mit denen über vermögensrechtliche Ansprüche der Amtswalter entschieden wird.

D. Anfechtungsklage und Verpflichtungsklage

Soweit ein Amtswalter bzw. ein intrapersonaler Funktionsträger die Aufhebung einer Maßnahme begehrt, steht ihm gem. § 42 I VwGO die Anfechtungsklage zur Verfügung, wenn es sich bei der angegriffenen Maßnahme um einen Verwaltungsakt handelt. — Eine Verpflichtungsklage kann erhoben werden, wenn die Verurteilung zum Erlaß einer abgelehnten oder unterlassenen Maßnahme erstrebt wird, welche als Verwaltungsakt zu qualifizieren ist.

Gem. § 113 I VwGO kommt es für die Begründetheit der Anfechtungsklage darauf an, ob der Verwaltungsakt rechtswidrig und der Kläger dadurch in seinen Rechten verletzt ist; für die Begründetheit der Verpflichtungsklage ist nach § 113 IV VwGO entscheidend, ob die Ablehnung oder Unterlassung des Verwaltungsaktes rechtswidrig und der Kläger dadurch in seinen Rechten verletzt ist. Daraus folgt die gerade für Streitigkeiten künstlicher intrapersonaler Funktionsträger wichtige Erkenntnis, daß es für die Begründetheit der Anfechtungs- und Verpflichtungsklage ausschließlich darauf ankommt, ob der rechtswidrige bzw. rechtswidrig unterlassene oder abgelehnte Verwaltungsakt den intrapersonalen Funktionsträger in seinen subjektiven Rechten auf Wahrnehmung der Kompetenzen und Befugnisse verletzt[69]. Nur diese intrapersonalen Rechtsverletzungen sind zu berücksichtigen; das Urteil über die Rechtmäßigkeit des Verwaltungsaktes bzw. seine Ablehnung oder Unterlassung ist deshalb stets (nur) relativer Natur[70,71].

---

[67] Vgl. II. Teil, XIII. Abschnitt, C., I. a. E. und III. Teil, IV. Abschnitt, C.

[68] Dies ist für die Problematik des Normadressaten von Bedeutung. Vgl. II. Teil, III. Abschnitt, C.

[69] Vgl. hierzu II. Teil, XI. Abschnitt.

[70] Vgl. II. Teil, XI. Abschnitt mit Fußn. 1; ferner auch *Bleutge*, S. 176/177.

Gem. § 68 VwGO ist vor der Erhebung der Anfechtungs- bzw. Verpflichtungsklage ein Vorverfahren durchzuführen. Klagt ein Amtswalter, dessen Grundverhältnis beamtenrechtlicher Natur ist[72], so ist insoweit die Sonderregelung des § 126 III BRRG zu berücksichtigen. Bei Streitigkeiten zwischen intrapersonalen Funktionsträgern entscheidet über den Widerspruch grundsätzlich der Funktionsträger, der den Verwaltungsakt erlassen hat, vgl. § 73 I Nr. 3 VwGO[73]. Allerdings können die Hochschulsatzungen auch vorsehen, daß andere Funktionsträger über den Widerspruch zu befinden haben[74].

E. Aufhebungsklage (Quasi-Anfechtungsklage)

Bei Streitigkeiten zwischen intrapersonalen Funktionsträgern ist problematisch, ob außer der Anfechtungsklage auch eine Aufhebungsklage (Quasi-Anfechtungsklage), d. h. eine Klage auf Aufhebung von Maßnahmen, die keine Verwaltungsakte sind, zulässig ist[75]. Ebenso wie die Anfechtungsklage würde also auch die Aufhebungsklage zu einem gestaltenden Aufhebungsurteil führen[76].

Die Möglichkeit einer Aufhebungsklage käme insofern einem praktischen Bedürfnis entgegen, als die Klagebegehren bei Streitigkeiten zwischen intrapersonalen Funktionsträgern in erster Linie Anträge auf Beseitigung einer Maßnahme durch gerichtlichen Urteilsspruch beinhal-

---

71 Zu der Frage, welche Folgen sich aus einer Kassation für die hochschulexterne Rechtshandlung eines intrapersonalen Funktionsträgers ergeben, vgl. *Bleutge*, S. 177 f.

72 Vgl. im einzelnen IV. Teil, II. Abschnitt, A.

73 So auch *Ewald*, WissR 1970, 49. — Die Aufgaben der wissenschaftlichen Hochschulen in NRW sind nach dem HschG-NW ausschließlich Selbstverwaltungs- und damit eigene Angelegenheiten. Auch die sog. Wirtschafts- und Personalverwaltung sind eigene Angelegenheiten. So *Gieseke*, in *Besch*, Komm. zum HschG-NW, S. 32; ebenso *Besch* (1. Aufl.), Komm. zu § 1 II HschG-NW. a. A. jetzt aber *Besch* in der 2. Aufl., jedoch ohne überzeugende Begründung.

74 Vgl. *Ewald*, WissR 1970, 49. — Ob man die in den Geschäftsordnungen der kollegialen Organe meist vorgesehene Möglichkeit des Widerspruchs gegen Entscheidungen des Vorsitzenden, über den dann das Ämterkollegium zu befinden hat, als nähere Bestimmung i. S. des § 73 I Nr. 3 VwGO auffassen darf, erscheint allerdings zweifelhaft. Es dürfte sich wohl mehr um eine formlose Gegenvorstellung handeln, mit der Folge, daß auch kein Widerspruchsbescheid i. S. des § 73 I Nr. 3 VwGO ergeht. Widerspruch i. S. des § 73 I Nr. 3 VwGO kann also erst gegen die Entscheidung des Ämterkollegiums selbst erhoben werden.

75 Vgl. hierzu *Kiock*, S. 103 ff.; *Hoppe*, Organstreitigkeiten, S. 127 f.; *Stern / Bethge*, S. 115; *Bleutge*, S. 154 ff. und S. 185; *Deng*, S. 178 f.; *Ule*, Verwaltungsprozeßrecht, S. 116/117; *Fuß*, WissR 1972, 117 f.; *Ewald*, WissR 1970, 42 f.; ebenso auch die Rechtsprechung des OVG Lüneburg (vgl. OVGE 19, 344/345) und des BayVGH (vgl. BayVGH in VerwRspr. Bd. 20 Nr. 23).

76 Vgl. statt vieler: *Stern / Bethge*, S. 115.

ten[77]. So könnten z. B. Beschlüsse von Ämterkollegien kollegialer Funktionsträger, die den Status eines kollegialen Amtes verletzen[78], aufgehoben werden, auch wenn sie sich nicht als Verwaltungsakte darstellen.

Die VwGO enthält über die Zulässigkeit der Aufhebungsklage keine ausdrücklichen Regelungen. Ihre Zulässigkeit beurteilt sich deshalb allein danach, ob das Klagesystem der VwGO die Entwicklung einer solchen Klageart im Wege der Rechtsfortbildung zuläßt[79]. — In der Literatur wird insoweit die Auffassung vertreten, daß es für die Zulässigkeit einer Aufhebungsklage darauf ankomme, ob zwischen den streitenden Parteien ein Subordinations- oder ein Koordinationsverhältnis bestehe[80]. Dem ist jedoch entgegenzuhalten, daß die VwGO, wie schon erwähnt wurde[81], eine Aufteilung der Streitigkeiten in solche aus Subordinationsverhältnissen und solche aus Koordinationsverhältnissen nicht (mehr) kennt[82]. Deshalb ist diese Differenzierung für die Problematik der prozessualen Zulässigkeit der Aufhebungsklage ohne Bedeutung.

Wie bereits im ersten Teil der Arbeit ausgeführt wurde, hat der Gesetzgeber davon abgesehen, in der VwGO die zulässigen Klagearten aufzuzählen, weil er befürchtete, ein starres Schema von Klagearten könne die Gerichte, die die VwGO auszulegen und ihre Regelungen fortzubilden hätten, hinsichtlich der Beurteilung von Klagen allzusehr einengen[83]. Angesichts dieses Befundes erscheint die Auffassung, daß andere Gestaltungsklagen als die Anfechtungsklage nur dann zulässig seien, wenn sie durch das materielle oder das Prozeßrecht ausdrücklich für zulässig erklärt worden seien, nicht vertretbar[84, 85]. Somit können Maßnahmen intrapersonaler Funktionsträger, die keine Verwaltungsakte sind, mit der Aufhebungsklage angegriffen werden[86].

---

77 Vgl. *Stern / Bethge*, S. 115; ähnlich *Hoppe*, Organstreitigkeiten, S. 130.

78 Vgl. II. Teil, XIII. Abschnitt, C., II., 2.

79 Vgl. *Bleutge*, S. 154 ff.

80 Vgl. hierzu *Bleutge*, S. 154 ff. m. w. N.

81 s. o. A. dieses Abschnitts.

82 So mit Recht *Hoppe*, Organstreitigkeiten, S. 130 mit Fußn. 34; *Rupp*, AöR 85 (1960), 304.

83 Vgl. I. Teil, V. Abschnitt, B., II.

84 Auch die Aufhebungsklage dient dem Individualrechtsschutz, ist also kein objektiv-rechtliches Verfahren.

85 So auch *Bleutge*, S. 154 ff. und S. 185; *Deng*, S. 178 f.; *Stern / Bethge*, S. 115; *Kiock*, S. 79 ff. und S. 103 f.; a. A. *Hoppe*, Organstreitigkeiten, S. 127 f.; wohl auch *Ewald*, WissR 1970, 42 f., der die Aufhebungsklage nur bei potentiell verbindlichen Maßnahmen angewendet wissen will (S. 43).

86 Die Differenzierung zwischen Verwaltungsakten und Nicht-Verwaltungsakten bei der Beschlußfassung der kollegialen Ämter (vgl. oben B. dieses Abschnitts) bringt dem klagenden Funktionsträger letztlich also keine Nachteile.

Dabei ist jedoch zu beachten, daß in analoger Anwendung des § 68 VwGO zuvor ein Vorverfahren durchgeführt werden muß[87].

F. Allgemeine Leistungsklage

Neben der Anfechtungs-, Verpflichtungs- und Aufhebungsklage ist auch die sog. allgemeine Leistungsklage bei Streitigkeiten um subjektive Rechte der Amtswalter oder der intrapersonalen Funktionsträger von Bedeutung. Sie ist auf die Verurteilung zu einer Handlung, Duldung oder Unterlassung gerichtet[88], soweit nicht der Erlaß eines Verwaltungsaktes in Frage steht[89]. Die allgemeine Leistungsklage ist in der VwGO nicht ausdrücklich geregelt, wird jedoch in einer Reihe von Vorschriften vorausgesetzt (§§ 43 II, 111, 113 III, 169 II VwGO)[90]. Ihre prinzipielle Zulässigkeit im Verwaltungsprozeß ist unbestritten[91].

Bei Streitigkeiten zwischen intrapersonalen Funktionsträgern kann mit der allgemeinen Leistungsklage z. B. das Recht auf Auskunft[92], das Recht auf Ausführung von Beschlüssen[93] oder das Recht auf Aushändigung von Beratungsunterlagen für eine bestimmte Sitzung[94] durchgesetzt werden.

Amtswalter können mit der allgemeinen Leistungsklage z. B. ihre subjektiven Vermögensrechte einklagen[95].

G. Feststellungsklage

Gegenstand einer Feststellungsklage ist das Bestehen oder Nichtbestehen eines (konkreten) Rechtsverhältnisses oder die Nichtigkeit eines Verwaltungsaktes[96]. Um ein Rechtsverhältnis handelt es sich, wenn sich aus der Anwendung von Rechtssätzen auf einen konkreten Sachverhalt rechtliche Beziehungen zwischen zwei oder mehreren Rechtssubjekten ergeben[97]. Feststellungsfähig ist dabei nicht nur das Rechtsverhältnis

---

87 So auch *Ewald*, WissR 1970, 49; demgegenüber vermag die gegenteilige Auffassung *Kiocks*, die ohnehin nur bei Streitigkeiten „innerhalb" kollegialer Funktionsträger zutreffen könnte, nicht zu überzeugen (vgl. *Kiock*, S. 105 ff.).

88 *Hoppe*, Organstreitigkeiten, S. 128.

89 Dafür steht die Anfechtungs- bzw. Verpflichtungsklage zur Verfügung.

90 *Hoppe*, Organstreitigkeiten, S. 128.

91 *Stern / Bethge*, S. 115.

92 Vgl. II. Teil, XII. Abschnitt, C., I.; ferner *Stern / Bethge*, S. 116 und *Bleutge*, S. 184.

93 Vgl. II. Teil, XII. Abschnitt, C., II.

94 *Kiock*, S. 111.

95 s. o. III. Teil, IV. Abschnitt, B. und C.

96 Vgl. *Eyermann / Fröhler*, § 43, 2; *Bleutge*, S. 181; *Hoppe*, Organstreitigkeiten, S. 131; *Stern / Bethge*, S. 117.

97 Vgl. *Eyermann / Fröhler*, § 43, 3; *Bleutge*, S. 182; *Hoppe*, Organstreitigkeiten, S. 131; *Redeker / v. Oertzen*, § 43 Rdnr. 2.

als Ganzes; auch einzelne Rechte und Pflichten, die sich aus diesem Rechtsverhältnis ergeben, unterliegen der Feststellungsklage[98].

Mit der Feststellungsklage kann z. B. ein Amtswalter, dem von der Hochschule[99] die Amtswalterstellung bestritten wird, seine Rechtsstellung klären lassen[100].

Ein intrapersonaler Funktionsträger kann mittels der Feststellungsklage z. B. feststellen lassen, daß eine ihm gegenüber ergangene Weisung (als Verwaltungsakt) nichtig ist.

Insgesamt ist jedoch zu berücksichtigen, daß die Feststellungsklage gem. § 43 II 1 VwGO — von der Feststellung der Nichtigkeit eines Verwaltungsaktes einmal abgesehen — im Verhältnis zu Gestaltungs- oder Leistungsklagen subsidiären Charakter besitzt[101].

IV. Abschnitt

Die Beteiligtenfähigkeit

Mit der Erhebung einer Klage entsteht zwischen den Beteiligten — das sind nach § 63 VwGO der Kläger, der Beklagte, der Beigeladene und ggf. der Oberbundesanwalt oder der Vertreter des öffentlichen Interesses — und dem Gericht ein Prozeßrechtsverhältnis[1]. Beteiligter i. S. des § 63 VwGO und damit Subjekt eines Prozeßrechtsverhältnisses kann jedoch nur sein, wer überhaupt beteiligtenfähig ist. Die Beteiligtenfähigkeit richtet sich insoweit nach § 61 VwGO.

A. Die Beteiligtenfähigkeit bei Streitigkeiten um subjektive Rechte der Amtswalter

Die Beteiligtenfähigkeit der Amtswalter und der Hochschule ist unproblematisch, denn nach § 61 Nr. 1 VwGO sind natürliche und juristische Person fähig, am Verfahren beteiligt zu sein[2].

---

98 *Eyermann / Fröhler*, § 43, 3; *Schunck / De Clerck*, § 43, 2 c; *Hoppe*, Organstreitigkeiten, S. 131; *Bleutge*, S. 182.

99 Das Handeln der intrapersonalen Funktionsträger wird der Hochschule als juristischer Person zugerechnet.

100 Vgl. oben III. Teil, IV. Abschnitt, B. und C.

101 Vgl. dazu *Kiock*, S. 112 ff.; *Bleutge*, S. 182/183; zu dem sich in der Rechtsprechung abzeichnenden Trend, die Subsidiaritätsklausel zu überspielen, vgl. *Stern / Bethge*, S. 118; BVerwGE 36, 179 ff. (181 f.); *v. Mutius*, VerwArch 63 (1972), 230.

1 *Ule*, Verwaltungsprozeßrecht, § 31; *Hoppe*, Organstreitigkeiten, S. 208/209.

2 Vgl. hierzu auch *Ewald*, Beteiligungsfähigkeit, S. 239.

Fraglich ist dagegen die Beteiligtenfähigkeit der künstlichen Funktionsträger z. B. im Hochschulinnenbereich. Insoweit könnte § 61 Nr. 2 oder Nr. 3 VwGO einschlägig sein.

Nach § 61 Nr. 2 VwGO sind Vereinigungen beteiligtenfähig, soweit ihnen ein Recht zustehen kann. Zweifelhaft und umstritten ist allerdings, welche Anforderungen an den Begriff der Vereinigung zu stellen sind und welche Bedeutung dem Wort „soweit" zukommt. — Einigkeit besteht darüber, daß unter Vereinigung i. S. dieser Vorschrift — wie ursprünglich im Regierungsentwurf auch vorgesehen[3] — jede (nichtrechtsfähige) Personenvereinigung zu verstehen ist[4], gleichgültig wie sie organisiert ist[5]. Das bedeutet jedoch nicht, daß jede Personenmehrheit als Personenvereinigung angesehen werden könnte. Von einer Vereinigung kann vielmehr nur dann die Rede sein, wenn mehrere Personen zur Wahrung ihrer übereinstimmenden (einheitlichen) Interessen (Zwecke) zusammengeschlossen sind[6] und somit einen Interessenverband bilden[7]. „Vereinigung" erfordert also eine gesteigerte Verbundenheit und Interessenkorrespondenz der zusammengeschlossenen Personen.

Die Verwaltungsgerichte vertreten in Anlehnung an die Judikatur zu den Kommunalverfassungsstreitverfahren[8] die Ansicht, daß Kollegialorgane im Hochschulbereich Personenvereinigungen i. S. des § 61 Nr. 2 VwGO seien[9]. Diese Auffassung wäre nur dann zutreffend, wenn Kollegialorgane als Zusammenschlüsse mehrerer Personen mit übereinstimmenden Interessen zu verstehen wären. Nur dann wäre das Kollegialorgan eine „Personenvereinigung".

Die Rechtsprechung stellt in diesem Zusammenhang offenbar darauf ab, daß bei einem Kollegialorgan mehrere gleichberechtigte Organwalter vorhanden sind, die gemeinsam die Organzuständigkeiten wahrnehmen[10]. In dieser gemeinsamen Wahrnehmung wird anscheinend die

---

[3] Vgl. hierzu BT-Drucksache, 3. Wahlperiode, 85. Sitzung, S. 4594 und Anlage 3, S. 4612; ferner *Klinger,* § 61 C 2 b.

[4] *Hoppe,* Organstreitigkeiten, S. 212; *Machens,* S. 165; *Bleutge,* S. 134; *Redeker / v. Oertzen,* § 61 Rdnr. 4.

[5] So *Redeker / v. Oertzen,* § 61 Rdnr. 4; *Franzke,* DÖV 72, 852.

[6] Ob es sich um einen freiwilligen oder zwangsweisen Zusammenschluß handelt, ist ohne Bedeutung. — Vgl. *Eyermann / Fröhler,* § 61 Rdnr. 6.

[7] Vgl. dazu *Menger,* System, S. 145; *Hoppe,* Organstreitigkeiten, S. 73.

[8] Vgl. *Ewald,* Beteiligungsfähigkeit, S. 239 mit Fußn. 36.

[9] VG Gelsenkirchen, Beschl. v. 29. 4. 71 (4 L 160/71), unveröff.; VG Gelsenkirchen, Urt. v. 3. 2. 71 (4 K 1031/70), unveröff.; VG Kassel, Urt. v. 15. 12. 71 (I E 77/71), unveröff.; VG Berlin, Urt. v. 10. 12. 70 (VG II A 12. 70), in Auszügen wiedergegeben bei *Waibel,* WissR 1972, 269 ff.

[10] Vgl. dazu *Ewald,* Beteiligungsfähigkeit, S. 239 mit Fußn. 36 - 38; ebenso *Bleutge,* S. 134; *Tsatsos,* S. 38; *Fuß,* WissR 1972, S. 97 ff. (109).

notwendige Interessenkongruenz gesehen. Hiergegen ist jedoch einzuwenden, daß die in dem Organ zusammengefaßten Kompetenzen und Befugnisse nicht den Organwaltern persönlich zustehen, sondern — vom Wechsel der Organwalter völlig unabhängig — dem Organ als künstlichem Funktionsträger zugeordnet sind[11]. Die Organzuständigkeiten sind nicht Inhalt, sondern nur Gegenstand der Rechte und Pflichten des Organ-(Amts-)walters[12]. Das Interesse des einzelnen Organ-(Amts-)walters ist also nur auf die Organwaltung als solche, nicht aber auf die Wahrnehmung der dem Organ abbreviativ zugeordneten Zuständigkeiten selbst gerichtet[13]. Aus dem gemeinsamen *Gegenstand* der Tätigkeit der Organwalter — den Organzuständigkeiten — kann somit nicht auf kongruente Interessen der Organwalter selbst geschlossen werden[14].

Das schließt freilich nicht aus, daß sich die Organwalter zur gemeinsamen Verfolgung ihrer Rechte (Interessen) aus dem Amts-(Organ-)walterverhältnis zusammenschließen[15]. Ein solcher Zusammenschluß hat aber nichts mit dem Funktionsträger Organ zu tun, denn die persönlichen Interessen der Organwalter bestehen unabhängig von den im Organ zusammengefaßten Kompetenzen und Befugnissen.

Entgegen der vornehmlich in der Rechtsprechung vertretenen Auffassung kann ein Kollegialorgan also nicht schon deshalb als Vereinigung i. S. d. § 61 Nr. 2 VwGO angesehen werden, weil die Organzuständigkeiten von mehreren gleichberechtigten Organ-(Amts-)waltern wahrgenommen werden[16].

Allerdings darf hieraus nicht gefolgert werden, daß Organe oder besser intrapersonale Funktionsträger im Hochschulbereich grundsätzlich keine Personenvereinigungen sein könnten. Wie dargestellt[17], trägt die Organisation der wissenschaftlichen Hochschulen nämlich durchweg durch die Bildung einer Studentenschaft den spezifischen Interessen der Studenten und durch die Gliederung der Hochschule in Fachbereiche den spezifisch fachlichen Interessen der Hochschulangehörigen Rechnung. Den den Fachbereichen oder der Studentenschaft (als Organen) rechtstechnisch zugeordneten Rechten und Pflichten liegen also die Interessen der Hochschulangehörigen der jeweiligen Fachrichtung

---

11 Vgl. III. Teil, III. Abschnitt, A.

12 Vgl. III. Teil, III. Abschnitt, A.

13 Vgl. III. Teil, III. Abschnitt, A. und IV. Teil, B.; ferner *Ewald*, Beteiligungsfähigkeit, S. 239.

14 *Ewald*, Beteiligungsfähigkeit, S. 239; *Stern / Bethge*, S. 109; *Kiock*, S. 44.

15 Darauf weist auch *Ewald*, Beteiligungsfähigkeit, S. 239 mit Fußn. 35, hin.

16 Ebenso ebd., S. 239; *Ewald*, WissR 1970, 38; *Stern / Bethge*, S. 109; *Kiock*, S. 44; *Hoppe*, Organstreitigkeiten, S. 213 mit Fußn. 24; *ders.*, DVBl. 1970, 849.

17 s. o. II. Teil, VI. Abschnitt, A., I.

bzw. die Interessen der Studenten zugrunde[18]. Im Gegensatz zu den übrigen Funktionsträgern des Hochschulinnenbereiches sind in der Studentenschaft bzw. in den Fachbereichen mehrere Personen mit übereinstimmenden Interessen zusammengeschlossen. Dabei geht es jedoch — dies sei nochmals hervorgehoben — nicht um persönliche Interessen der Organ-(Amts-)walter, sondern ausschließlich um Sonderinteressen solcher Personen, die (im rechtselementaren Sinne) Interessenträger der in den künstlichen Funktionsträgern zusammengefaßten Rechte und Pflichten sind[19].

Abschließend kann also festgehalten werden, daß die Studentenschaft[20] und die Fachbereiche[21] als Vereinigungen i. S. des § 61 Nr. 2 VwGO zu qualifizieren sind.

Beteiligtenfähigkeit nach § 61 Nr. 2 VwGO besitzen die Fachbereiche und die Studentenschaft jedoch nur, „soweit ihnen ein Recht zustehen kann". Rechte[22] im Bereich des ersten Verwaltungsrechtsunterkreises[23], dem auch das Amtswalterverhältnis[24] zuzurechnen ist (Rechte nach Maßgabe der allgemeinen Rechtsordnung), besitzen die Fachbereiche und die Studentenschaft — jedenfalls nach der Rechtslage in Nordrhein-Westfalen — nicht[25]. Eine „externe" Teilrechtsfähigkeit kommt ihnen nicht zu[26]. Rechte besitzen sie (lediglich) im intrapersonalen Bereich gegenüber anderen innerorganisatorischen Funktionsträgern[27]. Dementsprechend wäre die Beteiligtenfähigkeit der Fachbereiche und der Studentenschaft bei Streitigkeiten um subjektive Rechte der Amtswalter nach § 61 Nr. 2 VwGO nur dann zu bejahen, wenn die Rechtszuständigkeit i. S. dieser Vorschrift abstrakt, d. h. losgelöst vom konkreten Rechtsstreit, zu beurteilen wäre. Käme es hingegen auf eine Rechtszuständigkeit gerade im Hinblick auf die konkret im Streite befindlichen Rechte an, so müßte die Beteiligtenfähigkeit mangels Rechtsfähigkeit im ersten Verwaltungsrechtsunterkreis verneint werden.

In der Literatur wird aus der einschränkenden Formulierung in § 61 Nr. 2 VwGO „soweit" überwiegend gefolgert, daß die Beteiligten-

---

18 s. o. II. Teil, VI. Abschnitt, A., I.

19 Zum Begriff der Interessenträger vgl. *Wolff*, Org. II, S. 254 ff.; *ders.*, VR I, § 34 I a 2 (S. 229).

20 *Hoffmann-Becking*, DVBl. 1972, 299 ff.; *Schmitt-Glaeser*, S. 33; vgl. auch *Tsatsos*, S. 37 mit Fußn. 78.

21 *Hoffmann-Becking*, DVBl. 1972, 299; *Franzke*, DÖV 72, 852.

22 Dasselbe hat auch für die Pflichten zu gelten.

23 Vgl. zu diesem Begriff II. Teil, IV. Abschnitt, A.

24 s. o. II. Teil, IV. Abschnitt, A.

25 s. o. II. Teil, XII. Abschnitt, A., III.

26 s. o. II. Teil, XII. Abschnitt, A., III.

27 s. o. II. Teil, XII. Abschnitt, A., III.

fähigkeit konkret beurteilt werden müsse[28]. Diese Auffassung begegnet jedoch Bedenken. Sie würde nämlich letztlich dazu führen, daß bei der Beteiligtenfähigkeit dieselben Gesichtspunkte zu prüfen wären wie bei der Klagebefugnis nach § 42 II VwGO[29]. Auch wäre eine Prozeßstandschaft ausgeschlossen, da der Prozeßstandschafter gerade einen Prozeß über ein fremdes Rechtsverhältnis im eigenen Namen führt[30]. Aus diesen Gründen ist für die Beteiligtenfähigkeit nicht die Rechtszuständigkeit im konkreten Rechtsstreit maßgebend. Es kommt vielmehr — ebenso wie für die zivilprozessuale Parteifähigkeit — darauf an, ob ein Rechtssubjekt Subjekt irgendeines Prozeßrechtsverhältnisses sein kann[31]. Da die Fachbereiche und die Studentenschaft im Hochschulinnenbereich über subjektive Rechte verfügen, sind sie somit bei Zugrundelegung einer abstrakten Betrachtungsweise beteiligtenfähig auch bei Streitigkeiten um subjektive Rechte der Amtswalter im ersten Verwaltungsrechtsunterkreis gem. § 61 Nr. 2 VwGO[32, 33].

Abgesehen von den Amtswaltern, der Hochschule als juristischer Person, der Studentenschaft und den Fachbereichen, deren Beteiligtenfähigkeit sich aus § 61 Nr. 1 und 2 VwGO ergibt, sind bei Streitigkeiten um subjektive Rechte der Amtswalter nach § 61 Nr. 3 VwGO auch Behörden beteiligtenfähig, sofern das Landesrecht dies bestimmt. Da in Nordrhein-Westfalen[34] der Gesetzgeber die Behörden in § 5 I AGVwGO für beteiligtenfähig erklärt hat, sind letztlich alle Hochschulorgane beteiligtenfähig, soweit sie gegenüber Amtswaltern verbindliche Entscheidungen treffen[35].

---

[28] So *Redeker / v. Oertzen*, § 61 Rdnr. 4; *Schunck / De Clerck*, § 61 Anm. 3; *Ewald*, Beteiligungsfähigkeit, S. 241; *Fuß*, WissR 1972, 110; *Bleutge*, S. 135.

[29] So in der Tat *Redeker / v. Oertzen*, § 42 Rdn. 15; vgl. hierzu auch *Hoffmann-Becking*, DVBl. 1972, 301; *Hoppe*, Organstreitigkeiten, S. 213 mit Fußn. 23.

[30] So mit Recht *Hoppe*, Organstreitigkeiten, S. 213.

[31] So *Hoffmann-Becking*, DVBl. 1972, 301; *Hoppe*, Organstreitigkeiten, S. 213; VG Düsseldorf DVBl. 1962, 104 f. (105).

[32] Da die Fachbereiche und die Studentenschaft über intrapersonale subjektive Rechte verfügen, kann hier offenbleiben, ob man unter „Rechten" i. S. d. § 61 Nr. 2 VwGO auch Pflichten verstehen kann. — Wir werden hierauf jedoch noch zurückkommen.

[33] Diese intrapersonalen Rechte sind nach Sinn und Zweck als Rechte i. S. d. VwGO anzusehen. Vgl. IV. Teil, I. Abschnitt mit Fußn. 17.

[34] Ebenso in Niedersachsen, Rheinland-Pfalz, Saarland und Schleswig-Holstein.

[35] Zur Koppelung Behörde — Verwaltungsakt vgl. oben IV. Teil, III. Abschnitt, A.

B. Die Beteiligtenfähigkeit bei Streitigkeiten um subjektive Rechte der intrapersonalen Funktionsträger im Hochschulbereich

Eine Beteiligtenfähigkeit der intrapersonalen Funktionsträger nach § 61 Nr. 1 VwGO scheidet von vornherein aus, da diese weder natürliche noch juristische Personen sind.

Die Fachbereiche und die Studentenschaft sind nach § 61 Nr. 2 VwGO beteiligtenfähig, da sie Vereinigungen sind, denen ein Recht[36] zustehen kann. Im einzelnen kann insoweit auf die vorstehenden Ausführungen verwiesen werden[37].

Fraglich ist, ob intrapersonale Funktionsträger bei Streitigkeiten um intrapersonale subjektive Rechte nach § 61 Nr. 3 VwGO[38] beteiligtenfähig sind. Da oben[39] nachgewiesen wurde, daß sich der Behördenbegriff als eine Funktion des Verwaltungsaktes darstellt und daß auch im Innenbereich der Hochschule Verwaltungsakte möglich sind[40], ist eine Beteiligtenfähigkeit nach dieser Vorschrift nicht ohne weiteres von der Hand zu weisen.

Die Beteiligtenfähigkeit der Behörden nach § 61 Nr. 3 VwGO muß im Zusammenhang mit der Regelung der Beteiligtenfähigkeit in § 61 Nr. 1 und Nr. 2 gesehen werden. Wie sich aus Nr. 1 und 2 ergibt, beruht die Regelung der Beteiligtenfähigkeit im Verwaltungsgerichtsprozeß auf dem Grundsatz, daß beteiligtenfähig ist, wer Träger eines Rechtes sein kann[41]. Aus der Möglichkeit der Beteiligtenfähigkeit von Behörden nach § 61 Nr. 3 VwGO folgt nun allerdings nicht, daß auch die Behörden Rechtsträger seien. Es ist nämlich zu berücksichtigen, daß die VwGO auf Streitigkeiten im ersten und zweiten Verwaltungsrechtsunterkreis[42] zugeschnitten ist[43]. In diesem Bereich aber gilt nach allgemeiner Auffassung das Prinzip der organschaftlichen Zurechnung[44]; Rechte[45] gegenüber anderen Rechtssubjekten der beiden ersten Verwaltungsrechtsunterkreise stehen nach materiellem Recht den Organen (Behörden) nur transitorisch, endgültig dagegen der juristischen Person

36 Rechte i. S. des § 61 Nr. 2 VwGO sind auch die subjektiven Rechte der intrapersonalen Funktionsträger. Vgl. oben IV. Teil, I. Abschnitt mit Fußn. 17.

37 s. o. IV. Teil, IV. Abschnitt, A.

38 Zu dem Wortlaut der Vorschrift vgl. diesen Abschnitt, A. a. E.

39 IV. Teil, III. Abschnitt, A.

40 Das verkennt *Ewald*, Beteiligungsfähigkeit, S. 240, 1. Sp. a. E.

41 *Schunck / De Clerck*, § 61 Erl. 4; *Ewald*, Beteiligungsfähigkeit, S. 240; *Rupp*, Grundfragen, S. 90 mit Fußn. 202.

42 Zu diesen Begriffen s. o. II. Teil, IV. Abschnitt, A.

43 s. o. IV. Teil, I. Abschnitt.

44 Vgl. dazu II. Teil, IV. Abschnitt, B.

45 Dasselbe gilt für die Pflichten.

zu[46]. Die Beteiligtenfähigkeit der Behörden nach § 61 Nr. 3 VwGO beruht also auch nicht auf dem Rechtsträgerprinzip, sondern beinhaltet im Gegenteil eine Durchbrechung dieses Prinzips[47]. Die Behörden nehmen nach dieser Vorschrift nur die *prozessuale* Stellung ein, die ansonsten die juristische Person als Rechtsträger gegenüber anderen Rechtssubjekten innegehabt hätte[48]. Eine Beteiligtenfähigkeit der Behörden nach § 61 Nr. 3 VwGO kommt deshalb auch nur bei solchen gerichtlichen Auseinandersetzungen in Betracht, für die nach dem Rechtsträgerprinzip die juristische Person Verfahrensbeteiligte sein müßte[49].

Hält man sich dieses Verhältnis zwischen § 61 Nr. 1 und Nr. 2 einerseits und Nr. 3 andererseits vor Augen, so wird deutlich, daß § 61 Nr. 3 VwGO zur Begründung der Beteiligtenfähigkeit bei Streitigkeiten um subjektive Rechte intrapersonaler Funktionsträger nicht herangezogen werden kann. Bei diesen Streitigkeiten geht es nämlich gerade um Rechte, deren Träger die intrapersonalen Funktionsträger sind[50]. § 61 Nr. 3 VwGO, der eine Durchbrechung des Rechtsträgerprinzips enthält, muß deshalb bei Streitigkeiten zwischen innerorganisatorischen Funktionsträgern außer Betracht bleiben[51].

Bei einer vorläufigen „Bestandsaufnahme“ ergibt sich somit, daß nach dem *Wortlaut* des § 61 VwGO lediglich den Fachbereichen und der Studentenschaft Beteiligtenfähigkeit zukommt[52, 53].

Entschließt man sich jedoch dazu, grundsätzlich auch den intrapersonalen subjektiven Rechten der künstlichen Funktionsträger verwaltungsgerichtlichen Rechtsschutz zu gewähren[54], so geht es nicht an, sich andererseits an den Wortlaut einer für diesen intrapersonalen Bereich überhaupt nicht vorgesehenen Vorschrift zu klammern. — Ob und inwieweit die intrapersonalen Funktionsträger bei innerorganisatorischen Streitigkeiten über den Wortlaut des § 61 VwGO hinaus beteiligtenfähig sind, kann deshalb nur nach dem Sinn und Zweck der in § 61

---

46 Vgl. dazu II. Teil, IV. Abschnitt, B.

47 So mit Recht *Ewald*, Beteiligungsfähigkeit, S. 240.

48 Ebd., S. 240.

49 Ebd., S. 240; *Rupp*, Grundfragen, S. 90 mit Fußn. 202; *Redeker / v. Oertzen*, § 61 Rdnr. 6; *Kisker*, S. 27; *Bleutge*, S. 138/139; ähnlich *Tsatsos*, S. 35 ff.; *Stern / Bethge*, S. 109/110; *Eyermann / Fröhler*, § 61 Rdnr. 9a.

50 *Ewald*, Beteiligungsfähigkeit, S. 240 mit Fußn. 43.

51 So wohl die h. M., vgl. die in Anmerkung 49 aufgeführten Autoren; a. A. *Lorenz*, Insichprozeß, S. 333 und 340.

52 Wobei freilich unter Rechten i. S. der VwGO auch die innerorganisatorischen Rechte der künstlichen Funktionsträger verstanden werden. Vgl. IV. Teil, I. Abschnitt mit Fußn. 17.

53 a. A. die überwiegende Meinung, die unter § 61 Nr. 2 VwGO — fälschlich — *alle* Kollegialorgane subsumiert.

54 s. o. IV. Teil, I. Abschnitt.

VwGO insgesamt zum Ausdruck gekommenen Regelung beurteilt werden. Es gilt also, die dem § 61 Nr. 1 - 3 VwGO zugrundeliegende allgemeine Konzeption herauszuarbeiten und diese dann auf die Auseinandersetzungen zwischen intrapersonalen Funktionsträgern zu übertragen[55].

Insoweit kann an die vorangegangenen Ausführungen angeknüpft werden, in denen bereits darauf hingewiesen wurde, daß der Regelung der Beteiligtenfähigkeit im Verwaltungsgerichtsprozeß das Rechtsträgerprinzip zugrunde liegt[56]. Deshalb besitzen zumindest diejenigen intrapersonalen Funktionsträger die Beteiligtenfähigkeit, denen subjektive Rechte zukommen[57]. — Fraglich ist dagegen, ob auch jene intrapersonalen Funktionsträger, die ausschließlich Träger, d. h. Zurechnungsendsubjekte von Pflichten sein können, nach der Grundkonzeption des § 61 VwGO beteiligungsfähig sind. Das hängt davon ab, ob unter „Rechten" i. S. des § 61 VwGO auch Pflichten verstanden werden können.

Nach h. M. ist der nichtrechtsfähige Verein gem. § 61 Nr. 2 VwGO beteiligtenfähig[58]. Dabei handelt es sich nicht nur um eine passive Beteiligtenfähigkeit — diese ließe sich immerhin durch eine analoge Anwendung des § 50 II ZPO erklären —, sondern auch um eine aktive Beteiligtenfähigkeit[59]. Bedenkt man, daß dem nichtrechtsfähigen Verein (ebenso wie auch politischen Parteien, Gewerkschaften und ähnlichen Vereinigungen[60]) keine subjektiven Rechte zustehen können, so wird deutlich, daß für eine Beteiligtenfähigkeit nach § 61 Nr. 2 VwGO nicht eine Zuordnung subjektiver Rechte erforderlich ist, sondern auch eine ausschließlich auf Pflichten bezogene Zurechnungsendsubjektivität (Trägerschaft) ausreicht[61]. Nach dem ursprünglich im Regierungsent-

---

[55] So wird in der Literatur auch weitgehend verfahren. Vgl. z. B. *Hoppe*, Organstreitigkeiten, S. 211 ff.; *Bleutge*, S. 138 ff.; *Machens*, S. 165 ff.; *Ewald*, Beteiligungsfähigkeit, S. 241; *Stern / Bethge*, S. 110.

[56] Die Unterscheidung zwischen Vollrechtsfähigkeit (§ 61 Nr. 1 VwGO) und Teilrechtsfähigkeit (§ 61 Nr. 2 VwGO) spielt in diesem Zusammenhang keine Rolle. Sie ist angesichts der Relativität jeder Rechtsfähigkeit ohnehin fragwürdig. Vgl. hierzu II. Teil, IV. Abschnitt, A. mit Fußn. 9; ferner *Stern / Bethge*, S. 110.

[57] So auch *Ewald*, Beteiligungsfähigkeit, S. 241; *Bleutge*, S. 138 f.; *Stern / Bethge*, S. 110.

[58] *Hoffmann-Becking*, DVBl. 1972, 300; *Hoppe*, Organstreitigkeiten, S. 212; *Eyermann / Fröhler*, § 61 Rdnr. 6; *Schunck / De Clerck*, § 61 Anm. 3; *Koehler*, § 61 Anm. IV 1; *Ule*, Verwaltungsprozeßrecht, § 18 II 2; *Redeker / v. Oertzen*, § 61 Rdnr. 4; *Klinger*, § 61 C 2 b; *Machens*, S. 165.

[59] So *Hoppe*, Organstreitigkeiten, S. 212; *Machens*, S. 165; ferner die übrigen in Anmerkung 58 aufgeführten Autoren.

[60] So *Hoffmann-Becking*, DVBl. 1972, 300.

[61] So ausdrücklich *Hoffmann-Becking*, DVBl. 1972, 300; *Hoppe*, Organstreitigkeiten, S. 212; *Klinger*, § 61 C 2 b.

wurf vorgesehenen Wortlaut sollte es in § 61 Nr. 2 auch „nichtrechtsfähige Personenvereinigungen“ heißen[62], womit der Verzicht auf das Merkmal der Innehabung subjektiver Rechte, welches nach traditionellem Verständnis mit dem Begriff der Rechtsfähigkeit verknüpft ist[63], zum Ausdruck gebracht werden sollte. Die jetzige Fassung des § 61 Nr. 2 VwGO geht auf einen nicht näher begründeten Änderungsvorschlag mehrerer Bundestagsabgeordneter zurück und kann nur als mißglückt bezeichnet werden[64]. Nach h. M. kommt es somit für die Beteiligtenfähigkeit einer Personenvereinigung nach § 61 Nr. 2 VwGO nur darauf an, daß diese Zuordnungssubjekt eines Rechtssatzes ist, gleichgültig ob dieser ein subjektives Recht oder nur eine Pflicht begründet[65].

Aus § 61 Nr. 1 und 2 VwGO ergibt sich somit, daß die Regelung der Beteiligtenfähigkeit bei Auseinandersetzungen im ersten Verwaltungsrechtsunterkreis an die Zuordnung von subjektiven Rechten oder von Pflichten anknüpft[66]. Überträgt man diesen Grundsatz auf die Streitigkeiten zwischen intrapersonalen Funktionsträgern, so muß man die Beteiligtenfähigkeit *aller* Funktionsträger des Hochschulinnenbereiches bejahen, denn allen intrapersonalen Funktionsträgern werden durch die organisationsrechtlichen Wahrnehmungszuständigkeiten Pflichten, teilweise sogar subjektive Rechte zugewiesen[67].

V. Abschnitt

Die Klagebefugnis

Gem. § 42 II VwGO ist eine Klage der Amtswalter bzw. der intrapersonalen Funktionsträger des Hochschulbereiches, soweit gesetzlich nichts anderes bestimmt ist, nur zulässig, wenn der Kläger geltend

---

[62] Vgl. dazu *Hoppe*, Organstreitigkeiten, S. 212.

[63] Vgl. *Rupp*, Grundfragen, S. 83 und *Hoppe*, Organstreitigkeiten, S. 167 bis 168. — In dieser Arbeit wird dagegen auf diese Verknüpfung verzichtet. Vgl. II. Teil, IV. Abschnitt, A.

[64] Vgl. dazu *Hoppe*, Organstreitigkeiten, S. 212 und *Machens*, S. 166.

[65] So *Hoppe*, Organstreitigkeiten, S. 212; *Machens*, S. 164 ff.; *Klinger*, § 61 Anm. C 2 b; *Hoffmann-Becking*, DVBl. 1972, 300; *Stern / Bethge*, S. 110.

[66] In § 61 Nr. 1 VwGO wohl nur Rechte, in § 61 Nr. 2 VwGO dagegen Rechte und Pflichten.

[67] Dabei kann die Beteiligtenfähigkeit, soweit ein Funktionsträger nur Pflichtsubjekt ist, analog § 61 Nr. 2 VwGO begründet werden. Besitzt ein Funktionsträger auch subjektive Rechte, so kommt eine Analogie zu § 61 Nr. 1 und Nr. 2 VwGO in Betracht. — In der Literatur will — soweit ersichtlich — allein *Kisker*, S. 29, Fußn. 67 — m. E. zu Recht — auch auf § 61 Nr. 1 VwGO zurückgreifen. Gegen die Ansicht Kiskers wenden sich *Bleutge*, S. 140, Fußn. 22 und *Ewald*, Beteiligungsfähigkeit, S. 241, Fußn. 48.

macht, durch den Verwaltungsakt oder seine Ablehnung oder Unterlassung in seinen Rechten verletzt zu sein — sog. Klagebefugnis[1]. Der Sinn der Klagebefugnis wird in Rechtsprechung und Literatur entsprechend der amtlichen Begründung[2] darin gesehen, die Popularklage auszuschließen[3]. Dabei darf jedoch nicht außer acht gelassen werden, daß diese Funktion der Klagebefugnis Ausdruck des materiellrechtlichen Prinzips des Individualrechtsschutzes ist[4], § 42 II VwGO mithin nicht nur ein prozessuales Vehikel zur Einschränkung einer objektiv-rechtlichen Beanstandungsklage darstellt[5].

Der Wortlaut dieser Vorschrift wirft eine Reihe von Zweifelsfragen auf[6]. Es handelt sich insoweit jedoch nicht um spezifische Probleme im Zusammenhang mit Streitigkeiten im Hochschulinnenbereich, sondern um allgemeine verwaltungsprozessuale Fragen. Da eine umfassende Erörterung hier nicht möglich ist, soll nur kurz der eigene Standpunkt erläutert werden.

Zweifelhaft ist zunächst, ob § 42 II VwGO seinem Wortlaut entsprechend nur bei Anfechtungs- und Verpflichtungsklagen anwendbar ist oder ob diese Vorschrift analog auch bei der allgemeinen Leistungsklage und der Aufhebungsklage[7] herangezogen werden kann. — Wie bereits erörtert wurde[8], bezwecken auch die allgemeinen Leistungsklagen und die Aufhebungsklagen den Schutz materieller Rechte. Insoweit deckt sich die materiellrechtliche Konzeption dieser Klagen mit der der Anfechtungs- und Verpflichtungsklagen. Diese Übereinstimmung rechtfertigt es, § 42 II VwGO, in dem eben diese materiellrechtliche Konzeption zum Ausdruck kommt, auch auf die allgemeine Leistungsklage und auf die Aufhebungsklage analog anzuwenden[9].

1 Insoweit ist stets genau zu prüfen, ob eine Person als Amtswalter eine Verletzung eigener Rechte geltend macht oder ob sie in Vertretung für einen prozeßunfähigen Funktionsträger eine Verletzung von Rechten dieses Funktionsträgers rügt.

2 *Eyermann / Fröhler*, § 42 Rdnr. 86.

3 Vgl. z. B. *Bleutge*, S. 195; *Stern / Bethge*, S. 119; *Hoppe*, Organstreitigkeiten, S. 222.

4 Vgl. I. Teil, V. Abschnitt, A., II. Kritisch auch *Erichsen*, VerwArch 64 (1973), 319 ff. (320/321).

5 Es wäre deshalb besser, die Funktion des § 42 II VwGO nicht mit „Ausschluß der Popularklage", sondern mit „Betonung des Individualrechtsschutzes" zu beschreiben. Der Ausschluß der Popularklage ist eine Folge des Individualrechtsschutzes.

6 Streitig ist schon, unter welche der einzelnen Sachurteilsvoraussetzungen § 42 II VwGO einzuordnen ist. Vgl. hierzu *H. Hoffmann*, VerwArch 53 (1962), 302; *Bettermann*, NJW 1961, 1097; *Rupp*, AöR 85 (1960), 308 f.; BVerwGE 36, 192 ff. (199).

7 Zur Aufhebungsklage vgl. im einzelnen IV. Teil, III. Abschnitt, E.

8 s. o. I. Teil, V. Abschnitt, A., II. und IV. Teil, III. Abschnitt, E., insbes. Fußn. 84.

9 So auch *Engelhardt*, JZ 1961, 590; *Bonk*, S. 82; *Kiock*, S. 119 ff.; *Stern / Bethge*, S. 119; *Menger*, VerwArch 53 (1962), 185; *H. Hoffmann*, VerwArch 53

Umstritten ist ferner, welche Anforderungen an den Begriff der Geltendmachung in § 42 II VwGO zu stellen sind. Teilweise wird die Auffassung vertreten, daß es ausreiche, wenn der Kläger eine Verletzung seiner Rechte behaupte[10]. Dagegen spricht jedoch, daß diese Auslegung § 42 II VwGO zur Bedeutungslosigkeit degradieren würde[11]. — Andere Autoren fordern einen schlüssigen Vortrag der Rechtsbeeinträchtigung[12]. Diese Ansicht würde dazu führen, daß die wesentlichen Rechtsfragen eines Prozesses bereits weitgehend bei der Erörterung der Zulässigkeit der Klage geklärt werden müßten[13]. — Richtig erscheint deshalb jene Auffassung, die es für ein „geltend machen" ausreichen läßt, daß der Kläger einen Sachverhalt unterbreitet, der eine Verletzung seiner Rechte denkbar erscheinen läßt. Eine Klage ist — negativ formuliert — also nur dann gem. § 42 II VwGO unzulässig, wenn der Kläger Rechte geltend macht, die es in abstracto nicht gibt, oder wenn sich aus dem Klägervortrag ergibt, daß in abstracto bestehende Rechte dem Kläger jedenfalls nicht zustehen können[14].

Das Erfordernis der Geltendmachung eigener Rechte schließt freilich eine Vertretung[15] nicht aus; denn da der Vertreter im Namen des Vertretenen handelt, ist bei der Klagebefugnis auf die Rechte des Vertretenen, nicht aber auf die des Vertreters abzustellen[16]. Dies gilt auch für die intrapersonalen Funktionsträger. So wird z. B. gem. § 29 I HschG-NW die Hochschule vom Hochschulpräsidenten gerichtlich und außergerichtlich vertreten (bei der Rektoratsverfassung gem. § 30 III HschG-NW vom Rektor). — Aber nicht nur die Hochschule als Ganzes, sondern auch einzelne innerorganisatorische Funktionsträger (i. d. R. Behörden) werden aufgrund entsprechender organisationsrechtlicher Regelungen[17] durch andere intrapersonale Funktionsträger vertreten.

(1962), 314, Fußn. 76; *Kellner*, DÖV 1963, 420; *Bleutge*, S. 195 m. w. N. in Fußn. 21; kritisch *Hoppe*, Organstreitigkeiten, S. 129. — *Stern / Bethge*, S. 119, wollen § 42 II VwGO auch bei Feststellungsklagen analog anwenden. Dies ist jedoch nicht erforderlich, da § 43 I VwGO bereits ein berechtigtes Interesse fordert. Vgl. auch *Kiock*, S. 120; *Bonk*, S. 83.

[10] Vgl. hierzu *Bettermann*, NJW 1961, 1098; *ders.*, DVBl. 1965, 365.

[11] So mit Recht *Erichsen*, VerwArch 64 (1973), 321.

[12] So etwa *Lüke*, AöR 84 (1959), 213/214; *Ule*, Verwaltungsprozeßrecht, § 33 II m. w. N.

[13] Vgl. hierzu *Bettermann*, Staatsbürger und Staatsgewalt, Bd. II (1963), S. 456 f.; *ders.*, Die Beschwer als Klagevoraussetzung, S. 21; *Erichsen*, VerwArch 64 (1973), 322.

[14] So z. B. BVerwG DVBl. 1964, 191; zum Kommunalverfassungsstreitverfahren OVG Münster AS 27, 258 ff., Leitsätze in NJW 1972, 1683; *Erichsen*, VerwArch 64 (1973), 323.

[15] Diese darf allerdings nicht mit der in § 67 VwGO geregelten Prozeßbevollmächtigung verwechselt werden.

[16] Ausgeschlossen ist die Vertretung allerdings bei höchstpersönlichen Rechten und Pflichten.

[17] Vgl. dazu *Eyermann / Fröhler*, § 78 Rdnr. 10.

Das ist vornehmlich dann der Fall, wenn der innerorganisatorische Funktionsträger selbst wieder organisiert ist[18]. Art. 40 IV 1 VerfRUB bestimmt z. B.:

„Die Abteilung wird durch den Dekan ... vertreten."

Vertretungsregelungen können auch in Geschäftsordnungen enthalten sein. So besagt z. B. § 3 I GeschO-UP:

„Der Vorsitzende vertritt das UP."

Auch wenn solche ausschließlichen Regelungen nicht vorhanden sind, wird man eine Vertretung kraft besonderen Auftrages grundsätzlich zulassen müssen[19, 20].

Während bei der Vertretung der Vertreter im fremden Namen über ein fremdes Recht prozessiert, führt bei der sog. Prozeßstandschaft ein Rechtsfremder einen Prozeß über ein fremdes Rechtsverhältnis im eigenen Namen[21]. Fraglich ist, ob und ggf. unter welchen Voraussetzungen eine Prozeßstandschaft im Verwaltungsprozeß zulässig ist.

Keine Bedenken gegen eine Prozeßstandschaft bestehen, wenn diese gesetzlich geregelt ist[22]. So handelt es sich z. B. bei der in § 78 I Nr. 2 VwGO geregelten passiven Prozeßführungsbefugnis der Behörden um einen Fall der gesetzlichen (passiven) Prozeßstandschaft[23]. Da für Streitigkeiten um subjektive Rechte der Amtswalter bzw. der intrapersonalen Funktionsträger entsprechende ausdrückliche Regelungen fehlen, interessiert hier vor allem die Frage, ob im Verwaltungsprozeß eine gewillkürte Prozeßstandschaft möglich ist. In der Literatur wird insoweit die Auffassung vertreten, daß eine gewillkürte Prozeßstandschaft wegen des Wortlautes des § 42 II VwGO „soweit gesetzlich nichts anderes bestimmt ist" nicht in Betracht komme[24]. Diese Auslegung überspannt jedoch den Zweck der Klagebefugnis. Mit § 42 II VwGO als

---

18 So z. B bei den Fachbereichen und der Studentenschaft.

19 Vgl. hierzu im einzelnen *Wolff*, VR II, § 72 IV b 5 (S. 25) und VR I, § 35 II a (S. 234/235).

20 Von der Vertretung ist das Innenverhältnis, d. h. das Verhältnis zwischen dem vertretenden und dem vertretenen Funktionsträger, zu unterscheiden. Für die gerichtliche Vertretung eines Organs (z. B Fachbereich) durch ein Organteil (z. B. Dekan) bedarf es deshalb stets eines besonderen Prozeßführungsauftrages des Organs. Organintern ist für die Erteilung eines solchen Auftrages das Organteil zuständig, das intern die im Streite befindlichen Kompetenzen und Befugnisse wahrzunehmen hat. Vgl. *Bleutge*, S. 29.

21 Zur Prozeßstandschaft im Verwaltungsprozeß vgl. *Hoppe*, Organstreitigkeiten, S. 220 ff.; grundlegend *Kohler*, S. 187 ff. (319).

22 Vgl. BSGE 10, 131 ff. (134); VGH Mannheim NJW 1972, 1101 ff.; *v. Mutius*, VerwArch 64 (1973), 311 ff. (316); *Hoffmann-Becking*, DVBl. 1972, 302; vgl. ferner *Hoppe*, Organstreitigkeiten, S. 221.

23 *Hoffmann-Becking*, DVBl. 1972, 302; VG Düsseldorf DVBl. 1962, 104 f. (105); vgl. auch *Kisker*, S. 27.

24 So *Goessl*, S. 60 mit Fußn. 255.

Ausdruck des materiell-rechtlichen Prinzips des Individualrechtsschutzes ist nämlich — wie gesagt — lediglich der Ausschluß der objektiv-rechtlichen Popularklage bezweckt. Soweit im Wege der Prozeßstandschaft also nicht jedermann uneingeschränkt klagen kann, wird die Funktion des § 42 II VwGO nicht unterlaufen[25]. Rechtsprechung und herrschende Lehre fordern für die Prozeßstandschaft im Zivilprozeß eine Ermächtigung des Rechtsinhabers und ein eigenes rechtsschutzwürdiges Interesse an der Geltendmachung fremder Rechte[26]. Die Ermächtigung des Rechtsinhabers und das Prozeßstandschaftsinteresse sind (auch) im Verwaltungsprozeß geeignete Korrektive, um eine Klage des quivis ex populo zu verhindern und somit der Funktion des § 42 II VwGO gerecht zu werden[27]. Aus diesem Grunde wird man auch im Verwaltungsprozeß eine Prozeßstandschaft für zulässig erachten müssen, wenn eine Ermächtigung des Rechtsinhabers[28] vorliegt und der Prozeßstandschafter ein eigenes rechtsschutzwürdiges Interesse an der Geltendmachung fremder Rechte hat[29].

Soweit es speziell um das Prozeßstandschaftsinteresse künstlicher Funktionsträger im Hochschulinnenbereich geht, ist daran zu erinnern, daß die Kompetenzen und Befugnisse der intrapersonalen Funktionsträger nach dem Grundsatz der arbeitsteiligen Funktionsverteilung auf andere untergeordnete Funktionsträger weiterverteilt werden (vom Organ an die Organteile)[30]. Daraus folgt, daß bei einer Verletzung der subjektiven Rechte eines Organs auf Wahrnehmung der Kompetenzen und Befugnisse durch ein anderes Organ — gleichgültig ob es sich um absolute negative oder um relative positive subjektive Rechte handelt — zugleich die Kompetenzen und Befugnisse des intern zuständigen Organteils verletzt werden. Zwar besitzen die Organteile i. d. R. keine subjektiven Rechte gegenüber dem verletzenden Organ[31], gleichwohl

---

[25] Vgl. dazu auch schon die Ausführungen zu Beginn dieses Abschnittes; ferner *Hoppe*, Organstreitigkeiten, S. 222.

[26] Vgl. z. B. BGHZ 38, 283; *Blomeyer*, § 41 III; *Lent / Jauernig* (15. Aufl.), § 22 II 5.

[27] So mit Recht *Hoppe*, Organstreitigkeiten, S. 222.

[28] Der Verzicht auf das Merkmal der Ermächtigung des Rechtsinhabers ist eine Besonderheit des verfassungsrechtlichen Organstreites und beruht auf der besonderen gesetzlichen Regelung in § 64 I BVerfG. Eine entsprechende Anwendung dieser Vorschrift bei Streitigkeiten zwischen intrapersonalen Funktionsträgern des Hochschulbereiches dürfte ausgeschlossen sein. a. A. offenbar *Hoppe*, Organstreitigkeiten, S. 223, unter Berufung auf *Goessl*, S. 61 und 158 ff.; zweifelnd *Ewald*, WissR 1970, 35 ff. (48).

[29] h. M. Vgl. VGH Mannheim NJW 1972, 1101 ff.; BSGE 10, 131 ff.; vgl. auch BVerwGE 3, 150 ff.; *v. Mutius*, VerwArch 64 (1973), 316 f.; vgl. auch *Hoppe*, Organstreitigkeiten, S. 220 ff. m. w. N.

[30] Vgl. II. Teil, II. Abschnitt.

[31] Das folgt aus dem beschränkten Geltungsbereich der subjektiven Rechte der Organteile. Vgl. im einzelnen II. Teil, X. Abschnitt, D.

läßt sich ein eigenes rechtsschutzwürdiges Interesse des Organteils an der Geltendmachung der dem Organ zustehenden Rechte nicht abstreiten[32]. Man kann somit einen allgemeinen Grundsatz dahingehend aufstellen, daß intrapersonale Funktionsträger bei entsprechender Ermächtigung subjektive Rechte anderer intrapersonaler Funktionsträger im Wege der Prozeßstandschaft im eigenen Namen gerichtlich geltend machen können, wenn durch die Rechtsverletzung ihre eigenen Kompetenzen und Befugnisse verletzt werden.

Somit ist zwar eine Prozeßstandschaft der Ämter der Hochschullehrer und der Betriebseinheiten möglich, soweit es um die Durchsetzung des subjektiven Rechts des zuständigen Fachbereichs auf Aufgliederung der Stellen und Mittel gegenüber dem Hochschulpräsidenten geht[33]; dagegen ist die Prozeßstandschaft eines Organs, wenn ein anderes Organ in seinen Rechten verletzt wird, i. d. R. ausgeschlossen[34].

VI. Abschnitt

Das allgemeine Rechtsschutzbedürfnis

Klagen der Amtswalter oder der intrapersonalen Funktionsträger sind nur dann zulässig, wenn außer der für den Verwaltungsprozeß typischen Klagebefugnis[1] auch das sog. allgemeine Rechtsschutzbedürfnis vorhanden ist. Bei dieser Sachurteilsvoraussetzung handelt es sich um einen von Rechtsprechung und Literatur entwickelten (ungeschriebenen) Grundsatz des Prozeßrechts[2], der besagt, daß die Gerichte dann nicht in Anspruch genommen werden dürfen, wenn Rechtsschutz auf einfacherem Wege als über das angerufene Gericht erlangt werden kann[3]. Grundsätzlich soll also kein Gericht für unnütze oder überflüssige Zwecke tätig werden[4]. In der Regel ist mit dem Vorliegen der Klage-

---

[32] So auch *Hoppe*, Organstreitigkeiten, S. 224, der allerdings von einem intrapersonalen subjektiven Recht der juristischen Person ausgeht, welches im Wege der Prozeßstandschaft von den intrapersonalen Funktionsträgern geltend gemacht wird.

[33] Vgl. II. Teil, XIII. Abschnitt, C., I., Fußn. 54.

[34] Vgl. II. Teil, XII. Abschnitt, D., Fußn. 96.

[1] Die Klagebefugnis wird vom BVerwG als „besonderes Rechtsschutzbedürfnis" bezeichnet. Vgl. BVerwGE 36, 192 (199).

[2] Vgl. *Eyermann / Fröhler*, § 42 Rdnr. 104; *Schunck / De Clerck*, § 42 Anm. 5; *Koehler*, Vorbemerkung VII zu § 42/43; *Ule*, Verwaltungsgerichtsbarkeit, § 42 III 5; *Bleutge*, S. 202.

[3] *Kiock*, S. 135; *Schönke*, S. 13 ff. für den Zivilprozeß; *Ule*, Verwaltungsprozeßrecht, § 34; *Klinger*, § 43 Anm. D 1; *Redeker / v. Oertzen*, § 42 Rdnr. 20 und § 43 Rdnr. 16 ff.

[4] *Baring*, Prozeßvoraussetzungen, S. 460; *Ule*, Verwaltungsgerichtsbarkeit, § 42 III 5; *Redeker / v. Oertzen*, § 42 Rdnr. 20.

befugnis zugleich auch das allgemeine Rechtsschutzbedürfnis gegeben[5]. Nur bei besonderen Umständen kann trotz einer Klagebefugnis das allgemeine Rechtsschutzbedürfnis fehlen[6].

Der Klage eines intrapersonalen Funktionsträgers könnte es am allgemeinen Rechtsschutzbedürfnis mangeln, weil die im Streite befindlichen den organschaftlichen Funktionsablauf betreffenden subjektiven Rechte auch Gegenstand der Rechtsaufsicht sein könnten[7].

Gegen die Qualifizierung des Aufsichtsverfahrens als einfacheres Verfahren im Verhältnis zum Verwaltungsgerichtsprozeß bestehen jedoch Bedenken: Die staatliche Hochschulaufsicht ist — jedenfalls in Nordrhein-Westfalen — als strenge Verbandsaufsicht, d. h. als Körperschaftsaufsicht, ausgebildet, so daß unmittelbare aufsichtsrechtliche Beziehungen nur zwischen der Hochschule als Körperschaft und der Aufsichtsbehörde, nicht aber zwischen den intrapersonalen Funktionsträgern und der Aufsichtsbehörde bestehen[8]. Dies ergibt sich zunächst einmal daraus, daß gem. § 49 I 2 HschG-NW eine Beanstandung der Aufsichtsbehörde nur gegenüber dem Vertretungsorgan der Hochschule (Hochschulpräsident bzw. Rektor) erfolgt. Ferner regelt § 49 II HschG-NW allein den Fall, daß die Hochschule[9], nicht aber einzelne intrapersonale Funktionsträger[10] ihre Pflichten nicht erfüllen. Das Aufsichtsverfahren und der Verwaltungsprozeß zwischen innerorganisatorischen Funktionsträgern der Hochschule unterscheiden sich also dadurch, daß im Aufsichtsverfahren Rechte und Pflichten der Hochschule als Körperschaft[11] in Rede stehen, während beim gerichtlichen Streit zwischen intrapersonalen Funktionsträgern um deren eigene Rechte und Pflichten prozessiert wird. Aufsichtsverfahren und Verwaltungsprozeß betreffen also verschiedene Relationsebenen[12]. Daraus folgt im übrigen, daß die Funktionsträger des Hochschulinnenbereiches selbst nicht klageweise gegen aufsichtsbehördliche Maßnahmen vorgehen können. Dies kann allein die Hochschule als Ganzes, vertreten durch ihr vertretungsberechtigtes Organ[13]. Auch ist zu bedenken, daß

---

[5] So *Kiock*, S. 135; *Stern / Bethge*, S. 120; *Bleuthge*, S. 202/203.

[6] *Ule*, Verwaltungsgerichtsbarkeit, § 42 III 5; *Kiock*, S. 135; *Bonk*, S. 122; *Goessl*, S. 172 ff.

[7] Vgl. dazu *Stern / Bethge*, S. 120 ff. und S. 103 ff.; *Bonk*, S. 125; *Kisker*, S. 41 ff.; *Bleutge*, S. 203; *Kiock*, S. 137 ff.; *Tsatsos*, S. 51/52; *Deng*, S. 150; *Lorenz*, Insichprozeß, S. 336 f.; *Schmitt-Glaeser*, S. 34/35.

[8] Vgl. *Bleutge*, S. 118, zur entsprechenden Problematik im Gemeinderecht.

[9] *Mittelbar* natürlich auch die intrapersonalen Funktionsträger.

[10] Unmittelbar!

[11] Die Rechte und Pflichten der intrapersonalen Funktionsträger stehen diesen nach dem Prinzip der organschaftlichen Zurechnung insoweit also nur transitorisch zu.

[12] Vgl. *Bleutge*, S. 129 ff. und S. 203; *Stern / Bethge*, S. 104.

ein Eingreifen der Aufsichtsbehörde nach Opportunitätsgesichtspunkten erfolgt, also im pflichtgemäßen Ermessen der Aufsichtsbehörde steht. Die Aufsichtsbehörde ist somit nicht ohne weiteres zum Eingreifen verpflichtet[14]. Schließlich ist noch darauf hinzuweisen, daß es sich bei der exekutiven Rechtsaufsicht des Staates weder formell noch materiell um Rechtsprechung handelt[15]; während nämlich die Rechtsprechung allein der Verwirklichung des Rechtswertes und der Gerechtigkeit dient, steht bei der Streitentscheidung durch die Rechtsaufsicht allein die Verwirklichung des Verwaltungszweckes im Vordergrund[16]. Rechtsprechung und Rechtsaufsicht unterliegen also, obwohl beide nach Maßstäben des Rechts messen, verschiedenen Richtwerten[17]. Streitbereinigung durch eine weisungsgebundene Verwaltungsbehörde statt durch ein unabhängiges Gericht kann deshalb nach allgemeiner Auffassung niemals ein vollwertiger Ersatz für den gerichtlichen Schutz der streitigen subjektiven Rechte der innerorganisatorischen Funktionsträger sein[18]. Das allgemeine Rechtsschutzbedürfnis für eine Klage der intrapersonalen Funktionsträger gegen andere intrapersonale Funktionsträger entfällt somit nicht wegen der Möglichkeit eines Aufsichtsverfahrens[19].

Ebensowenig wie das Aufsichtsverfahren vermag auch die Möglichkeit der Beanstandung durch den Hochschulpräsidenten bzw. durch das Rektorat das allgemeine Rechtsschutzbedürfnis auszuschließen[20]. Zwar sind die Organe zur Beanstandung verpflichtet[21]; gleichwohl besteht mangels gesetzlicher Regelung kein Anspruch anderer intrapersonaler Funktionsträger, mit dem die Einhaltung dieser Pflicht im Streitfalle

---

13 Ebenso *Stern / Bethge*, S. 105 (für die Rundfunkorgane); *Bleutge*, S. 131 (für die Gemeindeorgane). — a. A. *Kisker*, S. 43; wohl auch *Kiock*, S. 139; ebenso die Rechtsprechung des OVG Münster zum Kommunalrecht (stdg. Rechtsprechung, vgl. AS 15, 274, insb. 275; vgl. hierzu auch *Zuhorn / Hoppe*, S. 328 f. und *Rietdorf*, DVBl. 1962, 105 f.), die das VG Gelsenkirchen in dem Urteil vom 20. 1. 71 (4 K 1031/70), unveröff., für den Hochschulbereich aufgenommen hat. Diese Auffassung ist jedoch (so zu Recht das VG Düsseldorf in DVBl. 1962, 104 f.) nicht zu halten. Sie verkennt den Charakter der Hochschulaufsicht und widerspricht dem HschG-NW, welches die gerichtliche Vertretung im Hochschulbereich allein beim Hochschulpräsidenten bzw. Rektor monopolisiert hat.

14 § 49 HschG-NW enthält nur „kann"-Bestimmungen. Vgl. auch *Stern / Bethge*, S. 103; *Tsatsos*, S. 51/52; *Kisker*, S. 44; *Kiock*, S. 138/139; *Schmitt-Glaeser*, S. 35; *Bonk*, S. 128; *Bleutge*, S. 128 f.

15 *Stern / Bethge*, S. 103/104; *Bleutge*, S. 124 ff.; *Kiock*, S. 138.

16 Vgl. *Bleutge*, S. 126.

17 Vgl. hierzu *Schüle*, S. 294; *Bleutge*, S. 126; *Wolff*, VR I, § 47 I b (S. 342).

18 So die in Anmerkung 7 aufgeführten Autoren.

19 Allgemeine Auffassung. Vgl. die in Anmerkung 7 aufgeführten Autoren.

20 Allgemeine Auffassung. Vgl. *Kiock*, S. 139; *Bleutge*, S. 203; *Bonk*, S. 124 bis 125; *Machens*, S. 171.

21 Vgl. den Wortlaut des § 29 V bzw. § 31 II HschG-NW, wiedergegeben im II. Teil, XII. Abschnitt, A., II., Fußn. 18.

erzwungen werden könnte[22]. Die Beanstandung dient eben nur einer objektiven Rechtskontrolle, nicht aber dem subjektiven Rechtsschutz[23]. Schließlich ist noch darauf hinzuweisen, daß der Beanstandung nur eine aufschiebende, d. h. hemmende Wirkung zukommt. Eine Verwerfungskompetenz ist dem für die Beanstandung zuständigen Organ nicht eingeräumt[24]. Es kann deshalb keine Rede davon sein, daß durch eine Beanstandung gem. § 29 V bzw. § 31 II HschG-NW auf einfacherem Wege Rechtsschutz möglich sei als durch die Anrufung der Gerichte[25].

VII. Abschnitt

Die passive Prozeßführungsbefugnis

Die Prozeßführungsbefugnis betrifft die Frage, wer die richtige Partei ist, der gegenüber das Gericht somit zur Streitsache erkennen darf[1]. Da die Prozeßführungsbefugnis keine persönliche Eigenschaft ist, sondern die Folge oder den Ausdruck einer sachlichen Beziehung zwischen der Partei und dem Streitgegenstand darstellt[2], richtet sie sich — von der Prozeßstandschaft einmal abgesehen[3] — nach dem materiellen Recht[4]. Passiv prozeßführungsbefugt und damit richtiger Beklagter ist somit dasjenige Rechtssubjekt, welches, unterstellt, der vom Kläger behauptete materiell-rechtliche Anspruch besteht, zur Erfüllung des Anspruchs verpflichtet ist[5]. — Ebenso wie auf der Klägerseite ist allerdings auch hier grundsätzlich eine Vertretung möglich[6].

---

[22] So auch *Kiock*, S. 139; *Machens*, S. 171, Fußn. 2; *Bleutge*, S. 203.

[23] So *Machens*, S. 171; *Bleutge*, S. 203.

[24] *Bleutge*, S. 203.

[25] Allgemeine Auffassung. Vgl. die in Anmerkung 20 aufgeführten Autoren.

[1] *Lüke*, AöR 84 (1959), 197; *Rosenberg/Schwab*, § 46 I 1 (S. 198); *Klinger*, § 61 B 2; *Bachof*, Verfassungsrecht, S. 219; *Bleutge*, S. 132; *Hoppe*, Organstreitigkeiten, S. 219; *Stern / Bethge*, S. 111; BVerwGE 3, 150 ff. (154).

[2] Vgl. *Hoppe*, Organstreitigkeiten, S. 219.

[3] So mit Recht *Hoffmann-Becking*, DVBl. 1972, 301.

[4] *Schrödter*, S. 23; *Rosenberg / Schwab*, § 46 I 3; *Hoppe*, Organstreitigkeiten, S. 219.

[5] *Hoffmann-Becking*, DVBl. 1972, 301.

[6] Vgl. hierzu unten IV. Teil, V. Abschnitt.

A. Die passive Prozeßführungsbefugnis bei Streitigkeiten um subjektive Rechte der Amtswalter

Bei dem Amtswalterverhältnis handelt es sich um ein Rechtsverhältnis zwischen der Hochschule als juristischer Person und dem einzelnen Amtswalter[7]. Will ein Amtswalter klageweise einen Anspruch aus dem Amtswalterverhältnis durchsetzen, so ist folglich die Hochschule Verpflichtungssubjekt und damit prozeßführungsbefugt.

Speziell für die Anfechtungs- und Verpflichtungsklagen wird dies in § 78 I Nr. 1 VwGO normiert, der bestimmt, daß die Klage gegen die Körperschaft, deren Behörde den angefochtenen Verwaltungsakt erlassen oder den beantragten Verwaltungsakt unterlassen hat, zu richten ist. § 78 I Nr. 1 VwGO ist insoweit Ausdruck des sog. Rechtsträgerprinzips[8], wonach die aktive Prozeßführungsbefugnis grundsätzlich aus der endgültigen[9] Zuordnung eines subjektiven Rechts und die passive Prozeßführungsbefugnis aus der endgültigen Zuordnung einer Pflicht folgt.

Eine Durchbrechung dieses Prinzips ist bei Anfechtungs- und Verpflichtungsklagen jedoch nach § 78 I Nr. 2 VwGO möglich[10]. Sofern das Landesrecht es bestimmt, ist nämlich nach dieser Vorschrift die Klage gegen die Behörde selbst zu richten, die den angefochtenen Verwaltungsakt erlassen oder den beantragten Verwaltungsakt unterlassen hat. § 78 I Nr. 2 VwGO ermöglicht also eine gesetzliche passive Prozeßstandschaft[11]. In Nordrhein-Westfalen hat der Landesgesetzgeber von dieser Ermächtigung in § 5 II AGVwGO Gebrauch gemacht[12]. Somit sind Klagen der Amtswalter gegen die jeweilige Behörde zu richten. Behörden sind insoweit alle Hochschulorgane, die verbindliche Entscheidungen gegenüber Amtswaltern treffen[13].

---

[7] Vgl. III. Teil, III. Abschnitt, A. und IV. Abschnitt, B. mit Fußn. 12.

[8] Vgl. *Hoffmann-Becking*, DVBl. 1972, 302. Es ist deshalb nicht zu beanstanden, auch die sog. teilrechtsfähigen Verbände des öffentlichen Rechts als passiv prozeßführungsbefugt nach § 78 I Nr. 1 VwGO anzusehen. Vgl. dazu *Hoffmann-Becking*, DVBl. 1972, 302 ff. Die Studentenschaft und die Fachbereiche sind jedoch — jedenfalls in Nordrhein-Westfalen — Organe der Hochschule, so daß § 78 Abs. I Nr. 1 VwGO nicht einschlägig ist.

[9] d. h. nicht nur transitorischen Zuordnung.

[10] Zum Verhältnis zwischen § 61 VwGO und § 78 VwGO vgl. auch BayVGH in VerwRspr Bd. 20, S. 508 ff.

[11] *Hoffmann-Becking*, DVBl. 1972, 302. Eine analoge Anwendung dieser Vorschrift bei allgemeinen Leistungsklagen kommt nicht in Betracht. So mit Recht *Hoffmann-Becking*, DVBl. 1972, 302; *Franzke*, DÖV 1972, 854.

[12] Mit Ausnahme der Klagen i. S. d. § 52 Nr. 4 (VwGO (vgl. § 5 II 1 AG VwGO-NW).

[13] Vgl. IV. Teil, III. Abschnitt, A.; ferner *Franzke*, DÖV 1972, 855.

B. Die passive Prozeßführungsbefugnis bei Streitigkeiten um subjektive Rechte der intrapersonalen Funktionsträger des Hochschulbereiches

Aus der grundsätzlichen Abhängigkeit der passiven Prozeßführungsbefugnis von der materiellrechtlich endgültigen Zuordnung von Pflichten[14] folgt, daß bei Streitigkeiten um subjektive Rechte intrapersonaler Funktionsträger richtiger Beklagter nur ein intrapersonaler Funktionsträger sein kann[15]. Subjektive Rechte innerorganisatorischer Funktionsträger bestehen nämlich nur gegenüber anderen intrapersonalen Funktionsträgern als Pflichtsubjekten. Die Hochschule selbst als juristische Person kann deshalb bei diesen Streitigkeiten niemals richtiger Beklagter sein[16]. Das Prinzip der Zurechnung (Organschaft) gilt im Verhältnis der intrapersonalen Funktionsträger zueinander nicht[17]. Aus demselben Grunde scheidet hier auch eine Anwendung des § 78 I Nr. 2 VwGO aus. Diese Vorschrift geht nämlich von einer materiellrechtlichen Verpflichtung der Hochschule aus und ermöglicht insoweit — wie gesagt[18] — (nur) eine passive Prozeßstandschaft; bei den hier zu behandelnden Auseinandersetzungen geht es jedoch nicht um Pflichten der Hochschule im Verhältnis zu anderen Rechtssubjekten, sondern um Pflichten der intrapersonalen Funktionsträger.

Insoweit ist daran zu erinnern, daß absolute negative subjektive Rechte nur innerhalb der jeweiligen Relationsebene wirksam sind[19]. Absolute Rechte eines Organteils gegenüber dem Gesamtorgan können entgegen der herrschenden Auffassung nicht anerkannt werden[20], so daß bei Klagen eines Organteils eine passive Prozeßführungsbefugnis des Organs nicht in Betracht kommt. Richtiger Beklagter kann nur ein Organteil derselben Relationsebene sein.

Bei den Beschlüssen kollegialer Ämter ist zu beachten, daß die Verletzung des Status eines kollegialen Amtes bereits durch die Abgabe der Stimmen seitens der beteiligten Ämter (durch die Handlung), nicht also erst durch den Beschluß als Produkt dieses Handelns bewirkt wird[21]. Die Stimmabgabe eines jedes beteiligten Amtes bedeutet für sich

---

14 s. o. am Anfang dieses Abschnitts.

15 Auch hier ist materiell-rechtlich eine Vertretung des beklagten Funktionsträgers zulässig.

16 a. A. für die entsprechende Problematik bei den Kommunalverfassungsstreitverfahren: BayVGH AS n. F. 8, 97; OVG Saarlouis AS 10, 82 ff. (85); *Schilling*, BayVBl. 1965, 113 ff. (118); wohl auch *Deng*, S. 157.

17 Vgl. II. Teil, IV. Abschnitt, B.

18 s. o. diesen Abschnitt, A.

19 s. o. II. Teil, X. Abschnitt, D.

20 s. o. II. Teil, X. Abschnitt, D.

21 s. o. II. Teil, XIII. Abschnitt, C., II., 2.

allein, d. h. ohne Rücksicht auf die Stimmen (Handlungen) der übrigen beteiligten Ämter, eine Statusverletzung[22]. Dementsprechend ist auch jedes einzelne Amt allein passiv prozeßführungsbefugt. Das durch einen Beschluß (d. h. die Stimmabgaben mehrerer Ämter) in seinem Status (mehrfach) verletzte Amt hat allerdings die Möglichkeit, die bei der Beschlußfassung beteiligten Ämter gem. § 64 VwGO i. V. m. den §§ 59 bis 63 ZPO als Streitgenossen zu verklagen.

VIII. Abschnitt

Die Prozeßfähigkeit

Unter Prozeßfähigkeit ist die Fähigkeit zur Vornahme von Verfahrenshandlungen zu verstehen, vgl. § 62 VwGO. Da sich die Prozeßfähigkeit nach der Geschäftsfähigkeit richtet[1], ist nicht notwendig jeder, der beteiligtenfähig ist, zugleich auch geschäftsfähig[2].

Gegen die Geschäftsfähigkeit der Amtswalter bestehen keine Bedenken; sie richtet sich nach § 62 Nr. 1 und Nr. 2 VwGO.

Die Hochschule als juristische Person sowie die intrapersonalen Funktionsträger sind als künstliche Funktionsträger willens- und handlungsunfähig und deshalb auch nicht geschäftsfähig[3]. Eine Prozeßfähigkeit nach § 62 I Nr. 1 und 2 VwGO kommt deshalb nicht in Betracht.

§ 62 II VwGO bestimmt, daß für Vereinigungen sowie für Behörden ihre gesetzlichen Vertreter, Vorstände oder besonders Beauftragte handeln[4]. Der Begriff der Vereinigungen darf dabei nicht zu eng ausgelegt werden[5]. Auch die Hochschule als rechtsfähige juristische Person ist Vereinigung i. S. dieser Vorschrift. Nach § 29 I HschG-NW obliegt dem intrapersonalen Funktionsträger „Hochschulpräsident" die gerichtliche und außergerichtliche Vertretung der Hochschule[6]. Da der Hochschulpräsident als künstlicher Funktionsträger jedoch selbst nicht prozeßfähig ist, muß letztlich der Amtswalter des Amtes „Hochschul-

[22] s. o. II. Teil, XIII. Abschnitt, C., II., 2. und IV. Teil, III. Abschnitt, B.

[1] *Bleutge*, S. 140.

[2] Vgl. *Hoppe*, Organstreitigkeiten, S. 218; *Bleutge*, S. 140.

[3] Vgl. *Hoppe*, Organstreitigkeiten, S. 218/219; *Bleutge*, S. 140.

[4] Vgl. dazu *Schunck / De Clerck*, § 62 Anm. 3 b.

[5] § 62 II VwGO erfaßt alle prozeßunfähigen Subjekte der institutionellen Sphäre, vgl. *Bleutge*, S. 140.

[6] Im Falle einer Rektoratsverfassung ist hierfür nach § 30 III HschG-NW der Funktionsträger „Rektor" zuständig.

präsident" für die Hochschule als juristische Person die Verfahrenshandlungen vornehmen.

Bei Streitigkeiten zwischen intrapersonalen Funktionsträgern ist zwischen Funktionsträgern mit einem und solchen mit mehreren gleichberechtigten Amtswaltern i. e. S.[7] zu unterscheiden.

Werden die organisationsrechtlichen Wahrnehmungszuständigkeiten von einem Amtswalter i. e. S. wahrgenommen, so ist dieser auch zur gerichtlichen Geltendmachung der dem Funktionsträger übertragenen Zuständigkeiten befugt[8].

Bei den kollegial organisierten Funktionsträgern mit mehreren gleichberechtigten Amtswaltern ist in erster Linie die Geschäftsordnung maßgebend. So bestimmt z. B. § 3 I GeschO-UP-RUB, daß der Vorsitzende das Universitätsparlament vertritt. „Der Vorsitzende" — gemeint ist das Amt des Vorsitzenden — ist selbst nicht prozeßfähig, so daß letztlich der Walter des Amtes des Vorsitzenden die Verfahrenshandlungen vorzunehmen hat. Soweit die Geschäftsordnung keine ausdrückliche Regelung über die prozessuale Handlungsberechtigung enthält, bestimmen die kollegialen Ämter ein bestimmtes Amt, dessen Amtswalter dann als besonders Beauftragter gem. 62 II VwGO für den prozeßunfähigen kollegialen Funktionsträger handelt[9]. Ist ein Organ intern derart organisiert, daß seine Organteile monokratischer und kollegialischer Natur sind (so z. B. die Organe der Studentenschaft und die der Fachbereiche) und fehlt es an einer ausdrücklichen Norm über die Vertretung des Organs[10], so sind für die Bestimmung des besonders Beauftragten i. S. des § 62 II VwGO diejenigen Ämter zuständig, die organintern die im Streite befindlichen Kompetenzen und Befugnisse des Organs wahrzunehmen haben.

IX. Abschnitt

Vorläufiger Rechtsschutz

Bei Streitigkeiten um subjektive Rechte der Amtswalter kann ebenso wie bei Auseinandersetzungen um subjektive Rechte intrapersonaler Funktionsträger des Hochschulbereiches vorläufiger Rechtsschutz gewährt werden[1]. Maßgebend sind insoweit die Vorschriften des § 80 V VwGO bzw. des § 123 VwGO.

---

[7] Zum Begriff des Amtswalters i. e. S. s. o. III. Teil, I. Abschnitt.

[8] So *Hoppe*, Organstreitigkeiten, S. 219; *Bleutge*, S. 141.

[9] Vgl. auch *Bleutge*, S. 141 und *Hoppe*, Organstreitigkeiten, S. 219.

[10] s. o. IV. Teil, V. Abschnitt.

§ 123 VwGO soll nach dem Willen des Gesetzgebers die Anwendungsbereiche dieser beiden Normen gegeneinander abgrenzen. Dabei kommt § 123 VwGO nur eine Klarstellungsfunktion zu[2], denn aus § 80 I 1 VwGO ergibt sich bereits, daß für den Anwendungsbereich der Anfechtungsklage — für die sog. Aufhebungsklage[3] hat in analoger Anwendung des § 80 I 1 VwGO dasselbe zu gelten[4] — vorläufiger Rechtsschutz nach § 80 V VwGO gewährt werden soll. § 123 VwGO findet demgegenüber Anwendung, wenn es sich im Hauptverfahren um eine allgemeine Leistungsklage, Verpflichtungs- oder Feststellungklage handelt[5].

Soweit es um vorläufigen Rechtsschutz nach § 80 V VwGO geht, ist zu beachten, daß die Maßnahmen künstlicher intrapersonaler Funktionsträger gegenüber anderen innerorganisatorischen Funktionsträgern i. d. R. auf der Stelle vollzogen werden oder, soweit ein Vollzug nicht erforderlich ist[6], den Vollzug sozusagen „in sich tragen"[7]. In diesen Fällen kommt eine Wiederherstellung der aufschiebenden Wirkung nach § 80 V 1 2. Alt. VwGO nicht in Betracht, da eine aufschiebende Wirkung eingelegter Rechtsbehelfe begrifflich ausgeschlossen ist[8]. Das Gericht kann hier jedoch nach § 80 V 3 VwGO die Aufhebung der Vollziehung anordnen[9].

---

1 Vgl. VG Gelsenkirchen, Beschl. v. 29. 4. 71 (4 L 160/71), unveröff.; VG Köln JZ 1968, 260; OVG Münster DVBl. 1973, 646 ff. (für das Kommunalverfassungsstreitverfahren).

2 Vgl. *Quaritsch*, VerwArch 51 (1960), 210 ff. (219).

3 s. o. IV. Teil, III. Abschnitt, E.

4 So *Kiock*, S. 108 ff.

5 Ob man deshalb § 80 als eine Spezialvorschrift im Verhältnis zu § 123 VwGO ansehen kann, ist allerdings zweifelhaft. Vgl. dazu OVG Münster DVBl. 1964, 834 ff. (836); *Stern*, JuS 1965, 183 ff. (189).

6 Vgl. *Bleutge*, S. 166/167.

7 Vgl. *Schilling*, BayVBl. 1965, 113 ff. (118); *Bleutge*, S. 181.

8 *Ule*, Verwaltungsgerichtsbarkeit, § 80 III.

9 So mit Recht *Bleutge*, S. 181.

Literaturverzeichnis

Anschütz, Gerhard: Die gegenwärtigen Theorien über den Begriff der gesetzgebenden Gewalt und den Umfang des königlichen Verordnungsrechts nach preussischem Staatsrecht, 2. Aufl., Tübingen und Leipzig 1901, Neudruck Aalen 1971.

Arndt, Gottfried: Zur Klagebefugnis im Kommunalverfassungsstreit, DÖV 1963, S. 571 ff.

Arndt, Klaus Friedrich: Parlamentarische Geschäftsordnungsautonomie und autonomes Parlamentsrecht, Berlin 1966.

Azzola, Axel: Verfassungsbeschwerden gegen Hochschulgesetze kommen zur Entscheidung, ZRP 1973, S. 44 ff.

Bachof, Otto: Der Rechtsschutz im öffentlichen Recht: gelöste und ungelöste Probleme, DÖV 1953, S. 417 ff.

— Reflexwirkungen und subjektive Rechte im öffentlichen Recht, in: Gedächtnisschrift für W. Jellinek, S. 287 ff., München 1955
(zit.: Subjektive Rechte).

— Teilrechtsfähige Verbände des öffentlichen Rechts, AöR 83 (1958), S. 208 ff.
(zit.: Verbände).

— Verfassungsrecht, Verwaltungsrecht, Verfahrensrecht in der Rechtsprechung des Bundesverwaltungsgerichts, Band 1, 3. Aufl., Tübingen 1966
(zit.: Verfassungsrecht).

— Verwaltungsakt und innerdienstliche Weisung, in: Festschrift für W. Laforet, S. 285 ff., München 1952
(zit.: Verwaltungsakt).

— Verwaltungsgerichtliches Normenkontrollverfahren — Bundesrecht als Maßstabsrecht? DÖV 1964, S. 9 ff.

Baring, Martin: Die kommunale Selbstverwaltung und die Verwaltungsgerichtsbarkeit, in: Der Städtetag 1952, S. 105 ff.

— Die Prozeßvoraussetzungen im Verwaltungsstreit, AöR 76 (1950 - 1951), S. 435 ff.
(zit.: Prozeßvoraussetzungen).

Bartsch, Hellmuth: Die Studentenschaften in der Bundesrepublik Deutschland, 2. Aufl., Bonn-Holzlar 1971.

Becker, Kurt, Helmut *Bilo* und Franz *Schäfers:* Hochschulverwaltung in Nordrhein-Westfalen — Rechtsvorschriften und Erlasse, Göttingen 1970.

Becker- Birck, Hans-Henning: Der Insichprozeß in der Verwaltungsgerichtsbarkeit, Diss. jur., München 1966.

Benner, Jürgen: Zuständigkeitsverteilung auf Gemeindedirektor und Rat in Nordrhein-Westfalen, Siegburg 1962.

Bernatzik, Edmund: Kritische Studien über den Begriff der juristischen Person und über die juristische Persönlichkeit der Behörden insbesondere, AöR 5 (1890), S. 169 ff.

Besch, Friedrich: Das Hochschulgesetz des Landes Nordrhein-Westfalen, 2. Aufl., Bad Honnef 1973
(zit.: HschG-NW, Komm.).

— Das Hochschulgesetz des Landes Nordrhein-Westfalen, 1. Aufl., Bad Honnef 1970
(zit.: HschG-NW, Komm., 1. Aufl.).

Bettermann, Karl-August: Anmerkung zum Beschluß des BVerfG vom 11. 10. 1966 (NJW 1967, S. 435 ff.), NJW 1967, S. 435 ff.

— Anmerkung zum Vorbescheid des BVerwG v. 11. 10. 1963 (DVBl. 1965, S. 364 f.), DVBl. 1965, S. 365 ff.

— Die Beschwer als Klagevoraussetzung, Tübingen 1970.

— Gewerberechtliche Nachbarklage? NJW 1961, S. 1097 ff.

— Juristische Personen des öffentlichen Rechts als Grundrechtsträger, NJW 1969, S. 1321 ff.

— Klagebefugnis und Aktivlegitimation im Anfechtungsprozeß, in: Staatsbürger und Staatsgewalt, Band 2, S. 449 ff., herausgegeben von Helmut R. Külz und Richard Naumann, Karlsruhe 1963.

Bleutge, Rolf: Der Kommunalverfassungsstreit, Berlin 1970.

Bley, Helmar: Die Universitätskörperschaft als Vermögensträger, Freiburg im Breisgau 1963.

Blomeyer, Arwed: Zivilprozeßrecht — Erkenntnisverfahren, Berlin 1963.

Böckenförde, Ernst-Wolfgang: Die Organisationsgewalt im Bereich der Regierung, Berlin 1964
(zit.: Organisationsgewalt).

— Gesetz und gesetzgebende Gewalt, Berlin 1958
(zit.: Gesetz).

— Organ, Organisation, Juristische Person, in: Festschrift für H. J. Wolff, S. 269 ff., München 1973
(zit.: Organ).

Böckenförde, Ernst-Wolfgang und Rolf *Grawert:* Sonderverordnungen zur Regelung besonderer Gewaltverhältnisse, AöR 95 (1970), S. 1 ff.

Bonk, Heinz: Kommmunalverfassungsrechtliche Organstreitigkeiten innerhalb der Gemeinden Schleswig-Holsteins, Diss. jur., Kiel 1966.

Bornhak, Conrad: Preußisches Staatsrecht, Band 1, 2. Aufl., Berlin 1896.

Brohm, Winfried: Verwaltungsvorschriften und besonderes Gewaltverhältnis, DÖV 1964, S. 238 ff.
(zit.: Verwaltungsvorschriften).

Bühler, Ottmar: Altes und Neues über Begriff und Bedeutung der subjektiven öffentlichen Rechte, in: Gedächtnisschrift für W. Jellinek, S. 269 ff., München 1955.

— Die subjektiven öffentlichen Rechte und ihr Schutz in der deutschen Verwaltungsrechtsprechung, Berlin 1914
(zit.: Subjektive Rechte).

Dagtoglou, Prodromos: Kollegialorgane und Kollegialakte der Verwaltung, Stuttgart 1960.

Deng, Hans Gerhart: Gemeindeverfassungsstreitigkeiten in Bayern, Diss. jur., Würzburg 1966.

Denninger, Erhard: Das Hochschulrahmengesetz — Kernstück einer Bildungsreform? Frankfurt 1972.

Deumeland, Klaus-Dieter: Hochschulgesetz Nordrhein-Westfalen, Loseblattsammlung, Opladen 1970, 1. Ergänzungslieferung Februar 1972.

Engelhardt, Hanns: Zur Klagebefugnis im Verwaltungsprozeß, JZ 1961, S. 588 ff.

Erichsen, Hans-Uwe: Höchstrichterliche Rechtsprechung zum Verwaltungsrecht — Grundrechtseingriffe im besonderen Gewaltverhältnis, VerwArch 63 (1972), S. 441 ff.

— Höchstrichterliche Rechtsprechung zum Verwaltungsrecht — Zur Regelung der Klagebefugnis in § 42 Abs. 2 VwGO, VerwArch 64 (1973), S. 319 ff.

Evers, Hans-Ulrich: Weisungsrechte im Hochschulbereich, in: Festgabe für Hans Gerber, S. 41 ff., Tübingen 1970.

Ewald, Klaus: Die prozessuale Behandlung des inneruniversitären Verfassungsstreits, WissR 1970, S. 35 ff.

— Zur Beteiligungsfähigkeit im Kommunalverfassungsstreitverfahren, DVBl. 1970, S. 237 ff.
(zit.: Beteiligungsfähigkeit).

— Zur prozeßrechtlichen Stellung des Dekans, WissR 1971, S. 269 ff.

Eyermann, Erich und Ludwig *Fröhler*: Verwaltungsgerichtsordnung, Kommentar, 5. Aufl., München 1971.

Fabricius, Fritz: Relativität der Rechtsfähigkeit, München und Berlin 1963.

Fischbach, Oskar Georg: Bundesbeamtengesetz, 3. Aufl., Köln—Berlin—Bonn—München 1964.

Fleiner, Fritz: Institutionen des deutschen Verwaltungsrechts, Neudruck der 8. Aufl., Aalen 1963.

Forsthoff, Ernst: Lehrbuch des Verwaltungsrechts, Band 1, 9. Aufl., München und Berlin 1966.

Franzke, Hans-Georg: Die Stellung der Fakultäten im verwaltungsgerichtlichen Verfahren, DÖV 1972, S. 851 ff.

Friesenhahn, Ernst: Über Begriff und Arten der Rechtsprechung unter besonderer Berücksichtigung der Staatsgerichtsbarkeit nach dem Grundgesetz und den westdeutschen Landesverfassungen, in: Festschrift für Richard Thoma, S. 21 ff., Tübingen 1950.

Fröhler, Ludwig: Die Staatsaufsicht über die Handwerkskammern, München 1957
(zit.: Handwerkskammern).

Fuß, Ernst-Werner: Verwaltungsgerichtliche Streitigkeiten im Universitäts-Innenbereich, WissR 1972, S. 97 ff.

Gerber, Hans: Das Recht der wissenschaftlichen Hochschulen in der jüngsten Rechtsentwicklung, Band 1 und 2, Tübingen 1965.

Gieseke, Ludwig: Einführung zum Hochschulgesetz Nordrhein-Westfalen, in: Besch, Das Hochschulgesetz des Landes Nordrhein-Westfalen, S. 11 ff., 2. Aufl., Bad Honnef 1973.

Gneist, Rudolf von: Verwaltung, Justiz, Rechtsweg, Staatsverwaltung und Selbstverwaltung nach englischen und deutschen Verhältnissen, Berlin 1896.

Gönnenwein, Otto: Die Kommunalaufsicht als Rechtsaufsicht, in: Gedächtnisschrift für W. Jellinek, S. 51 ff., München 1955.

— Gemeinderecht, Tübingen 1963.

Görg, Hubert: Bundesauftragsangelegenheiten der Gemeinden und Gemeindeverbände und ihre Pflichtaufgaben nach Weisung, DÖV 1961, S. 41 ff.

Goessl, Manfred: Organstreitigkeiten innerhalb des Bundes, Berlin 1961.

Grellert, Volker: Die Rechtsnatur der Berufungsvereinbarungen mit Hochschullehrern, WissR 1969, S. 126 ff.

Haas, Diether: Ausschüsse in der Verwaltung, VerwArch 49 (1958), S. 14 ff.

Haenel, Albert: Das Gesetz im formellen und materiellen Sinne, 2. Aufl., Darmstadt 1968, Nachdruck der 1. Aufl., Leipzig 1888.

Hamann, Andreas: Die Bindung der staatlichen Organisationsgewalt an die Gesetzgebung, NJW 1956, S. 1 ff.

Haug, Winfried: Die neuere Entwicklung der vorbeugenden Unterlassungs- und der allgemeinen Beseitigungsklage, DÖV 1967, S. 86 ff.

Heidenhain, Martin: Amtshaftung und Entschädigung aus enteignungsgleichem Eingriff, Berlin 1965.

Heinze, Christian: Das Zusammenwirken von Behörden beim Erlaß von Verwaltungsakten, DÖV 1967, S. 33 ff.

Hemmrich, Ulfried: Die Einschränkung der Grundrechte bei Lehrern, Diss. jur., Bochum 1970.

Henke, Wilhelm: Das subjektive öffentliche Recht, Tübingen 1968.

Henrichs, Wilhelm: Kommunalverfassungsstreitverfahren vor den Verwaltungsgerichten, DVBl. 1959, S. 548 ff.

Hesse, Konrad: Grundzüge des Verfassungsrechts der Bundesrepublik Deutschland, 5. Aufl., Karlsruhe 1972.

Hoffmann, Heinrich: Die Rechtsschutzbehauptung im Verwaltungsprozeß, VerwArch 53 (1962), S. 297 ff.

Hoffmann, Michael: Der Abwehranspruch gegen rechtswidrige hoheitliche Realakte, Berlin 1969
(zit.: Abwehranspruch).

Hoffmann-Becking, Michael: Die Beteiligungsfähigkeit und passive Prozeßführungsbefugnis nichtrechtsfähiger Gliedkörperschaften der Universitäten im Verwaltungsprozeß, DVBl. 1972, S. 299 ff.

Holland, Ralf: Die Leistungsklage im Verwaltungsprozeßrecht, DÖV 1965, S. 410 ff.

Hoppe, Werner: Organstreitigkeiten und organisationsrechtliche subjektiv-öffentliche Rechte, DVBl. 1970, S. 845 ff.

— Organstreitigkeiten vor den Verwaltungs- und Sozialgerichten, Siegburg 1970
(zit.: Organstreitigkeiten).

— Buchbesprechung, DVBl. 1971, S. 434.

Huber, Ernst Rudolf: Wirtschaftsverwaltungsrecht, Band 1, 2. Aufl., Tübingen 1953.

Hummelbeck, Horst: Die privatrechtsgeschäftliche Außenvertretung der Gemeinden der Bundesrepublik Deutschland, Diss. jur., Münster 1970.

Ipsen, Hans Peter: Diskussionsbeitrag, VVDStRL 15 (1957), S. 200 f.

Jellinek, Georg: Gesetz und Verordnung, Freiburg 1887, Neudruck Aalen 1964 (zit.: Gesetz).
— System der subjektiven öffentlichen Rechte, 2. Aufl., Tübingen 1919, Neudruck Aalen 1964
(zit.: System).

Jellinek, Walter: Verwaltungsrecht, 3. Aufl., Berlin—Göttingen—Heidelberg 1948.

Jesch, Dietrich: Gesetz und Verwaltung, Tübingen 1961
(zit.: Gesetz).
— Rechtsstellung und Rechtsschutz der Gemeinden bei der Wahrnehmung „staatlicher" Aufgaben, DÖV 1960, S. 739 ff.

Kellner, Hugo: Zum gerichtlichen Rechtsschutz im besonderen Gewaltverhältnis, DÖV 1963, S. 418 ff.

Kelsen, Hans: Hauptprobleme der Staatsrechtslehre, 2. Aufl., Tübingen 1923, Nachdruck Aalen 1960.

Kimminich, Otto: Kollegialakte im Rahmen der Hochschulselbstverwaltung, in: Festgabe für Hans Gerber, S. 119 ff., Tübingen 1970.

Kiock, Wolfgang: Die Kommunalverfassungsstreitigkeiten und ihre Eingliederung in die Verwaltungsgerichtsordnung, Diss. jur., Köln 1972.

Kisker, Gunter: Insichprozeß und Einheit der Verwaltung, Baden-Baden 1968.

Klein, Friedrich: Verfassungsrechtliche Grenzen der Gemeinschaftsaufgaben, in: Gemeinschaftsaufgaben zwischen Bund, Ländern und Gemeinden — Schriftenreihe der Hochschule Speyer, Band 11, S. 125 ff., Berlin 1961
(zit.: Gemeinschaftsaufgaben).

Klein, Hans Hugo: „Demokratisierung" der Universität? Göttingen 1968
(zit.: Demokratisierung).
— Der Rechtsschutz der Gemeinden gegen Maßnahmen der Staatsaufsicht, DV 1 (1968), S. 145 ff.

Klinger, Hans: Verwaltungsgerichtsordnung, Kommentar, 2. Aufl., Göttingen 1964.

Kluge, Alexander: Die Universitäts-Selbstverwaltung, Frankfurt 1958.

Koehler, Alexander: Verwaltungsgerichtsordnung, Berlin und Frankfurt 1960.

Köttgen, Arnold: Deutsches Universitätsrecht, Tübingen 1933.

Kohler, J.: Der Dispositionsnießbrauch, in: Iherings Jahrbücher für die Dogmatik, 24 (1886), S. 187 ff.

Krüger, Herbert: Allgemeine Staatslehre, Stuttgart 1964
(zit.: Staatslehre).
— Das besondere Gewaltverhältnis, VVDStRL 15 (1957), S. 109 ff.

Kunze, Richard und Carl *Schmid*: Gemeindeordnung für Baden-Württemberg, 2. Aufl., Stuttgart 1964.

Laband, Paul: Das Staatsrecht des Deutschen Reiches, Band 1 und 2, 5. Aufl., Tübingen 1911, Neudruck Aalen 1964.

Lehmbruch, Gerhard: Einführung in die Politikwissenschaft, 2. Aufl., Stuttgart—Berlin—Köln—Mainz 1968.

Lent, Friedrich und Othmar *Jauernig:* Zivilprozeßrecht, 16. Aufl., München 1972.

Lepke, Achim: Zum Recht auf Amtsausübung, DVBl. 1966, S. 135 ff.

Linden, Horst: Rechtsstellung und Rechtsschutz der gemeindlichen Selbstverwaltung, Diss. jur., Köln 1969.

Linkelmann, Karl: Zur Eigenart und Weiterentwicklung der wasserwirtschaftlichen Selbstverwaltung, Stuttgart 1955.

Lorenz, Dieter: Zur Problematik des verwaltungsgerichtlichen Insichprozesses, AöR 93 (1968), S. 308 ff.
(zit.: Insichprozeß).

Lüke, Gerhard: Die Abgrenzung der Klagebefugnis im Verwaltungsprozeß, AöR 84 (1959), S. 185 f.

Lynker, Hilmar: Die Rechtsgrundlagen der öffentlichen Körperschaft im heutigen Verwaltungsrecht, Diss. jur., Bonn 1960.

Machens, Konrad: Die Klagemöglichkeiten von einzelnen oder Gruppen von Mitgliedern gegen ihr eigenes Kollegialorgan innerhalb der öffentlichen Verwaltung, Diss. jur., Köln 1964.

Martens, Wolfgang: Das besondere Gewaltverhältnis im demokratischen Rechtsstaat, ZBR 1970, S. 197 ff.

— Öffentlich als Rechtsbegriff, Bad Homburg v. d. H.—Berlin—Zürich 1969.

— Zum Rechtsanspruch auf polizeiliches Handeln, JuS 1962, S. 245 ff.

Maunz, Theodor, Günter *Dürig* und Roman *Herzog:* Grundgesetz, Loseblattsammlung, München 1968
(zit.: *Maunz/Dürig).*

Maurer, Hartmut: Rechtsschutz gegen Rechtsnormen, in: Festschrift für E. Kern, S. 275 ff., Tübingen 1968.

Mayer, Otto: Deutsches Verwaltungsrecht, Band 1, 3. Aufl., München—Leipzig 1924.

Menger, Christian-Friedrich: Höchstrichterliche Rechtsprechung zum Verwaltungsrecht, VerwArch 49 (1958), S. 178 ff.

— Höchstrichterliche Rechtsprechung zum Verwaltungsrecht, VerwArch 53 (1962), S. 176 ff.

— Höchstrichterliche Rechtsprechung zum Verwaltungsrecht, VerwArch 55 (1964), S. 275 ff.

— Der Schutz der Grundrechte in der Verwaltungsgerichtsbarkeit, in: Die Grundrechte III, 2. Halbband, S. 717 ff., Berlin 1959
(zit.: Grundrechte).

— System des verwaltungsgerichtlichen Rechtsschutzes, Tübingen 1954
(zit.: System).

Menger, Christian-Friedrich und Hans Uwe *Erichsen:* Höchstrichterliche Rechtsprechung zum Verwaltungsrecht, VerwArch 59 (1968), S. 167 ff.

Meyer, Klaus: Die verwaltungsgerichtliche Normenkontrolle, in: „Zehn Jahre Verwaltungsgerichtsordnung“ — Schriftenreihe der Hochschule Speyer, Band 45, S. 161 ff., Berlin 1970
(zit.: Normenkontrolle).

Müller-Dietz, Heinz: Verfassung und Strafvollzugsgesetz, NJW 1972, S. 1161 ff.

Mutius, Albert von: Zulässigkeit der Verbandsklage? VerwArch 64 (1973), S. 311 ff.

— Zur „Subsidiarität" der Feststellungsklage, VerwArch 63 (1972), S. 229 ff.

Naumann, Richard: Buchbesprechung, AöR 95 (1970), S. 642 f.

Nawiasky, Hans: Allgemeine Rechtslehre als System der rechtlichen Grundbegriffe, 2. Aufl., Einsiedeln—Zürich—Köln 1948.

Neuner, Helmut: Die studentische Selbstverwaltung als Institut des geltenden Hochschulrechts und als Gegenstand von Reformbestrebungen, Diss. jur., München 1968.

Obermayer, Klaus: Die verwaltungsgerichtliche Normenkontrolle, in: „Zehn Jahre Verwaltungsgerichtsordnung" — Schriftenreihe der Hochschule Speyer, Band 45, S. 142 ff., Berlin 1970
(zit.: Normenkontrolle).

— Staats- und Verwaltungsrecht in Bayern, herausgegeben von Johann Mang, Theodor Maunz, Franz Meyer und Klaus Obermayer, 3. Aufl., München 1968
(zit.: StVwRBay).

— Verwaltungsakt und innerdienstlicher Rechtsakt, Stuttgart—München—Hannover 1956
(zit.: Verwaltungsakt).

Ossenbühl, Fritz: Verwaltungsvorschriften und Grundgesetz, Bad Homburg v. d. H.—Berlin—Zürich 1968.

Pagenkopf, Hans: Kommunalrecht, Köln 1971.

Peters, Hans: Grenzen der kommunalen Selbstverwaltung in Preußen, Berlin 1926.

Plog, Ernst und Alexander *Wiedow*: Kommentar zum Bundesbeamtengesetz, Loseblattausgabe, Neuwied.

Quaritsch, Helmut: Die einstweilige Anordnung im Verwaltungsprozeß, VerwArch 51 (1960), S. 210 f.

Rasch, Ernst: Die Behörde, VerwArch 50 (1959), S. 1 ff.
(zit.: Die Behörde).

— Die staatliche Verwaltungsorganisation, Köln—Berlin—Bonn—München 1967
(zit.: Verwaltungsorganisation).

Rasch, E. und *Patzig*: Verwaltungsorganisation und Verwaltungsverfahren, in: v. Brauchitsch / Ule, Verwaltungsgesetze des Bundes und der Länder, Band 1, 1. Halbband, Köln—Berlin—Bonn—München 1962
(zit.: Verwaltungsgesetze).

Redeker, Konrad und Hans-Joachim *von Oertzen*: Verwaltungsgerichtsordnung, Kommentar, 4. Aufl., Stuttgart 1971.

Reinhardt, Rudolf: Der Lehrstuhl und seine Bedeutung in der Organisation der Selbstverwaltung der wissenschaftlichen Hochschule, in: Festschrift für W. Felgentraeger, S. 181 ff., Göttingen 1969.

— Gedanken zur Drittelparität, in: Festgabe für Hans Gerber, S. 164 ff., Tübingen 1970.

Renck, Ludwig: Bundesrecht als Maßstabsrecht im verwaltungsgerichtlichen Normenkontrollverfahren? DÖV 1964, S. 1 ff.

— Die verwaltungsgerichtliche Normenkontrolle, JA ÖR 1971, S. 241 ff.

— Verwaltungsgerichtlicher Rechtsschutz gegen Rechtsnormen, JuS 1966, S. 273 ff.

Rietdorf, Fritz: Die Organisation der Landesverwaltung in Nordrhein-Westfalen, DVBl. 1962, S. 593 f.

Risken, Arno: Grenzen amtlicher und dienstlicher Weisungen im öffentlichen Dienst, Berlin 1969.

Rösslein, Thomas: Der Folgenbeseitigungsanspruch, Berlin 1968.

Rosenberg, Leo und Karl Heinz *Schwab*: Zivilprozeßrecht, 10. Aufl., München 1969.

Rupp, Hans-Heinrich: Auf dem Weg zur Totalverschulung? MHV 1971, S. 251 ff.

— Kommentare zur Verwaltungsgerichtsordnung (Buchbesprechung) AöR 88 (1963), S. 479 ff.

— Buchbesprechung, DVBl. 1970, S. 594 f.

— Die Beseitigungs- und Unterlassungsklage gegen Träger hoheitlicher Gewalt, DVBl. 1958, S. 113 ff.

— Grundfragen der heutigen Verwaltungsrechtslehre, Tübingen 1965 (zit.: Grundfragen).

— Hochschulorganisation und wissenschaftliche Lehrfreiheit, NJW 1972, S. 16 ff.

— Ministerial-Erlasse — Ausdruck originärer Rechtsetzung der Exekutive? NJW 1970, S. 412 ff.

— Zur neuen Verwaltungsgerichtsordnung — Gelöste und ungelöste Probleme, AöR 85 (1960), S. 301 ff.

Rupprecht, Reinhard: Grundrechtseingriffe im Strafvollzug, NJW 1972, S. 1345 ff.

Sacher, Wilhelm: Die Eigenständigkeit der Politikwissenschaft als Staatsführungslehre (Politikologie), Linz 1965.

Sarwey, Otto von: Das öffentliche Recht und die Verwaltungsrechtspflege, Tübingen 1880.

Scheuner, Ulrich: Die institutionellen Garantien des Grundgesetzes, in: Recht — Staat — Wirtschaft, Band 4, S. 88 ff., Düsseldorf 1953.

Schilling, Karl-Jürgen: Kommunalverfassungsstreitigkeiten in Bayern, BayVBl. 1965, S. 113 ff.

Schmidt, Walter: Gesetzesvollziehung durch Rechtsetzung, Bad Homburg v. d. H.—Berlin—Zürich 1969.

Schmitt-Glaeser, Walter: Die Rechtsstellung der Studentenschaft, Bad Homburg v. d. H.—Berlin—Zürich 1968.

Schönke, Adolf: Das Rechtsschutzbedürfnis, Detmold und Frankfurt 1950.

Schroedter, Hans: Die verwaltungsgerichtliche Entscheidung, 2. Aufl., Düsseldorf 1965.

Schuegraf, Elmar: Der mehrstufige Verwaltungsakt, NJW 1966, S. 177 ff.

Schüle, Adolf: Der streitentscheidende Verwaltungsakt, in: Zehn Jahre Hochschule für Verwaltungswissenschaften Speyer — Staats- und verwaltungswissenschaftliche Beiträge, herausgegeben von der Hochschule für Verwaltungswissenschaften Speyer, S. 277 ff., Stuttgart 1957.

Schunck, Egon und Hans *De Clerck:* Verwaltungsgerichtsordnung, 2. Aufl., Siegburg 1967.

Schuster, Hermann-Josef: Kein Recht der Senatsmitglieder auf rechtmäßige Besetzung des Senats? WissR 1971, S. 275 f.

Selmer, Peter: Der Verwaltungsrechtsschutz in den besonderen Verwaltungsverhältnissen, DÖV 1968, S. 342 ff.

Siegmund-Schultze, Gerhard: Die Klagebefugnis der Beamten, DVBl. 1962, S. 508 ff.

Staff, Ilse: Das hessische Hochschulgesetz, Neuwied 1967
(zit.: Hess. HschG).

— Zur Mitbestimmung der Wissenschaftler bei der staatlichen Wissenschaftsförderung, ZRP 1970, S. 150 ff.

Stahl, Rainer: Der Interessenwiderstreit im Gemeinderecht. Voraussetzungen, Rechtsfolge und Fragen des Rechtsweges, DVBl. 1972, S. 764 ff.

— Zur Zulässigkeit der Feststellungsklage im Kommunalverfassungsstreit, NJW 1972, S. 2030 f.

Starck, Christian: Der Gesetzesbegriff des Grundgesetzes, Baden-Baden 1970.

Stein, Ekkehart: Die Grenzen des dienstlichen Weisungsrechts, Tübingen 1965.

Stern, Klaus: Kommentierung zu Art. 28 GG, in: Bonner Kommentar zum Grundgesetz, Zweitbearbeitung, Hamburg 1964.

— Verwaltungsprozessuale Grundprobleme in der öffentlichrechtlichen Arbeit, JuS 1965, S. 183 ff.

Stern, Klaus und Herbert *Bethge:* Die Rechtsstellung des Intendanten der öffentlich-rechtlichen Rundfunkanstalten, München 1972.

Thieme, Werner: Deutsches Hochschulrecht, Berlin—Köln 1956
(zit.: Hochschulrecht).

— Verwaltungslehre, Köln 1967
(zit.: VwL).

Thoma, Richard: System der subjektiven öffentlichen Rechte und Pflichten, in: Handbuch des Deutschen Staatsrechts, 2. Band, S. 607 f., Tübingen 1932.

Tsatsos, Dimitris Th.: Der verwaltungsrechtliche Organstreit, Bad Homburg v. d. H.—Berlin—Zürich 1969.

Ule, Carl Hermann: Das besondere Gewaltverhältnis, VVDStRL 15 (1957), S. 133 ff.
(zit.: Besonderes Gewaltverhältnis).

— Verwaltungsgerichtsbarkeit, 2. Aufl., Köln 1962, in: Verwaltungsgesetze des Bundes und der Länder, Band 1, 2. Halbband.

— Verwaltungsprozeßrecht, 5. Aufl., München 1971.

Waibel, Wolf-Wilhelm: Die Rechtsprechung auf dem Gebiet des Hochschulrechts seit 1945, Freiburg im Breisgau 1966
(zit.: Rechtsprechung).

— Rechtsprechungsübersicht, WissR 1972, S. 258 ff.

Wallerath, Max: Die öffentlich-rechtliche Innenhaftung von Organwaltern, DVBl. 1971, S. 197 ff.

Weber, Werner: Diskussionsbeitrag, VVDStRL 15 (1957), S. 186 ff.

Wertenbruch, Wilhelm: Anmerkung zum Urteil des BGH vom 19. 1. 1959 (DÖV 1959, S. 505 ff.), DÖV 1959, S. 506 f.

Widtmann: Anmerkung zum Urteil des OVG Koblenz vom 12. 10. 1959 (ZBR 1960, S. 386 ff.), ZBR 1960, S. 387 ff.

Wilken, Rainer: Rechtsschutz gegen Normen und verwaltungsgerichtliche Normenkontrolle, DVBl. 1969, S. 532 ff.

Wolff, Hans Julius: Der Unterschied zwischen öffentlichem und privatem Recht, AöR 76 (1950 - 1951), S. 205 ff.

— Die Rechtsgestalt der Universität, Köln und Opladen 1956 (zit.: Rechtsgestalt).

— Organschaft und juristische Person, Band 1, Juristische Person und Staatsperson, Berlin 1933. Berichtigter Neudruck Aalen 1968 (zit.: Org. I).

— Organschaft und juristische Person, Band 2, Theorie der Vertretung, Berlin 1934. Berichtigter Neudruck, Aalen 1968 (zit.: Org. II).

— Verwaltungsrecht I, 8. Aufl., München 1971 (zit.: VR I).

— Verwaltungsrecht II, 3. Aufl., München 1970 (zit.: VR II).

— Verwaltungsrecht III, 3. Aufl., München 1973 (zit.: VR III).

— Verwaltungsrecht III, 2. Aufl., München und Berlin 1967 (zit.: VR III, 2. Aufl.).

Zimmermann, H. W.: Probleme des Anwendungsbereichs der Anfechtungsklage, VerwArch 62 (1971), S. 48 ff.

Zorn, Philipp: Kritische Studien zur Verwaltungsgerichtsbarkeit, VerwArch 2 (1894), S. 74 ff.

Zuhorn, Karl und Werner *Hoppe:* Gemeinde-Verfassungsrecht, 2. Aufl., Siegburg 1962.

Kolibri 360 GmbH
Ferdinand-Jühlke-Straße 7
99095 Erfurt, Deutschland
produktsicherheit@kolibri360.de

Druck:
CPI Druckdienstleistungen GmbH
im Auftrag der
Kolibri 360 GmbH
Ferdinand-Jühlke-Str. 7
99095 Erfurt